新闻传播学核心课程系列教材

新闻实务
课程思政案例评析

主编 马 骏

西安交通大学出版社
XI'AN JIAOTONG UNIVERSITY PRESS

图书在版编目(CIP)数据

新闻实务课程思政案例评析 / 马骏主编. —西安:西安交通大学出版社,2025.1 — ISBN 978-7-5693-2515-7

Ⅰ.G641

中国国家版本馆 CIP 数据核字第 20247GC808 号

书　　名	新闻实务课程思政案例评析
	XINWEN SHIWU KECHENG SIZHENG ANLI PINGXI
主　　编	马　骏
责任编辑	赵怀瀛
责任校对	柳　晨
封面设计	任加盟
出版发行	西安交通大学出版社
	(西安市兴庆南路1号　邮政编码 710048)
网　　址	http://www.xjtupress.com
电　　话	(029)82668357　82667874(市场营销中心)
	(029)82668315(总编办)
传　　真	(029)82668280
印　　刷	西安五星印刷有限公司
开　　本	787mm×1092mm　1/16　印张 12.625　字数 228 千字
版次印次	2025 年 1 月第 1 版　2025 年 1 月第 1 次印刷
书　　号	ISBN 978-7-5693-2515-7
定　　价	39.80 元

如发现印装质量问题,请与本社市场营销中心联系。

订购热线:(029)82665248　(029)82667874
投稿热线:(029)82668133
读者信箱:xj_rwjg@126.com

版权所有　侵权必究

前 言
Foreword

新闻学是一门根植于新闻实践,并在新闻实践中与时俱进的社会科学。新闻实务课程是衔接新闻传播学科理论与实践的支点,代表着新闻传播学科理论的基本出发点、共同认知与逻辑倾向,是培养具有家国情怀、国际视野和时代使命感的卓越新闻人才的关键。通过对新闻实务案例的分析,一方面,可以更深入地了解新闻业界丰富的实践成果,检验新闻实践的成败得失;另一方面,可以将实践经验提升到理论层面,进而促进新闻理论的发展。

在新文科建设背景下,进行新闻传播课程体系建设时应该加强马克思主义新闻观的指导,在教学上重视新闻理论教育与业务实践的融合、融媒体技术手段与多元视野培养的融合、学科发展与课程思政的融合,从而确立新闻实务课程崭新的形态,激发专业课程与思政教育的有效共振,实现新闻实务课程在立德树人中的作用。笔者把以党的十九大和二十大为时代背景的优秀新闻案例作为素材,运用马克思主义新闻观理论进行深入的案例分析。全书有主题报道、典型人物报道、突发事件报道、舆论引导、国际传播、建设性新闻6个篇章共12个案例。学生通过学习,可以深刻地感受到:在当代的中国特色社会主义新闻实践中,新闻工作者用自己手中的笔、肩上的摄像机、兜里的录音笔等工具和设备持续记录伟大的社会主义现代化建设进程。在新闻实践中,涌现出许多自觉践行马克思主义新闻观的优秀新闻工作者,他们在自己的新闻活动中坚持贴近实际、贴近生活、贴近群众,坚持走基层、转作风、改文风,坚持以人民为中心,热情地讴歌伟大的时代,讴歌伟大的时代建设者。

本书在体例上采取总分结构,首先讲述案例的历史和现实背景,然后对案例进行总体分析。在此基础上,具体分析作品,提出理解作品的理论与实践视角。

总之,希望读者在系统学习、了解案例的背景、内容、理论视角和实践逻辑的基础上,全方位了解新闻实务教学的课程思政元素,加强马克思主义新闻观在新闻实践中的指导地位。希望借助本书中的这些新闻实践案例,更多的新闻学子和新闻工作者能够认识和把握具有普遍意义的新闻实践经验和规律,深入掌握马克思主义新闻观的精髓。

编 者

2024 年 11 月

目录
Contents

第一章　主题报道篇 (001)
　第一节　新华社2024年全国两会主题报道分析 (002)
　第二节　中央广播电视总台《从脱贫攻坚到乡村振兴》主题报道分析 (017)

第二章　典型人物报道篇 (034)
　第一节　《中国UP!》系列典型人物报道分析 (035)
　第二节　王兰花典型人物报道分析 (046)

第三章　突发事件报道篇 (062)
　第一节　"7·20"河南暴雨事件突发报道分析 (063)
　第二节　"3·21"东航客机事故突发报道分析 (081)

第四章　舆论引导篇 (102)
　第一节　"河北邯郸初中生被害事件"舆论引导报道分析 (103)
　第二节　"重庆山火救援事件"舆论引导报道分析 (120)

第五章　国际传播篇 (134)
　第一节　"云南大象北迁事件"国际传播报道分析 (135)
　第二节　卡塔尔世界杯国际传播报道分析 (150)

第六章　建设性新闻篇 (163)
　第一节　老年人再就业相关报道分析 (164)
　第二节　乡村振兴相关报道分析 (174)

参考文献 (193)

后　记 (196)

第一章

主题报道篇

第一节　新华社2024年全国两会主题报道分析

一、摘要及关键词

摘要：2024年是实现"十四五"规划目标任务的关键一年，推进中国式现代化建设前景广阔，任务艰巨。着眼关键之年，谋划关键之策。2024年两会，在新时代新征程上标注新的方位。以新华社为代表的主流媒体集团形成融媒体传播矩阵，着力创新报道形式，不断推进深化传播效果，在两会报道中凸显了作为党和人民喉舌的重要角色，展现了舆论引领的重要力量。

关键词：全国两会；主题报道；新华社；新型主流媒体

二、案例背景介绍

从1959年中华人民共和国全国人民代表大会和中国人民政治协商会议同步举行起，"两会"的概念由此诞生。中国两会制度的不断完善和发展，为中国政治民主化进程提供了重要的制度保障。无论是当今的人大代表，还是政协委员，他们都代表着广大人民，他们都在努力使国家治理、国家建设进入新的发展阶段。

2024年全国两会，即中华人民共和国第十四届全国人民代表大会第二次会议和中国人民政治协商会议第十四届全国委员会第二次会议。在新中国成立75周年、实现"十四五"规划目标任务的关键一年这个重要年份，全国两会的召开传递出咬定青山不放松的坚定信心，吹响了风雨无阻向前行的奋进号角。同时，作为一年一度共商国是的重大媒介事件，多家主流媒体纷纷推出丰富多样的高质量、系列化、专题式的宣传报道，回顾奋进之路、传递坚定信心、明确发展方向、凝聚广泛共识、激发强大合力，在两会报道中凸显了作为党和人民喉舌的重要角色，展现了舆论引领的重要力量。以下将以新华社的2024年全国两会融媒体专题报道为例，探索在马克思主义新闻观指导下做好主题宣传报道的路径。

三、案例分析

新华社是国务院直属事业单位，也是中国国家通讯社和世界性通讯社。在2024年两会召开之际，新华社策划推出了大型融媒体报道专题[①]，以特稿、评论、专访、读

---

① 2024全国两会大型融媒体专题[EB/OL].（2024-03-11）[2024-03-31]. http://www.xinhuanet.com/politics/2024lh/index.html.

报告、云直播等多种形式,打造了《解码两会》《数读两会》《"热词"读报告》《两会见"文"》《外眼看两会》《AIGC绘中国》等一批特色栏目,产出了一批新媒体作品。以下将挑选本次报道中短视频独家策划、特别访谈、国际传播、人工智能生成内容四个方面的高质量报道进行案例分析。

(一)短视频独家策划

案例一:他们是家乡最好的代言人

2024年两会期间,新华社联合抖音邀请"三农"类短视频博主共创优质内容,打造话题"他们是家乡最好的代言人",以"三农"类短视频博主的视角展现乡村的发展变化。例如,与甘肃本地"三农"剧情类博主@三喜爷爷合作,通过换装演绎20世纪60年代、20世纪80年代、21世纪初、2024年四个时代背景下乡村生活的巨变和农民精神面貌的变化;与河南本地"三农"博主@97村长小芳合作,通过青年基层干部小芳的视角,记录村主任的一天,讲述生动、具象化的乡村振兴故事,展现青春奋斗精神。

案例二:你的问题我带到两会

2024全国两会召开前,新华社《秀我中国》栏目邀请行走体验官@火车司机小维、@大唐芙蓉园东仓鼓乐、@黄棋峰(客家人)等短视频创作者,就他们所关注的领域向代表委员直接提问,由新华社记者陶冶、马牧旺青和张扬将问题带到人民大会堂,由代表委员们现场回答。基层的问题,人民大会堂的回应,一问一答,共赴两会。例如,新华社记者陶冶,带着@大唐芙蓉园东仓鼓乐的问题,向全国人大代表韩再芬询问"在传统非遗音乐的传承和发展方面带来了哪些议案、提案或者建议";新华社记者马牧旺青,带着返乡创业青年@黄棋峰(客家人)的问题,向全国人大代表田淑娴询问"返乡创业新农人关注哪些话题,带来哪些议案、提案或者建议";新华社记者张扬,专访全国人大代表霍启刚关于建议完善带薪年假制度的初衷与想法。

案例三:当"95后"记者遇见"95后"全国人大代表

新华社"95后"记者陶冶以第一人称视角,用随拍记录的形式,在两会现场采访对话"95后"人大代表邹彬和文晓燕。他们初次相见,穿上西装以不同的身份角色参与决策国家大事,在一次次的调研、学习、交流、提问和思考中,共同成长。视频风格属于纪实Vlog,用讲故事的方式,介绍了两位人大代表的青春奋斗经历、宝贵精神品质与独特人格魅力。

综合以上短视频独家策划案例,新华社值得学习的经验有以下三点。

1. 传播视角:从"自上而下"转变为"双向奔赴"

传统的两会报道容易站在"自上而下"的传播视角上进行宣传,而在 2024 年,新华社对于全国两会的报道则一改传统视角,不再只将关注点放在传播代表委员的声音上,而更多站在作为中介的媒体立场上,呈现普通民众的生活变化,关注普通民众关心的问题,为普通民众、代表委员之间搭建对话的"桥梁",一定程度上打破了两者间的信息壁垒。这般"民有所呼、政有所应"的"双向奔赴",彰显了"人民代表为人民""人民政协为人民"的使命担当,也有效创新了主流媒体时政报道思路。

2. 叙事风格:从"高居庙堂"革新为"平易近人"

过去,主流媒体的报道视角较为宏观、报道风格较为严肃,容易产生一种"高居庙堂之上"的姿态,让传播效果大打折扣。而新华社本次值得肯定之处在于,运用短视频这一大众喜闻乐见的形式,通过质朴、接地气的语言,配上温暖的背景音乐,讲述两会故事,让内容本身更加深入人心。在这样的镜头里,代表委员们既有自己光鲜亮丽的成绩名片,也会给大众带来一种他们就是身边朋友的感觉,媒体形象也从过去的高冷变得颇具亲和力。此外,以"网红记者"为核心的人格化传播也有利于主流媒体打造自身 IP,创新新闻产品形态,让正能量有大流量[①]。

3. 传播理念:坚持"以人为本",赋能人民民主

全国两会是集中反映和深入践行全过程人民民主的重要平台。从马克思主义新闻观的角度看,不论是以"三农"类短视频博主的视角展现乡村发展变化,还是带着各领域的网络达人的提问采访代表委员,或是"95 后"记者走近同龄代表委员的策划报道,新华社始终坚持着以人民为中心的报道原则和以人为本的传播理念,赋能全过程人民民主实践。

(二)特别访谈

作为新华网的品牌栏目,《新华访谈》在 2024 年两会期间重点打造高端系列特别访谈《拼出新未来》,邀请了 8 位代表委员,即各领域领军人物讲述履职建言过程中的拼搏故事,突出我国高质量发展的实际行动和成效,展现代表、委员与国家发展同向同行、矢志拼搏奋斗、担当时代重任的奋斗者底色;通过打造《身边的你》栏目,深入挖掘 10 位基层代表的生动故事,倾听来自基层的履职心声;通过打造《对话企

---

① 杨景皓. Vlog:媒体融合中国际传播的积极探索——以中国国际电视台(CGTN)Vlog 内容生产为例[J]. 新闻战线,2020(20):72-75.

业》栏目,与5位来自领军企业的代表委员进行云连线,探讨企业创新与国家发展有效衔接的路径;通过打造《对话地方领导》栏目,邀请地方领导畅聊地区发展。

1. 全方位:借典型代表传递两会声音

2024年新华社针对两会的访谈共分五大栏目,深入访谈了50余位代表委员,由数量之多,可见其功力之深。从访谈对象的身份上看,既有基层普通人物,也有地方领导,既有行业领军人物,也有知名企业家;从涉猎领域上看,文化传承、智能制造、科技创新、文旅复苏等方面均有覆盖,包含近年来党和国家、人民最关心的重点议题。每位被访谈者虽然社会背景各不相同,但都是各领域、各年龄段、各地区的典型代表,以点带面,传递两会声音,全方位展现了人民民主在中国大地根深叶茂的生机和活力。

2. 立体化:用富媒形式提升传播效果

近年来,主流媒体纷纷借助云技术打破时空限制,云访谈和云互动成为融媒体产品新形态①。异地同框、超低延时,"云"技术助力代表委员"穿"屏议事。新华社在2024年全国两会的报道中,除采用文字、微视频等多种形式采访代表委员外,还打造了《两会"云连线"》栏目,借助"云直播"技术立体、丰富地呈现了各位代表委员的形象,将报道主体和受众串联在一起,引领观众深度参与到实时传播之中,形成共时无障碍的交流效果。

(三)国际传播

两会是世界观察中国的一个窗口。2024年,3000多名中外记者报名采访全国两会②。新华社在对重要报道进行国际化转译后再进行传播的基础上,从国内外两种视角出发,策划推出了一系列活泼、生动的Vlog视频。比如,从国人视角出发,打造Miao Vlogs栏目,以新华社记者缪晓娟为记录者,以参与两会报道的外籍记者为观察对象,在现场抓采多位外籍记者对中国两会的关注点和参会感受;从外国人视角出发,打造《外眼看两会》栏目,以瑞士人祖睿甫、韩国人丁汉荣、澳大利亚人杰瑞·格雷在中国生活的亲身经历和体验为内容,讲述真实、可信的中国故事,传播可爱、可敬的中国形象。新华社作为国家通讯社,在国际传播中扮演着重要的角色。本次的两会报道中值得借鉴的经验有以下两点。

---

① 牛文.权威主流媒体如何加强全媒体融合传播:以中央广播电视总台2023年全国"两会"全媒体融合传播为例[J].新闻爱好者,2023(10):42-44.

② 李蕊,王云娜,王永战,等.两会传递的信息,让我们充满信心和力量[N].人民日报,2024-03-12(3).

1. 思路转变:从"硬宣传"到"软传播"

当前的国际传播存在精心策划报道的内容却被国外受众不信任、不买账的情况。硬宣传的内容大多带有较强的信息(意识形态)灌输性,在国际传播中更容易产生传播隔阂的问题;软传播则倡导以轻柔的方式潜入受众头脑①,让人在不知不觉中走近、接受,甚至喜欢上真实的中国。新华社借助外国人之口来讲述中国故事,就是一个很好的创作和传播思路。外国面孔和外语思维编码的文本,更符合外国受众的习惯,更有可能以一种轻柔的方式在国际传播中取得较好的传播效果。

2. Vlog 形式:对严肃报道的趣味性"补偿"

传播学者保罗·莱文森(Paul Levinson)认为,任何一种后继的媒介都是对过去的某一种媒介或某一种先天不足的功能的补救和补偿②。Vlog 作为新兴的短视频创作形式,近年来也逐渐被主流媒体运用在国际传播领域。它可以让受众在记者的带领下了解到严肃新闻事件的幕后花絮,并感受到记者的独特人格魅力。Vlog 风格活泼、趣味性强,延伸了报道视角,增强了受众观看的沉浸感。

(四)人工智能生成内容

2023 年是人工智能生成内容(artificial intelligence generated content,AIGC)强势崛起的一年。它以飞速嵌入的势头为新闻传播业带来了颠覆式创新。作为主流媒体的先锋模范,新华社在 2024 年全国两会召开之际,也借助人工智能文字生成技术赋能了报道创新。比如,推出作品《AI 画报告》,呈现政府工作报告中描绘的 2024 年中国发展新愿景;推出《AIGC 绘中国》栏目,借助人工智能生成内容技术,具象化讲述人大代表在非遗文化传承和自然遗产保护方面的故事。

1. 媒体姿态:紧跟时代潮流,坚持创新引领

AIGC 时代已至,作为最具权威性的主流媒体之一,新华社勇立潮头,创新内容报道形式,革新内容生产机制,展示了求新求变的新型主流媒体的向上姿态。当国内同行还在通过人工智能文字生成技术制作图片时,新华社则创新性地制作了 AIGC 视频作品,引领着新闻传播业的发展变革。

2. 生产机制:形式丰富内容,人机互促共进

人工智能技术在新闻传播业的深度嵌入,不仅丰富了内容呈现形式,也革新了媒体的内容生产机制。新华社运用生成式人工智能产出的作品《AI 画报告》和栏目

---

① 刘肖,蒋晓丽.国际传播中的文化困境与传播模式转换[J].思想战线,2011,37(6):108-111.
② 莱文森.数字麦克卢汉:信息化新纪元指南[M].何道宽,译.北京:社会科学文献出版社,2001:267.

《AIGC绘中国》，依托海量数据快速生成内容，使得难以复原或预测的画面变得具象、逼真，实现了人机的高效结合，提高了内容生产质效。

（五）案例总结

除了上述提到的案例，新华社在2024年全国两会报道中还有非常多可圈可点的地方。从总体上看，新华社2024年全国两会报道的融媒体专题紧扣主题主线，是一次成功的媒体融合尝试，也是马克思主义新闻观在媒体主题报道中的一次生动实践。

首先，站在媒体融合角度分析，以下几方面值得其他媒体学习借鉴。在传播渠道上，新华社在网站、客户端、各大社交媒体平台等进行了内容分发，形成了强大的矩阵传播效应，扩大了受众覆盖范围和影响力。在内容融合上，综合运用文、图、视频、音频、H5、图解新闻、云直播等形式，对全国两会进行集纳式报道，增强了新闻报道的可读性。如《解码两会》用手绘图和视频的形式，围绕大众最感兴趣的两会常识进行直观、生动的科普，让晦涩、复杂的知识变得清晰明了。在传播理念上，探索官方话语向民间话语的语态变革，站在普通大众的视角，运用更接地气的方式报道两会，传递两会声音。在跨界合作上，新华社主动策划并借助社交媒体平台和网络达人的影响力联合发布新闻，有助于主流价值观的"破圈"传播。

其次，从马克思主义新闻观的核心原则出发，新华社坚持党性原则观念，在思想上、政治上、行动上与党中央保持高度一致，在两会报道中坚持做好党的政策的传播者和时代的记录者。如《春天的回声》以视频的形式展现了国家的发展变化，回应了习近平总书记的殷切嘱托，《新华社记者说｜今年两会，习近平尤为关切这件"新"事》传达了习近平总书记对"新质生产力"的深邃理论洞见。新华社坚持人民中心观念，以代表委员为报道主体，倾注大量心思与精力，反映人民心声、解答人民疑问。如《"热词"读报告》围绕政府工作报告中高频重点出现的"新质生产力""中国式现代化"等热词进行全面深入的解读，帮助民众深入理解国家战略部署。新华社坚持正确舆论导向观念，在关键时刻发出掷地有声的社论，提振奋斗信心。如《两会中国经济问答》系列报道一组九篇，直面海内外对中国经济运行的关切问题，广泛采访代表委员、专家学者和会外各界人士，深入浅出剖析怎么看、怎么办，帮助广大干部群众更好把握中国经济运行的大逻辑，增强对中国经济行稳致远的信心和实干苦干的斗志。新华社坚持新闻规律观念，借助生成式人工智能、大数据等技术，积极探索两会报道的内容、视角、风格与形式等方面的创新，着力提升了传播力、引导力、影响力和公信力，塑造了既权威，又有亲和感的新型主流媒体形象。

最后，尽管本次新华社对2024年全国两会的报道主题鲜明、重点突出、内容丰富多彩，充分发挥了舆论引导主力军的作用，彰显了新型主流媒体的气质和姿态，但也存在一些值得反思和改进之处。比如，在内容分发上，特色报道没有在多平台上同步。以社论为例，《钟华论：凝聚起高质量发展的强大信心和力量》一文，仅发布在了微信公众号平台和客户端上，传播力有限。在内容时长上，访谈视频的节目时长均在5分钟左右，而访谈人数多、体量大，中长视频并不利于短视频平台的传播分发，传播效果可能会打折扣。

四、重要报道评析

钟华论：凝聚起高质量发展的强大信心和力量[①]

（2024年3月3日　新华社）

迎着浩荡东风，"两会时间"再度开启。

今年是新中国成立75周年，是实现"十四五"规划目标任务的关键一年。开好今年的全国两会，乘高质量发展之势、集攻坚克难之智、汇团结奋斗之力，必将凝聚起强国建设、民族复兴的强大信心和力量。

（一）

40天春运预计90亿人次出行，春节假期8天全国国内旅游出游4.74亿人次，春节档电影票房超过80亿元，餐饮、家电、新能源车市场红红火火……龙年新春，中华大地上升腾着蓬勃向上的朝气。"市面"有活力，"账面"有亮色，"人面"有神采，一个生机勃勃、热气腾腾的新时代中国步履稳健有力，阔步走向未来。

"凌霜竹箭傲雪梅，直与天地争春回。"过去一年，面对异常复杂的国际环境和艰巨繁重的改革发展稳定任务，在以习近平同志为核心的党中央坚强领导下，全国各族人民顽强拼搏、勇毅前行，顶住外部压力、克服内部困难，付出艰辛努力，经济实现回升向好，全年经济社会发展主要目标任务圆满完成。2023年国内生产总值超过126万亿元，同比增长5.2%，高质量发展扎实推进，全面建设社会主义现代化国家迈出坚实步伐。

横向看，2023年我国经济增速明显快于美国2.5%、欧元区0.5%、日本1.9%的经济增速，对世界经济增长的贡献率有望超过30%，是世界经济增长的最大引擎，放

[①] 钟华论：凝聚起高质量发展的强大信心和力量[EB/OL].(2024-03-03)[2024-03-09]. http://www.xinhuanet.com/20240303/c130e054267a44989d5e07674fa24157/c.html.

眼全球仍然是"风景这边独好"。

纵向看,5.2%的经济增速比上年加快2.2个百分点,也快于疫情三年4.5%的平均增速。2023年我国经济社会发展主要指标比2022年有明显改善,发用电量、主要工业产品产量、投资和消费规模等大多数指标绝对量都超过了疫情前2019年的水平。按照可比价格计算,去年我国经济增量超过6万亿元,相当于一个中等国家一年的经济总量。

经过不懈努力,我国经济高质量发展的"筋骨"越来越强。今天的中国经济,高质量发展的动力更加强劲——我国在全球创新指数中的排名升至第12位,拥有的全球百强科技创新集群数量跃居世界第一,电动载人汽车、锂离子蓄电池和太阳能电池等"新三样"产品合计出口突破万亿元,重大科技创新捷报频传,新质生产力加快形成;高质量发展的底气更加充足——我国社会大局稳定,有着社会主义市场经济的体制优势、超大规模市场的需求优势、产业体系配套完整的供给优势、大量高素质劳动者和企业家的人才优势;高质量发展的成色更加鲜亮——高技术产业投资较快增长,绿色低碳转型深入推进,可再生能源发电装机容量占比历史性超过火电,居民人均可支配收入实际增速跑赢经济增速,建成世界规模最大的社会保障体系,人民福祉不断增进。

风雨多经路犹长,风物长宜放眼量。尽管面临各种困难挑战,但中国经济持续恢复、总体回升向好的态势没有变,韧性强潜力大空间广的基本面没有变,长期向好的大趋势更不会改变。坚持硬道理,追求高质量,中国经济将在爬坡过坎中不断实现"形"稳"势"升,展现越来越光明的发展前景。

(二)

"发展新质生产力是推动高质量发展的内在要求和重要着力点,必须继续做好创新这篇大文章,推动新质生产力加快发展。"新年伊始,习近平总书记在主持中央政治局第十一次集体学习时,深刻阐明以加快发展新质生产力推动高质量发展的现实意义、方法路径和重要举措,释放出坚定不移推进高质量发展的鲜明信号。

从首次提出"新质生产力"这一重大概念,到在中央经济工作会议部署"发展新质生产力",再到政治局集体学习时的系统阐述,习近平总书记关于新质生产力的一系列重要论述、重大部署,是对马克思主义生产力理论的创新和发展,进一步丰富了习近平经济思想的内涵,为我们在新征程上推动高质量发展注入强大思想和行动力量。

舟行万里,操之在舵。从要求高标准高质量推进雄安新区建设,到谋划推动长三角一体化发展取得新的重大突破;从强调把全面深化改革作为推进中国式现代化的根本动力,到强调坚定不移走中国特色金融发展之路、推动我国金融高质量发展;从深刻总结新时代做好经济工作的"五个必须"规律性认识,到提出"稳中求进、以进促稳、先立后破"等经济工作要求……过去一年,习近平总书记科学把握时与势,对经济工作提出一系列新思想新观点新论断,既明确了"怎么看",也指明了"怎么干",指引中国经济航船在持续承压中不断破浪前行。

事非经过不知难。回望新时代以来的极不平凡历程,有爬坡过坎之难、风急浪高之险,更有把握大势之能、化危为机之智、开拓创新之为。

从主动适应、把握、引领经济发展新常态,到蹄疾步稳推进供给侧结构性改革;从揭示社会主要矛盾发生历史性变化,到强调坚持稳中求进工作总基调;从部署贯彻新发展理念、构建新发展格局、推动高质量发展,到统筹疫情防控和经济社会发展……党的十八大以来,习近平总书记以马克思主义政治家、思想家、战略家的深刻洞察力、敏锐判断力、理论创造力,深刻总结并充分运用我国经济发展的成功经验,直面新时代的新目标新问题,提出一系列新理念新思想新战略,形成和发展了习近平经济思想,指引和推动中国经济巨轮闯难关、过险滩,不断应变局、开新局,迈上更高质量、更有效率、更加公平、更可持续、更为安全的发展之路。

思想的伟力无远弗届,奋斗的征程永无止境。在全面建设社会主义现代化国家新征程上,有习近平总书记的领航掌舵,有习近平经济思想的科学指引,我们推动高质量发展、创造中国经济新辉煌,就有了最大底气和根本保证,就一定能创造令世人刮目相看的新奇迹。

(三)

"什么时候没有困难?一个一个过,年年过、年年好,中华民族5000多年来都是这样。爬坡过坎,关键是提振信心。"习近平总书记的一番话,鉴往知来,充满自信,给人以拼搏奋斗的无穷力量。

任何事物的发展都是前进性和曲折性的统一。从历史视角来看,中国经济发展从来都不是顺风顺水,从来都是在战胜挑战中发展、在风雨洗礼中成长、在历经考验中壮大。无论是新中国成立初期克服重重困难迅速恢复国民经济,还是通过改革开放彻底摆脱被开除球籍的危险,无论是成功应对亚洲金融危机、国际金融危机,还是有力有序有效应对经贸摩擦、新冠疫情全球大流行等冲击……一路走来,跨越涉滩之险,克服爬坡之艰,挺过闯关之难,中国经济总能蓄力突破、开创新局,创造一个又一个发展奇迹。这既是经济规律,也是历史规律。

风雨不改行程,笃行方能致远。前进道路上,进一步推动经济回升向好需要克服一些困难和挑战,主要是有效需求不足、部分行业产能过剩、社会预期偏弱、风险隐患仍然较多,国内大循环存在堵点,外部环境的复杂性、严峻性、不确定性上升。哲人有云,风可以把蜡烛吹灭,也可以把篝火吹旺。面对困难和挑战,关键在于我们的心态和作为。千难万难,畏难才真难;这险那险,躺平最危险。如何化危为机,如何克难前行,放眼神州大地,一个个鲜活的答案带来深刻启示,涌动着自强不息的中国力量。

各地加快新质生产力布局,积极抢占发展新赛道;不少地方出台优化营商环境的真招实招,破解痛点难点,为创新创业厚植土壤;广大企业锚定高质量发展练内功、谋突破、拓新路;科技工作者奋战攻关一线,着力攻克"卡脖子"难题;"春风行动"送岗位促就业,各地全力保用工稳就业,一派人勤春来早、节后开工忙的火热景象……跑好开春第一棒,干出龙年新气象,各行各业的人们都在挥洒汗水,为了心中的梦想拼搏不已。无论过去、现在,还是未来,中国人民对美好生活的向往,始终是中国发展最大内生动力。"精感石没羽,岂云惮险艰。"汇聚14亿多人的智慧和力量,迎难而上、齐心协力,我们建设中国式现代化,就没有过不去的坎,就没有干不成的事。

李大钊同志曾感慨:"历史的道路,不全是坦平的,有时走到艰难险阻的境界,这是全靠雄健的精神才能够冲过去的。"峰高无坦途,道远有恒心。以中国式现代化全面推进强国建设、民族复兴伟业,是中国人民追求美好幸福生活的光明之路。道阻且长,行则将至。只要我们坚持道不变、志不改,保持"乱云飞渡仍从容"的定力,鼓舞"长风破浪会有时"的信心,激发"越是艰险越向前"的斗志,就一定能够战胜前进中的各种艰难险阻,迈向更加光明的未来!

(四)

近期,中国美国商会发布年度《中国商务环境调查报告》称,2023年在华美企财务表现、企业对中国发展前景预期、来华投资意向均有改善,大多数受访企业仍将保持在中国的布局。

放眼世界,中国依然是全球投资"热土"。迎来新的一年,不少外资企业纷纷行动起来,加快拓展在华业务的步伐。埃克森美孚计划增资惠州乙烯项目,康宝莱加紧推进在大连设立全球业务服务中心的项目,中沙古雷乙烯项目主体工程在福建漳州开工……从重大生产制造外资项目签约落地,到外资在华设立研发中心和区域总部,无不折射外资企业看好中国、深耕中国的信心和决心。

所谓"春江水暖鸭先知",中国经济发展前景如何,市场和企业最为敏感,投资者自会"用脚投票"。2023年,我国实际使用外资金额11339.1亿元,处于历史第三高水平;全国新设立外商投资企业53766家,同比增幅高达39.7%。近五年来,外商在华直接投资收益率约9%,在国际上处于较高水平。选择中国就是拥抱机遇,投资中国就是投资未来——在全球经济面临多重不确定性的背景下,众多外企纷纷用实际行动为中国经济投下"信任票"。

"望远能知风浪小,凌空始觉海波平。"只有把视野放宽,将目光投远,立足实际,全面客观,才能把准中国发展的脉搏,才能看清中国发展的未来。

世界经济复苏过程中,总需求不足是最大矛盾,市场是最稀缺资源。14亿多人口的超大规模市场是中国的,也是世界的。习近平总书记曾将中国经济比作一片"大海","大海"之大,不仅在于体量之巨,更在于胸襟之阔。无论世界形势如何变化,中国都将坚持对外开放的基本国策,开放的大门只会越开越大。不垒"小院高墙",不搞"脱钩断链",坚定不移扩大高水平对外开放,一起做大合作共赢的蛋糕——在与世界的"双向奔赴"中,中国经济的大海澎湃激荡!

(五)

全国两会开幕之际,恰逢惊蛰节气。

春雷响,农事忙。"到了惊蛰节,锄头不停歇",春天是充满希望的季节,更是只争朝夕的时光。

用汗水浇灌希望的种子,靠奋斗创造美好的未来,是14亿多追梦人永恒不变的回答,也是新时代中国创造更大奇迹的信心所在、底气所在、力量所在!

评析

"钟华论"是新华社领导直接指挥、集中全社评论骨干力量打造的重要政论版块,聚焦深入贯彻习近平新时代中国特色社会主义思想,打造有高度、有深度、有温度的重磅评论,实现文字、视频、图片、金句海报的全媒体呈现,彰显新华社评论的影响力。

在2024年全国两会召开之际,面对异常复杂的国际环境和艰巨繁重的改革发展稳定任务,面对社会大众的无限期待,"钟华论"通过摆事实、讲道理,晓之以理、动之以情地对中国高质量发展现状进行深入评析。在第一部分中,作者用实例说明了2023年中国经济实现回升向好,高质量发展的"筋骨"越来越强;第二部分强调有了习近平总书记的领航掌舵和习近平经济思想的科学指引,我们推动高质量发展就有了最大底气和根本保证;第三部分强调只要我们笃行不移,一定可以克服一切困难和挑战,进一步推动经济回升向好;第四部分强调中国经济发展前景广阔,要坚定不移扩大高水平对外开放;第五部分号召14亿中国人民团结奋斗,凝聚社会共识,引导形成强大的社会合力,接力创造伟大奇迹。

从引导力角度上看,这篇政论文章发出的时间契机准,给人民大众服下了一颗定心丸。从传播力角度上看,一方面,全文旁征博引、金句频出、气势恢宏、掷地有声,"筋骨""卡脖子""小院高墙"等表达形容准确,将复杂问题讲述得通俗易懂,既有政治高度,又有思想深度,还有人性温度;另一方面,文章通过微信公众号平台发出,有利于在社交媒体上进行裂变传播。从影响力角度上看,一方面,本文思想性强、内容坚实、情感充沛又恰到好处,通过回顾过去发展,带领受众感悟习近平新时代中国特色社会主义思想的伟力,深入人心;另一方面,五个金句海报制作精美、视觉冲击力强,创造了一种鼓舞人心的强大力量(见图1-1-1)。从公信力角度上看,新华社下笔时评,引经据典,辅以数据说明,突显了主流媒体的权威性,维护了媒体公信力。

图1-1-1 金句海报

五、思考题

1. 如何在马克思主义新闻观的指导下做主题宣传报道?
2. 还有哪些其他优秀的关于2024年全国两会的宣传报道案例?

六、案例使用说明

(一)适用理论与涉及知识点

1. 重大主题宣传

重大主题宣传,是新闻媒体围绕重大主题所进行的力度大、投入多的新闻宣传(通过新闻报道和新闻评论实现),包括党和政府的大政方针,关乎全局的工作部署以及一段时间内的中心工作,改革开放和社会主义现代化建设所取得的成就,关乎人民的根本利益的重大举措、重大事件等。其具有如下鲜明突出的特点：题材事关大局、主题极为重要、策划用功颇深、效果讲究厚重①。

2. 马克思主义新闻观及其内涵与原则

马克思主义新闻观，是马克思主义者对于新闻现象和新闻传播活动的总的看法，涉及诸如新闻本源、新闻本质及新闻传播规律等许多根本性问题。其核心是马克思主义者关于无产阶级及其政党新闻事业的工作性质、工作原则和工作规律等一系列基本观点。它是马克思主义的世界观、人生观、价值观在新闻传播领域的反映和体现。它告诉人们怎样运用辩证唯物主义和历史唯物主义的观点和方法去看待新闻现象，去回答新闻传播活动中的各种问题。马克思主义新闻观的特点是具有丰富的实践性、严谨的科学性、高度的政治性、鲜明的时代性②。

马克思主义新闻观的七大内涵即喉舌观、党性观、真实观、效益观、自由观、导向观、创新观③，四大核心观念即党性原则观念、人民中心观念、新闻规律观念、正确舆论导向观念④。

3. 舆论四力

习近平总书记于2019年在中共中央政治局第十二次集体学习时强调"我们要因势而谋、应势而动、顺势而为，加快推动媒体融合发展，使主流媒体具有强大传播力、引导力、影响力、公信力"⑤。

传播力是引导力、影响力、公信力的基础，传播力是把新闻舆论信息传递扩散出去的能力；导向问题是根本性问题，引导力是主流媒体担负起主动引导社会舆论的责任，使社会舆论不偏离正确方向的能力；影响力是媒体影响主流人群、代表主流意识、传播主流新闻的能力；公信力是新闻媒体本身所具有的一种被社会公众所信赖的内在力量，是衡量媒体权威性、信誉度和社会影响力的标尺，也是媒体赢得受众信赖的能力⑥。

---

① 丁柏铨.重大主题宣传：特点、现状与优化[J].新闻与写作，2020(10)：74-81.
② 杨保军.当前我国马克思主义新闻观的核心观念及其基本关系[J].新闻大学，2017(4)：18-25,40.
③ 刘小燕,董锦瑞.传承融合发展创新："马克思主义与中国新闻学"学术研讨会综述[J].国际新闻界，2005(1)：76-80.
④ 杨保军.当前我国马克思主义新闻观的核心观念及其基本关系[J].新闻大学，2017(4)：18-25,40.
⑤ 丁晖.构建媒体融合发展新格局[EB/OL].(2016-04-28)[2023-03-03].http://theory.people.com.cn/big5/n1/2016/0428/c40531-28310584.html.
⑥ 陈寅,刘军锋.遵循新时代要求，提高新闻舆论"四力"[EB/OL].(2018-09-12)[2023-04-09].http://media.people.com.cn/n1/2018/0912/c420762-30288420.html.

4. 新型主流媒体

2014年8月18日,习近平总书记主持召开中央全面深化改革领导小组第四次会议并发表重要讲话,指出要推动传统媒体和新兴媒体在内容、渠道、平台、经营、管理等方面的深度融合,着力打造一批形态多样、手段先进、具有竞争力的新型主流媒体,建成几家拥有强大实力和传播力、公信力、影响力的新型媒体集团,形成立体多样、融合发展的现代传播体系①。

(二)要点分析

1. 主题宣传报道与马克思主义新闻观的关系

从理论层面看,主题宣传报道涉及党和国家的大事,事关人民的根本利益,新闻媒体需要遵循的报道原则与马克思主义新闻观的七大内涵和四大核心观念所要求的一致。从实践层面看,中国新闻媒体是党和人民的喉舌,必须坚持以马克思主义新闻观为指导。因此,新闻媒体在主题宣传报道的实践中也必须接受马克思主义新闻观的指导。

2. 马克思主义新闻观的四大核心观念

(1)党性原则观念

党性原则观念是马克思主义新闻观的第一观念,是总体性、统领性的观念。党性原则是马克思主义新闻观的灵魂。在新闻传播工作中,党性原则被视作党的新闻舆论工作的根本原则,要求所有媒体必须在思想上、政治上、行动上与党中央保持高度一致,新闻舆论工作要始终为党的全局和大局工作服务,与党的战略部署、战略决策一致,与党的政策、策略一致,与党的宣传方针、宣传口径一致。坚持党性原则,就是坚持党性与人民性相统一,新闻工作者要成为党的政策的传播者和时代的记录者②。

新华社2024年全国两会大型融媒体专题报道就集中体现了党性原则观念。作为党和人民的喉舌,新华社采用多种媒介技术报道了党中央的最新动态与大会盛况,点面结合、有深有浅地解读了政府的工作报告,有针对性地反映了代表委员的声音,直面社会热点,回应了群众呼声,为全社会做好工作划出了重点,提振了人民的信心。

(2)人民中心观念

人民中心观念是新闻舆论工作中依靠谁、为了谁的观念,属于新闻舆论工作的

---

① 习近平.推动传统媒体和新兴媒体融合发展[EB/OL].(2014-08-18)[2022-03-17].http://media.people.com.cn/n/2014/0818/c120837-25489622.html.

② 刘小燕,董锦瑞.传承融合发展创新:"马克思主义与中国新闻学"学术研讨会综述[J].国际新闻界,2005(1):76-80.

价值目标观念,在马克思主义新闻观体系中居于核心地位,对整个新闻舆论工作具有指向性的作用。在新闻传播实践中,要牢固树立以人民为中心的工作导向,始终把人民群众放在新闻工作的主体地位,将人民群众作为新闻的主角,以人民群众的满意度作为检验新闻工作得失的根本标准①。

以全国两会报道为例,两会召开的意义在于回应人民关切、传达人民心声,因此报道的重点也是围绕着人民所关心的话题展开。不论是科普两会常识,开展以代表委员为主体的大规模特别访谈,还是带着问题去两会现场提问,都是站在人民立场想人民之所想的表现。

(3)新闻规律观念

新闻规律观念是马克思主义新闻观体系中基础性或根基性的观念。新闻活动也是人类活动的一种形式,是有规则、有规律的主体性活动②。尊重新闻规律,按照新闻规律办事,是做好新闻舆论工作的根基。必须承认新闻活动也是有规律的,包括新闻真实性、新闻价值规律和新闻传播规律等。在新闻传播活动的具体实践中,应当尊重和主动遵循新闻规律。

以两会报道为例,前中后期三个阶段受众所关心的内容不同,报道重点也不同,媒体则需要前期充分做好策划工作。在具体的实操过程中,真实、客观、全面、清晰地呈现事实是报道的底线性原则,运用新兴技术和受众喜闻乐见的报道形式是新闻报道出彩出新的关键。两会报道是严肃性时政新闻报道,媒体如何把握好严肃和活泼的度,做到既权威、有公信力,又亲切、接地气,是非常值得探索的问题。

(4)正确舆论导向观念

正确舆论导向观念是当前中国马克思主义新闻观体系中重要的方法论观念,这一观念强调正确舆论以及正确引导舆论对于党、国家和人民的重要性③。新闻媒体可以通过报道、评论等方式进行舆论引导,在引导时要注意讲究技巧,把握好"时度效"的原则。

全国两会是一年一度共商国是的大事件,面对社会舆论焦点、热点问题,新闻媒体应把握好新闻舆论引导的时机和节奏,积极回应群众关切,发布权威信息,紧握舆论风向标;要把握好舆论引导的力度和分寸,对待报道内容要审慎严谨、有深有浅;要注重舆论引导的效果,创新报道方式,推动问题解决落实。

---

① 刘小燕,董锦瑞.传承融合发展创新:"马克思主义与中国新闻学"学术研讨会综述[J].国际新闻界,2005(1):76-80.
② 杨保军.再论"新闻规律"[J].新闻大学,2015(6):1-10.
③ 刘小燕,董锦瑞.传承融合发展创新:"马克思主义与中国新闻学"学术研讨会综述[J].国际新闻界,2005(1):76-80.

第二节　中央广播电视总台《从脱贫攻坚到乡村振兴》主题报道分析

一、摘要及关键词

摘要：本文通过对中央广播电视总台《从脱贫攻坚到乡村振兴》系列主题报道的深入剖析，阐述新闻媒体如何在报道中坚持党性、人民性、真实性等原则，实现新闻的社会价值和舆论引导功能。文章首先阐述了乡村振兴战略的时代背景，随后结合具体案例，总结了央地合作在创新主题报道方面的实践经验，并探讨了主题报道如何突破传统框架，在马克思主义新闻观的指导下实现广泛传播，取得良好的社会反响。

关键词：马克思主义新闻观；主题报道；乡村振兴；《从脱贫攻坚到乡村振兴》；央地合作

二、案例背景介绍

2017年，党的十九大报告首次提出要实施乡村振兴战略，从产业、生态、乡风、治理、生活五个维度入手，明确界定了战略实施的目标方向。2018年，我国出台了《中共中央 国务院关于实施乡村振兴战略的意见》《乡村振兴战略规划（2018—2022年）》两个重要文件，再次指明了具体的战略实施方案、实践细节。2019年以来，我国先后出台《中共中央 国务院关于坚持农业农村优先发展做好"三农"工作的若干意见》《中共中央 国务院关于做好2023年全面推进乡村振兴重点工作的意见》等重要文件。可见，实施乡村振兴战略已经成为推进中国式现代化建设的前提保障，完善生态文明系统的关键路径，以及实现民族复兴的战略抉择。

乡村振兴战略的推进，不仅对于解决当前我国农村面临的发展问题具有重要的现实意义，同时也对传承中华民族优秀传统文化，维护社会稳定，促进全国经济均衡发展具有深远的历史意义[1]。因此，乡村振兴是新闻工作者记录新时代的新闻题材，也是新闻工作者回应时代关切、与时代共振、彰显媒体力量与责任的沃土。新闻媒体应紧抓乡村振兴这个时代主题，利用重大主题性新闻开设相关特色栏目，推出系列报道、特写、直播、短视频等，策划制作出有思想、有温度、有品质的主题报道，从而

---

[1] 彭双红.屏山农商银行金融支持乡村振兴战略的路径研究[D].昆明：昆明理工大学，2021.

助推乡村振兴建设①。本节选取中央广播电视总台联合四川观察、湖南广播电视台制作的大型融媒体系列主题报道《从脱贫攻坚到乡村振兴》进行分析。

三、案例分析

(一)系列主题报道《从脱贫攻坚到乡村振兴》简介

2023年8月,中央广播电视总台联合四川观察、湖南广播电视台制作了大型融媒体系列主题报道《从脱贫攻坚到乡村振兴》。该系列报道通过表达、运营、合作上的创新,用微观叙事呈现宏大主题,展现我国之前以"贫困"著称的代表性农村地区如今在产业兴旺、生态宜居、乡风文明、治理有效、生活富裕等方面的显著变化。

《从脱贫攻坚到乡村振兴》节目组以凉山悬崖村和湘西十八洞村两个村的脱贫攻坚与乡村振兴典型案例为起点,选取彝族火把节和湘西苗族赶秋节为切入点,于2023年8月17日推出第一场网络直播《当十八洞遇上悬崖村:"踏火赶秋"从精准扶贫到乡村振兴特别节目》,凸显民族节日的浓烈氛围和乡村振兴的创新举措(见图1-2-1)。2023年8月18日,在湘西花垣县边城机场通航时,推出第二场网络直播《神秘湘西新翼展 打个"飞的"游北京 十八洞村首航梦:湘西边城机场通航特别节目》,体现了乡村振兴为广大群众带来的切实幸福感和获得感(见图1-2-2)。最后,节目组把十八洞村村民在天安门广场观看升国旗这一事件作为传播落脚点和情感共鸣爆发点,升华了整场报道的主题,将报道推向高潮。

图1-2-1 直播《当十八洞遇上悬崖村:"踏火赶秋"从精准扶贫到乡村振兴特别节目》

---

① 孙思秋."乡村振兴"主题报道中对时代性的思考与实践[J].视听,2022(2):161-163.

图1-2-2 直播《神秘湘西新翼展 打个"飞的"游北京 十八洞村首航梦:湘西边城机场通航特别节目》

在本次系列主题报道中,直播视频的浏览总量超过632万人次,相关推文在首发平台央视新闻公众号的多篇稿件点击量超10万次①。特稿《从"家门口"直飞首都!这批乘客有个特殊行程》被推荐为全网置顶话题,各级媒体纷纷转发;微博话题"村民从家门口直飞北京看升旗是啥体验"登上微博热搜榜第8位,阅读量超1.1亿人次,讨论量达1.5万次,收获超1.9万次互动(数据截至2024年8月29日)。

(二)《从脱贫攻坚到乡村振兴》系列主题报道创作分析

《从脱贫攻坚到乡村振兴》系列主题报道的策划和实施充分发挥了央地合作的优势。一方面,中央广播电视总台利用其强大的传播力和影响力,为报道提供了广阔的展示平台;另一方面,省级地方媒体四川观察、湖南广播电视台则凭借其更加深入基层、贴近群众的优势,为报道提供了丰富的素材和鲜活的案例。央地合作不仅实现了资源共享、优势互补,还促进了报道内容的多样化和报道形式的创新。以下是对《从脱贫攻坚到乡村振兴》系列主题报道创作过程的具体分析。

1. 坚持党性原则,以"国之大者"标准确定选题

党性原则观念是马克思主义新闻观的第一观念,新闻媒体要在思想上、政治上、行动上与党中央保持高度一致,坚持党的领导,坚持为人民服务。重大主题报道对象的感观形态在一定程度上如同工业领域的大国重器一般。因此,对主题报道选题的确定,应依据党中央关心、广大人民群众期盼的"国之大者"标准。

2013年11月,习近平总书记考察湖南湘西十八洞村并首次提出"精准扶贫"重要

---

① 朱兴建,刘安戈,毛勇,等.精心选题央地合作有效运营:大型融媒体系列报道《从脱贫攻坚到乡村振兴》创作谈[J].中国视听,2024(1):32-38.

思想。近年来,十八洞村脱贫致富,面貌一新。在四川大凉山这片习近平总书记深情牵挂的地方,悬崖村同样找到了一条因地制宜摆脱贫困的路子。《从脱贫攻坚到乡村振兴》节目组由此切入,以全面推进乡村振兴为总抓手,准确把握脱贫攻坚和乡村振兴的战略意义和目标任务,通过事件传播、创意人物短视频、互动直播等一系列媒体实践,联动两个村庄的典型人物,串联乡村振兴故事,呈现独特的少数民族文化,与广大受众共话中国两个广受关注的贫困村的乡村振兴故事,共享中国脱贫攻坚的经验成就。

2. 深入一线调查研究,以主题为核心层层递进

要想将乡村振兴这一全国性的选题做到人有我优,一个重要方法就是调查研究。中央广播电视总台湖南总站党委书记、本次系列主题报道的副召集人朱兴建说,《从脱贫攻坚到乡村振兴》的前期准备工作长达三个月[①]。数位新闻工作者通过实地调研、走访当地住户等方式了解真实情况,最终确定了报道的主线。

《从脱贫攻坚到乡村振兴》节目组将乡村振兴这一宏大主题的切入点聚焦到两个村具有代表性的少数民族每年特殊的节日,内容主线十分清晰:从民俗节日到基础设施投运,再到村民在天安门广场观看升国旗。第一场网络直播《当十八洞遇上悬崖村:"踏火赶秋"从精准扶贫到乡村振兴特别节目》呈现了四川凉山地区彝族的火把节和湖南湘西地区苗族的赶秋节。各民族深入交往交流交融,凸显出民族节日的浓烈氛围和乡村振兴的创新举措。紧接着,记者又以湘西花垣县边城机场通航这一新闻事件为节点,推出第二场网络直播《神秘湘西新翼展 打个"飞的"游北京 十八洞村首航梦:湘西边城机场通航特别节目》,以十八洞村村民自费乘坐首航飞机游北京提升直播关注度,最终直播以村民们兴高采烈地前往天安门广场观看升国旗仪式结束。由此可见,系列报道的全部内容紧扣"乡村振兴"这一主题,脉络清晰,层层递进,取得了良好的传播效果。

3. 央地合作做好资源整合,衍生多样融媒体产品

按照一次采集、多种生成、多元传播的理念,中央广播电视总台联合四川观察、湖南广播电视台将主题报道《从脱贫攻坚到乡村振兴》的两场直播制作成图文、H5、特稿等多种融媒体产品。同时将直播中的亮点进行二次创作,制作了诸多时长1分钟以内的短视频,并在各大新媒体平台密集宣传。

一是撰写以《从"家门口"直飞首都! 这批乘客有个特殊行程》《秘～境～在～湘～西～》等特稿,从历史人文、风土人情、发展成就、美食美景等方面梳理湘西秘境,让受

---

① 朱兴建,刘安戈,毛勇,等. 精心选题央地合作有效运营:大型融媒体系列报道《从脱贫攻坚到乡村振兴》创作谈[J]. 中国视听,2024(1):32-38.

众产生"身不能至,心向往之"的沉浸式体验感。

二是央视新闻公众号《夜读》栏目发布主题文章《请用"沈从文、机场、边城、诗"造一个句子》,带领读者赏析小说《边城》的经典片段,回顾湘西边城机场正式通航这一热点。多个热点稿件运用创新手段,汇聚出了多点开花、多端发力的传播效果。

三是制播《"感党恩"的农家乐老板杨超文》《十八洞"光华"畅想曲》《四川悬崖飞人拉博挑战湘西》等讲述十八洞村、悬崖村在脱贫攻坚取得全面胜利后,进而推进乡村振兴的相关短视频。此外节目组还借力"网红"让传统报道不断创新"出圈",如邀请网红某色拉博(凉山彝族人)来到湘西实地感受现场氛围,制作出某色拉博挑战系列的创意内容。

4. 创新互联网语态,让内容生动接地气

越是进行重大主题报道,越容易产生题材同质化问题,这就更需要新闻工作者在个性化表达方面下足功夫,丰富表现手段和形式,注重创新,把新闻"吃干榨尽"。一方面,找准"人无我有,人有我特"的地方"小切口",讲好大主题[1]。另一方面,既要"接天线",也要"接地气",选取典型事件、挖掘典型人物、抓取典型细节,让报道有血、有肉、有灵魂,打动人心、引起共鸣[2]。

在本次融媒体报道中,在湘西边城机场通航特别节目中,创作团队从"悬崖飞人"某色拉博这一悬崖村的典型人物入手,邀请他前往十八洞村打卡,亲身体验矮寨大桥、蹦极、苗族服饰扎染等特色项目,以一种独特视角展示了十八洞村发生的变化。这些内容以 Vlog 的记录方式,带领观众沉浸式体验十八洞村的风土人情,以创新的表达方式巧妙地将悬崖村和十八洞村进行"梦幻联动"。

5. 突出人民性特征,反映百姓真实诉求

人民是历史的创造者,新闻媒体在开展工作时,要时刻牢记人民群众是社会舆论的主体。只有为人民提供真实充分的认知,与人民形成良性互动关系,才能取得人民支持,达成预期的传播效果。在新闻媒体"讲故事"的过程中,打动人心的永远是"人",是真诚的人、奋斗的人、逐梦的人。《从脱贫攻坚到乡村振兴》系列主题报道呈现了"悬崖飞人"某色拉博的"白日梦想",以某色拉博的视角讲述了对悬崖村未来的期待,用"实景+特效"的形式展现了某色拉博的梦想和对悬崖村旅游业的描摹。

---

[1] 董天策,高婧璇.选取独特角度精准设置议题:融媒体环境下重大主题报道策划的创新[J].新闻战线,2020(19):25-28.

[2] 胡武龙.地方媒体如何在重大主题报道中"出圈":以"情牵红土地"建党百年全媒体策划报道为例[J].传媒论坛,2022,5(17):16-18.

相关视频聚焦了这位质朴、乐观的乡村青年的状态,这与当下有梦想、有憧憬的年轻人的状态十分契合,能够引发青年群体的广泛共鸣。

此外,短视频《"感党恩"的农家乐老板杨超文》通过十八洞村村民杨超文的视角呈现村里的变化:土路变成了一条条柏油路,旧房屋在保持苗寨风格的基础上被修葺一新,小学和卫生室得到升级改造……他决定"趁着东风折腾折腾",在村庄里开起了农家乐,生活越来越好,日子越来越有盼头。在视频的最后,杨超文说:"有人问我信心在哪里?是十八洞村这十年来的变化给我带来的信心。"正是这些对人物的细致挖掘,真正反映了百姓的真实诉求,体现了乡村振兴的显著成就。

6. 强化导向性功能,引导社会舆论向积极方向发展

新闻报道能够引发、代表、影响舆论,因此必须正确引导舆论,以正面宣传为主,坚持团结鼓劲,平衡负面报道。面对新媒体时代愈发复杂的舆论生态和意识形态问题,坚持践行马克思主义新闻观对于新闻事业具有重要现实意义,新闻媒体应在实践中以马克思主义新闻观的思想观念为准则开展工作。《从脱贫攻坚到乡村振兴》节目组便充分发挥了新闻的导向性功能,通过积极传播正能量、弘扬主旋律,引导社会舆论向积极方向发展。系列报道通过直播、短视频、特稿等多种形式,从当地百姓的视角出发展现十八洞村和悬崖村从脱贫攻坚到乡村振兴过程中的动人故事,真实感人。

此外,央视新闻的微博粉丝量庞大,在微博舆论中权重很大。《从脱贫攻坚到乡村振兴》播出时正值暑期,到北京观看升国旗是亲子旅游和爱国主义教育的主要选项之一。央视新闻发布的第一个微博话题"村民从家门口直飞北京看升旗是啥体验"便击中千万网友内心,打开了网友们的"话匣子",大量网友自发加入话题进行评论,引发二次传播。与此同时,大量"感动""羡慕"的留言喷涌而出,家国情怀成为舆论主流,情感属性正面和中性的评论互动占比高达99%,形成了巨大的积极舆论声浪。

(三)案例总结:如何在马克思主义新闻观的指导下做好主题报道

在马克思主义新闻观的指导下,做好主题报道不仅要求我们遵循新闻工作的基本原则和基本规律,还需结合时代特点和具体实践,以深入、全面、客观的方式呈现报道内容。中央广播电视总台具有权威性、示范性,其在此次系列报道中充分彰显了党媒的职责使命,体现了坚守党性原则、回应群众诉求的重要理念,其实践工作对其他媒体开展主题报道具有重要的启示作用。四川观察、湖南广播电视台作为省级媒体同样认真贯彻党中央精神,围绕各种重大主题报道,立足地方特色,唱好重头戏,奏响主旋律。通过对中央媒体和省级媒体联动制作的系列主题报道《从脱贫攻坚到乡村振兴》的创作分析,可以总结出新闻媒体应在以下方面发力,做好主题报道。

1. 坚持党性原则，立足核心议题

马克思主义新闻观强调新闻工作的党性原则，在主题报道中，新闻工作者要始终坚持这一原则，确保报道内容符合党的路线、方针、政策，积极传播正能量，弘扬主旋律。通过深入解读党的政策主张，展现党和政府的工作成效，增强人民群众对党和政府的信任与支持。

中央广播电视总台联合四川观察、湖南广播电视台开展的乡村振兴重大主题报道，党性原则强，关注实际，时刻以马克思主义新闻观指导新闻实践，具有着眼于提升新闻报道引导力的大格局。其在议程设置上紧密结合当下重大问题，立足核心议题，集合媒体优势资源，形成报道合力，对乡村振兴战略进行积极宣传。此外，具体的报道内容着眼于具体实践，展现乡村振兴战略具体落实现状，并不断深入挖掘感染人、引导人的典型事迹。此次系列主题报道体现了党媒的责任担当。

2. 维护群众利益，深入基层一线

"从群众中来，到群众中去"是马克思主义新闻观的重要要求。在主题报道中，新闻工作者要深入实际，贴近群众，通过实地采访、亲身体验等方式深入基层一线，了解人民群众的真实生活状态，从人民群众的生产生活中挖掘新闻素材，用镜头和笔触记录他们生活的变化，用真实、生动的语言讲述人民群众的故事，反映人民群众的呼声和需求，展现人民群众的精神风貌。只有这样，才能增强报道的感染力和影响力，引起读者共鸣。

脱贫攻坚和乡村振兴的伟大实践离不开广大人民群众的积极参与和贡献。在相关主题报道中，采编人员要深入挖掘和展现人民群众在脱贫攻坚和乡村振兴中的主体地位和积极作用，通过讲述他们的奋斗故事和成功经验，激发更多人的奋斗精神和创造活力。这种以人民为中心的报道理念，不仅可以增强报道的群众基础，还可以提升报道的社会影响力。系列主题报道《从脱贫攻坚到乡村振兴》改变了以往党媒对于重大主题报道主题先行的现状，不拘泥于"回顾"和"总结"式报道，而是将乡村振兴这一主题以故事化的报道方式呈现出来，采用"直播＋短视频＋图文特稿"的报道形式，以一种更为平实、灵活的方式让新闻内容更加贴近大众生活，从而扩大了相关报道的影响力。

3. 把握舆论导向，以正面宣传为主

习近平总书记强调："党的新闻舆论工作是党的一项重要工作，是治国理政、定国安邦的大事。"面对移动传播时代愈发复杂的舆论生态，坚持正确舆论导向对于新闻事业具有重要现实意义。中央广播电视总台、四川观察、湖南广播电视台作为党媒,更要在舆论监督中始终坚持正确的政治方向、舆论导向和价值取向,坚持以正面宣传为主,服务经济社会发展,积极承担社会责任。

在主题报道中,新闻媒体要始终坚持以正面宣传为主的方针并不断提高舆论引导能力。一方面,要通过报道经济建设、政治建设、文化建设、社会建设、生态文明建设中取得的显著成就和成功经验,展示中国特色社会主义事业的伟大成就和光明前景。另一方面,要坚持用事实说话、用典型说话,注重情感交流和人文关怀,用真诚的态度和温暖的语言打动人心、凝聚共识。在系列主题报道《从脱贫攻坚到乡村振兴》中,采编人员始终坚持以正面宣传为主的方针,大力弘扬社会主义核心价值观和正能量,通过展示典型人物不屈不挠、勇往直前的精神风貌,激励更多人投身乡村振兴这一伟大事业。同时,通过报道政策实施、基础设施建设项目推进等方面的积极进展,增强了人民群众的信心和期待。该系列主题报道因此收获大量好评,用户在观看后纷纷留下"感动""羡慕"等正面积极言论,形成了良好的舆论氛围。

4. 依托政策发展,实施多元报道

政策是党和国家意志的体现,是新闻媒体贯彻执行党中央要求的具体依据。对于主流媒体来讲,特别是党媒,要依托政策发展,坚守政治方向,实施层级化的多元报道,形成价值引领格局,做到宣传重大政策反应快、有个性、有温度,增强意识形态引领的精准性、实效性,提高主题报道思想含量。同时还要注重结合实际情况进行具体分析和阐述,根据不同内容使用不同的报道形式,使报道内容更加贴近实际、贴近生活、贴近群众,进而增强报道的针对性和实效性。

以乡村振兴主题报道为例,党和政府出台多项政策推进乡村振兴战略的实施。乡村振兴工作是当前党和政府高度重视的中心工作之一,同时,乡村振兴又是人民群众高度关心的热点话题,因此,这就是主流媒体应该唱响的主旋律。新闻媒体在报道过程中要始终以乡村振兴战略为话语框架,结合具体政策发展,对报道内容进行细化延展,进而形成整体方向一致但内容多元的报道格局。

《从脱贫攻坚到乡村振兴》系列报道紧跟国家政策的步伐和节奏,及时准确地传达了党和政府的决策部署和最新要求。节目组充分利用融媒体平台和技术手段,通过图文、短视频、直播等多种形式呈现报道内容;同时,还通过微博、微信、抖音等新媒体渠道进行广泛传播和互动。这种依托政策的多元报道方式不仅拓宽了报道的传播范围和受众面,还增强了报道的吸引力和感染力。

《从脱贫攻坚到乡村振兴》系列报道的成功实践表明,在马克思主义新闻观的指导下做好主题报道是可行的,也是必要的。在马克思主义新闻观的指导下做好主题报道是一项长期而艰巨的任务,新闻工作者需要始终坚守正确政治立场,维护群众利益,坚持以正面宣传为主。只有这样,才能确保报道内容符合党的意志和人民利益,才能够反映社会现实和时代精神,才能够引导公众形成正确的认识和理解。新闻工作者要在新时代的新闻工作中不断取得新的进步,为党和人民提供更多更好的新闻内容。

四、重要报道评析

神秘湘西新翼展 打个"飞的"游北京 十八洞村首航梦:湘西边城机场通航特别节目①

(2023年8月18日 央视新闻客户端)

当赶秋节与通航仪式邂逅之时,古老的民族传统与新时代的乡村振兴共舞一曲。8月18日,湘西边城机场将迎来通航仪式,十八洞村村民将搭乘首架从这里出发的航班前往北京,实现"家门口坐飞机"的梦想。与此同时,十八洞村苗族同胞的赶秋节活动也将如火如荼地展开。迎秋、祭秋、闹秋,跟随总台央视记者,走进神秘湘西,领略世界级非遗魅力,感受精准扶贫首倡地——十八洞村从脱贫攻坚阔步迈进乡村振兴的新时代!

【十八洞黄桃飘香季 漫山结满致富甜蜜果】

【搭乘首架航班的乘客们在机舱内挥舞红旗,高声合唱《歌唱祖国》】仪式感满满!8月18日,湘西边城机场迎来正式通航。搭乘首架航班的乘客们满怀对北京之旅的期待,在机舱内挥舞红旗,高声合唱《歌唱祖国》,其中50多名乘客是来自十八洞村的村民。期盼已久,边城不边,今日梦圆。#精准扶贫首倡地首趟航班飞首都#

【破译苗绣"密码" 小针线"绣"出新生活】

【农家乐开启致富路 地道苗家菜迎客来】

【走村串户!来湘西十八洞村畅游一"夏"】

【从十八洞村出发 精准扶贫首倡地首航飞首都】

【首航首趟飞首都 最想去北京哪里逛逛?】

【沈从文的小说边城成了机场名】塔台小姐姐深情一声呼唤:"我明白你会来,所以我等。"从规划建设到正式通航历经十年,首架进港湘西边城机场的航班已经落地,获民航最高礼仪过水门,终于等到这场十年之约!

---

① 神秘湘西新翼展 打个"飞的"游北京 十八洞村首航梦:湘西边城机场通航特别节目[EB/OL].(2023-08-08)[2023-09-10]. https://m-live.cctvnews.cctv.com/live/landscape.html?liveRoomNumber=13315317610694074920&toc_style_id=feeds_only_back&track_id=1C9F64C3-A8CA-429F-B352-6253DFAF2CE9_746506525864&share_to=copy_url.

【非遗农特迎客往 打卡逛游新机场】
【首趟飞机抵达机场 仪式感拉满庆通航】
【自古湘西行路难 通航带来新期待】
【湖南湘西边城机场正式通航 打卡逛游新机场】

评析

网络直播《神秘湘西新翼展 打个"飞的"游北京 十八洞村首航梦：湘西边城机场通航特别节目》不仅是一场关于机场通航的简单报道，更是一次见证社会变迁与展示乡村振兴成就的传播活动。在这场直播中，古老与现代的交融、传统与创新的碰撞，共同绘制了一幅湘西地区跨越发展的壮丽画卷。

直播开篇即以"赶秋节与通航仪式邂逅"为引子，巧妙地将民族传统节日与现代交通建设的重大事件相结合，瞬间抓住了观众的注意力。深厚的文化底蕴和丰富的民俗活动为这场直播增添了几分神秘与喜庆的色彩。而湘西边城机场的通航，则标志着湘西地区对外交通条件的显著改善，这为当地经济社会发展注入了新的活力。两者的结合，不仅展现了湘西地区在传承中不断发展，也寓意着古老民族在新时代的腾飞。

在直播过程中，策划人员通过对多个环节的精心设计，全方位、多角度地展现了湘西地区的独特魅力和发展成就。其中，"十八洞黄桃飘香季 漫山结满致富甜蜜果"这一环节，以生动的画面和翔实的解说，向观众展示了十八洞村在精准扶贫政策下实现产业脱贫的生动实践。黄桃作为当地特色农产品，不仅为村民带来了可观的经济收入，更成为乡村振兴的一张靓丽名片。对这一场景的呈现，不仅让人们感受到了丰收的喜悦，更深刻体会到了精准扶贫政策给当地带来的实实在在的变化。

在"搭乘首架航班的乘客们在机舱内挥舞红旗，高声合唱《歌唱祖国》"的环节中，直播达到了一个情感的高潮。乘客们满怀对北京之旅的期待和对祖国繁荣富强的自豪，用歌声表达了自己的心声。特别是当镜头对准那50余名来自十八洞村的村民时，他们的笑脸和眼中的光芒，生动地诠释了"边城不边，今日梦圆"的深刻含义。这一刻，不仅是村民们个人梦想的体现，更是整个湘西地区乃至全国人民共同奋斗、共同圆梦的缩影。

此外，直播还通过"破译苗绣'密码' 小针线'绣'出新生活""农家乐开启致富路 地道苗家菜迎客来"等环节，展示了苗族人民在传承与创新中走出的一条特色发展之路。苗绣作为国家级非物质文化遗产，通过与现代市场的结合，为当地妇女提供了就业创业的机会,实现了传统文化的活态传承与经济发展的双赢。而农家乐的兴起,则让游客在品尝地道苗家菜的同时,也体验到了乡村生活的宁静与美好,为乡村振兴注入了新的动力。

在直播的尾声部分,随着首架航班的顺利抵达和民航最高礼仪"过水门"的举行,湘西边城机场正式迎来了它的通航时刻。这一刻不仅是对机场建设者们辛勤付出的最好回报,也是大家对湘西地区未来发展充满信心的最好证明。

总体来说,《神秘湘西新翼展 打个"飞的"游北京 十八洞村首航梦:湘西边城机场通航特别节目》是一场集新闻性、文化性、观赏性于一体的优秀网络直播报道。这场直播不仅让我们见证了湘西地区在脱贫攻坚和乡村振兴道路上取得的辉煌成就,更让我们感受到了中华民族在伟大复兴征程中的坚定信念和不懈追求。

从"家门口"直飞首都!这批乘客有个特殊行程①

(2023 年 8 月 19 日　央视新闻微信公众号)

"我明白你会来,所以我等。"

昨天,湖南省湘西土家族苗族自治州花垣县的湘西边城机场,迎来了首架降落航班,这座以沈从文小说命名的机场正式通航。塔台工作人员更是用沈从文小说中的话语,对远道而来的客人表示欢迎。

机场外围也早已"人从众"——来自苗族、土家族等各族同胞顶着烈日,早早来到附近欢迎首批"空中来客"。

随后,首航首趟飞首都的航班从机场起飞,只要两个多小时就能抵达,飞越群山,只在咫尺。离机场仅有 15 公里的花垣县十八洞村,51 位村民在"家门口"坐上飞机,成为首批乘客直达北京。

今天凌晨,村民们前往天安门广场,伴着晨光一起观看升国旗。老人难掩激动:"从家门口坐飞机来看升旗,意义很特殊。"小朋友将升旗全程拍摄了下来:"想回村后跟大家分享。"大叔唱完国歌后忍不住欢呼:"一看到红旗飘飘,心里就热乎乎的。"

他们中有七八十岁的老人,也有十多岁的孩子。对于其中很多人来说,如此便捷地"飞"到首都,曾经是想都不敢想的事——十八洞村曾是深度贫困村,周围群山环绕,交通极其不便。十年前,全村人年均纯收入只有一千多元。

2013 年 11 月,习近平总书记来到十八洞村考察,首次提出"精准扶贫"理念。随后,十八洞村在这场脱贫攻坚战中完成了蜕变,并转向乡村振兴的发展快车道。

---

①　从"家门口"直飞首都!这批乘客有个特殊行程[EB/OL].(2023-08-19)[2023-12-13]. https://mp.weixin.qq.com/s/GaifsMdFi98YMIBBzmPl3g.

乡村旅游蓬勃发展,特色农产品被端上各地餐桌,年轻人返乡创业干劲正足……如今,这个小山村已旧貌换新颜!

群山之间的苗寨
藏着惊艳的自然风光

十八洞村由梨子寨、竹子寨、飞虫寨和当戎寨4个寨子组成,是一个藏在幽静山谷中的苗族聚居地。它地处武陵山脉腹地,属于典型的喀斯特地貌发育区,村寨周边山林、峡谷、溶洞密布,风光旖旎,有"小张家界"的美誉。

这里森林覆盖率超80%,有保护完好的原始次生林——莲台山林场,植被郁郁葱葱,是名副其实的天然氧吧。

夯街原生态峡谷,一年四季溪流潺潺,清澈见底。

十八溶洞群洞洞相连,洞内石笋、石蔓、石像、盘石等神态各异,被誉为"亚洲第一奇洞",十八洞村也因此得名。

村庄里苗寨风貌保存完好,进寨后,青石板路通往各家各处,木屋青瓦古色古香。雨后,云雾从山脚升腾而起,让这个村落更显神秘婀娜。

十八洞村先后被评为"中国传统村落""中国少数民族特色村寨""全国乡村旅游重点村""国家森林乡村"等,越来越多的游客慕名前来。

这些年来,村民杨超文亲眼见证了村里的变化:土路变成了一条条柏油路,旧房屋在保持苗寨风格的基础上进行了修葺,小学和卫生室得到升级改造……他决定"趁着东风折腾折腾",在村庄里开起了农家乐。

在他的努力下,农家乐生意越来越好,曾入选"湘西州十佳农家乐"。但杨超文并不满足于此,为了让农家乐更有"苗族的样子",他又开始了"折腾"——瞄准湘西苗族的竹文化,从室内设计到锅碗瓢盆,他打造出了全竹农家乐。

杨超文说:"有人问我信心在哪里?是十八洞村这十年来的变化给我带来的信心。"

除了农家乐,十八洞村的悬崖酒店也别具特色。在不破坏山林原生态地貌的前提下,将酒店搬至悬崖峭壁之上,18栋客房户户朝景,全景玻璃窗将整个村落收进眼底:低头是山间溪水潺潺,远望是村落炊烟袅袅,抬头是星河散落满天……

2022年,十八洞村接待游客50万人次,未来,它将释放更大的潜力——大溶洞、田园综合体等旅游项目正在开发中。这个曾经闭塞的小山村,依托乡村旅游闪耀出璀璨的光芒。

传承千百年的民俗技艺
是古老苗寨的极致浪漫

十八洞村民族风情浓郁,文化底蕴深厚。

在这个古老的苗寨,苗绣工艺世代相传,这项非遗技艺以构图精美、造型独特和色彩丰富而闻名,被誉为"穿在身上的苗族史诗"。绣娘埋首于一针一线间,在指尖传承已有千年历史的技艺。

当地建起了苗绣产业基地,并发起"让妈妈回家"志愿服务项目,吸引外地务工人员返乡加入苗绣创业培训。目前,村里已有50多位绣娘实现"在家门口就业",在陪伴孩子的同时,每月还能增收数千元。

苗族扎染蜡染色调素雅,是中国古老的纺染工艺。其中,扎染是指将织物折叠捆绑后放入色浆染色,染布干后,拆去缝线捆绑,花纹便自然呈现。变幻莫测的纹理和斑斓的晕色效果,古朴又灵动。

在十八洞村非遗中心,游客能亲手体验这项技艺。

"上刀梯"也是十八洞村一项传统的民俗活动。在一块开阔的平地上竖起一根木杆,木杆上横插36把长刀,刀刃向上。表演者赤脚踩着锋利的刀刃而上,还要在刀梯上表演倒挂金钩、大鹏展翅等,以显示过人的技巧。

每逢春节,游客可以观赏抢狮、接龙、打苗鼓等传统民族表演;如果遇上赶秋节,还有舞龙、椎牛、唱苗歌等活动。游人来到这里,既能感受大自然的鬼斧神工,又能体验纯粹的苗族文化。

舌尖上的美味
藏着寒山深处的烟火气

农家自制的山野腊味、天然无污染的绿色果蔬、酸辣开胃的苗家饭菜……每一道风物,都藏着质朴的苗族风情。

去十八洞村,一定要尝尝腊肉。每逢冬天,村民们把肉一条条切好,粗盐腌渍后,挂在火塘上方。松柏等木质燃烧特有的烟火香气袅袅上升,熏得肉滋滋冒出油珠,一点点变得紧实。

熏好的腊肉,肥肉油润,瘦肉红亮,咸淡适中可口。哪怕是不懂烹饪的厨房"小白",只需上锅蒸片刻,也能解锁一道香气飘飘的美食。

昼夜温差大、水汽充足,让当地生产的水果甘甜可口。其中,十八洞猕猴桃果肉呈黄色或黄绿色,味浓、汁多、口感好。当地采用人工除草、生态防虫的种植方式,让其获得有机认证。

如今，猕猴桃已发展成为当地致富增收的"金果子"。虽然十八洞村可用土地少，但为了发展种植业，他们利用"飞地经济"模式，租用附近村庄的土地建起猕猴桃基地，并引进优质品种。村民们不仅可以在这里务工，还能享受分红。

大山里一年四季轮番开放的百花，成为原生态蜂蜜的来源；村民共同开发"十八洞山泉水"，将深山里甘冽清甜的泉水送往各地；山坡上云雾缭绕的茶园，生长着高山生态有机茶……越来越丰富的特色产品，吸引着村里的年轻人返乡创业。

施康就是众多返乡人员中的一个。他曾靠着努力"考出大山"，但看见家乡巨大的变化，他又怀揣梦想和责任回到了熟悉的地方。2020年，他开始利用短视频介绍家乡特产，并尝试直播带货。

最开始，施康进行得并不顺利。有些新鲜的果蔬不易保存，客户收到时已经损坏变质。为了解决这个问题，他们在城里租了个仓库，节省物流时间。同时，施康作为湖南省人大代表，在省两会上提交了关于强化农村物流体系的建议，共同克服农村物流短板。

在施康的带动下，同村越来越多的小伙伴加入了他的创业团队，一起挑选符合市场需求的产品，为产品包装改进出谋划策，共同讨论销售经验……他们的直播销售额已经达到100多万元。

他们说："希望越来越多十八洞村的'玛饶内'（意为年轻人）能跟我们一样，回到家乡'洞'起来。"

从摆脱贫困到乡村振兴
十八洞村每一寸土地
都在焕发生机、积蓄力量
讲述更加精彩的中国乡村故事

评析

特稿《从"家门口"直飞首都！这批乘客有个特殊行程》是一篇充满温度与深度的新闻作品，它以湘西边城机场通航这一重大事件为切入点，巧妙地编织了一幅关于时代变迁、人民梦想与乡村振兴的壮丽图景。文章开篇简短而有力的表述不仅揭示了新闻事件的核心，更激发了读者对于从"家门口"直飞首都这一奇迹般变化的好奇心。

文章作者在叙述过程中，没有仅仅停留在对通航仪式的表面描述上，而是深入挖掘了背后的故事与人物。通过细腻的笔触，我们仿佛能看到来自十八洞村的村民乘客们在机舱内挥舞红旗、高声合唱《歌唱祖国》的激动场景，那份对祖国的热爱与对未来的憧憬跃然纸上。这些鲜活的个体,不仅代表了湘西地区人民的形象,更映射出中国在脱贫攻坚和乡村振兴道路上取得的巨大成就。

文章作者在展现湘西地区新面貌的同时,也没有忘记对传统文化的传承与弘扬。通过对苗族赶秋节、苗绣技艺等文化元素的介绍,读者不仅能够感受到湘西地区独特的文化魅力,更能体会到传统文化在现代社会中的生命力与创造力。这种文化传承与创新并重的理念,正是乡村振兴战略的精髓所在,也是文章深刻内涵的体现。

此外,文章作者还巧妙地运用了对比手法,将湘西地区过去的贫困落后与现在的繁荣发展进行对比。通过讲述湘西边城机场从规划建设到正式通航的十年历程,进一步强化了"幸福是奋斗出来的"这一主题思想。

在文章的结尾部分,作者没有简单地收束全文,而是满怀激情地展望了湘西地区乃至整个中国农村的未来。这种对未来的信心和期待不仅来自湘西地区人民自身的努力和奋斗,更来自国家对乡村振兴战略的深入实施和大力支持。通过这篇报道,我们可以看到中国农村在全面建设社会主义现代化国家进程中的强劲动力和无限可能。

综上所述,《从"家门口"直飞首都!这批乘客有个特殊行程》是一篇充满人文关怀、深刻反映时代变迁的优秀新闻作品。它以生动的语言、丰富的细节和深刻的主题思想成功吸引了读者的注意力并引发共鸣。通过这篇报道,我们不仅见证了湘西地区在脱贫攻坚和乡村振兴道路上取得的辉煌成就,更感受到了中国农村在新时代背景下的勃勃生机与美好前景。

五、思考题

1. 如何在马克思主义新闻观的指导下做好乡村振兴类主题报道?
2. 在移动传播时代,如何进一步提升主题报道的吸引力和感染力?

六、案例使用说明

(一)适用理论

1. 四全媒体——全程媒体、全员媒体、全息媒体、全效媒体

"四全媒体"是 2019 年 1 月 25 日习近平总书记在中共中央政治局第十二次集体学习时,面对媒体格局新变化提出的一个新概念,即"全程媒体、全息媒体、全员媒体、全效媒体"。这一概念首次对全媒体时代下的媒体形态从不同层次和不同角度予以了十分形象的阐释,明确指出了今后一段时间媒体融合发展的方向目标。

全程媒体是指由于信息传输技术的飞速发展和移动网络技术的迭代升级,使媒体基本可以同步记录、传输,新闻报道、信息传播无时不有,实现了信息或事件的全程记录,几乎同步传播。全员媒体是指由于手机等智能终端的普及应用,媒体进入门槛大大降低,参与主体显著增加,一元主导、强力引导的宣传舆论场变成多元共治、柔性制衡的公众舆论场,单向传播转化为多向互动、同频共振,人人都是媒体、人人都有话筒成为媒体生态和舆论场现实场景,新闻报道、信息传播几乎无人不会,新闻媒体内部也面临随时须在现场、专业报道不能缺席的新要求,呼唤涌现更多专家型记者,更好地发挥引领主流舆论的作用,促进全民媒介素养提高。全息媒体是指由于物联网、多维成像等技术的成熟和对大数据技术的应用,物理空间智能仿真呈现度大幅提高,物理信息源的失真误差大幅减少,标准化、数据化记录,多角度、多方位再现,新闻报道、信息传播无处不在,几乎实现了信息或物体在空间的全方位呈现和多角度同步传播。全效媒体是指由于多种媒体载体、技术的大面积应用,媒体给受众更广泛的体验认识,并释放更强大的效能。

2. 舆论四力——传播力、引导力、影响力、公信力

2019年1月25日,习近平总书记在中共中央政治局第十二次集体学习时强调:"我们要因势而谋、应势而动、顺势而为,加快推动媒体融合发展,使主流媒体具有强大传播力、引导力、影响力、公信力。"

新闻媒体的"四力"就是传播力、引导力、影响力和公信力。传播力是引导力、影响力、公信力的基础,传播力是把新闻舆论信息传递扩散出去的能力;导向问题是根本性问题,引导力是主流媒体担负起主动引导社会舆论的责任,使社会舆论不偏离正确方向的能力;影响力是媒体影响主流人群、代表主流意识、传播主流新闻的能力;公信力是新闻媒体本身所具有的一种被社会公众所信赖的内在力量,是衡量媒体权威性、信誉度和社会影响力的标尺,也是媒体赢得受众信赖的能力。

(二)要点分析

1. 谈党性原则:在党性原则指引下,自觉宣传方针政策

在新的时代条件下,党的新闻舆论工作必须把政治方向摆在第一位,牢牢坚持党性原则,坚持马克思主义新闻观,坚持正确政治方向。在《从脱贫攻坚到乡村振兴》系列报道中,党性原则得到了充分体现。报道团队在策划、采访、编辑和发布的全过程中,始终将党性原则放在首位,自觉宣传党的路线、方针、政策。这种宣传方式不仅增强了报道的权威性和公信力,也有效激发了广大干部群众投身乡村振兴的热情和信心。

2. 谈舆论导向:在正面宣传指导下,积极引导正向舆论

新闻舆论工作各个方面、各个环节都要坚持正确舆论导向。各级党报党刊、电台电视台都要讲导向。《从脱贫攻坚到乡村振兴》系列报道坚持以正面宣传为主,积极引导正向舆论。报道通过讲述一个个生动的故事,展现了脱贫攻坚和乡村振兴中的感人瞬间和奋斗历程,传递了正能量和积极向上的价值观。同时,报道还注重回应社会关切,针对一系列热点问题和难点问题进行了深入剖析和解读,有效引导了社会舆论的走向。这种正面宣传的方式不仅增强了报道的吸引力和感染力,也有效提升了公众对脱贫攻坚和乡村振兴工作的认知度和支持度。

3. 谈融合创新:在技术手段引领下,加强全媒体体系建设

推动传统媒体和新兴媒体融合发展,要遵循新闻传播规律和新兴媒体发展规律,强化互联网思维,坚持传统媒体和新兴媒体优势互补、一体发展,坚持以先进技术为支撑,以内容建设为根本。《从脱贫攻坚到乡村振兴》系列报道以全媒体体系建设理念为指引,充分利用了现代技术手段。报道团队整合传统媒体大屏与新媒体小屏,运用短视频、直播等形式,提高了新闻报道的时效性和互动性。这种融合创新的方式不仅丰富了报道的呈现形式,也有效扩大了报道的传播范围和影响力。

第二章

典型人物报道篇

第一节 《中国UP!》系列典型人物报道分析

一、摘要及关键词

摘要：在社会舆论日趋复杂的今天,典型人物报道面临着诸多挑战。唯有坚持以马克思主义新闻观为指导,坚持党性与人民性相统一,深入社会阶层挖掘典型人物,同时尊重新闻传播规律,塑造可亲可感可信的典型形象,坚持正确舆论观念,改变传统制作方式,内容与形式并重,才能确保典型人物报道在中国特色社会主义新闻事业的土壤中茁壮成长。

关键词：中国UP;典型报道;舆论引导;马克思主义新闻观

二、案例背景介绍

典型人物报道发源于20世纪40年代,作为马克思主义新闻观中国化的实践产物,它始终在中国特色新闻学范畴内发挥着举足轻重的作用。"伟大时代呼唤伟大精神,崇高事业需要榜样引领"[①],"榜样的力量是无穷的,广大党员、干部必须带头学习和弘扬社会主义核心价值观,用自己的模范行为和高尚品格感召群众、带动群众。"[②]这就从政策层面为典型人物报道发展提供了沃实的土壤。

那么何为典型人物报道呢?甘惜分先生在《新闻学大辞典》中对典型报道的定义值得我们借鉴:典型报道是对具有普遍意义的突出事物的强化报道,是一种用来引导舆论、指导工作、催人奋进的报道形式,包含对人物、事件、经验和问题的报道。学者朱天等依据学界对典型报道的定义归纳得出,典型人物报道是指"对一定时期一定范围内涌现出的最突出或最具有代表性的人物进行的重点、集中报道,通过对具有普遍意义的个别人物的剖析,传播普遍性的观念或价值,用来指导工作、规范价值、教化民众"[③]。由上我们可以看出,典型人物报道的主旨是通过对一个时期内典型人物进行深入的报道,传递主流价值观,从而产生舆论引导、净化社会风气、维护社会稳定的作用。

---

① "伟大时代呼唤伟大精神,崇高事业需要榜样引领":以习近平同志为核心的党中央关心功勋荣誉表彰工作纪实[EB/OL].(2024-05-04)[2024-07-09]. https://baijiahao.baidu.com/s?id=1742734875868307991&wfr=spider&for=pc.

② "两学一做"系列辅导之九:什么是党员标准[EB/OL].(2016-05-19)[2024-02-02]. https://dangjian.people.com.cn/n1/2016/0519/c117092-28363515.html.

③ 朱天,唐婵.典型人物形象的媒介呈现与意义建构:对央视《新闻联播》2015年度"典型人物报道"框架的观察分析[J].电视研究,2016(12):28-30.

作为我国新闻媒体正面典型宣传的一种特定新闻形式,典型人物报道始终围绕新闻价值与宣传价值两方面存在争议,这与新闻生产的社会大背景是息息相关的,不同的社会情境孕育着不同的典型。可以说,典型人物报道自身所发生的变化正是我国社会变迁以及我国新闻媒体突破传统俗套观念历程的事实性缩影。其发展变化大致以改革开放为分界线进行划分,改革开放前是典型人物报道的萌芽和兴衰阶段,改革开放后是典型人物报道的整顿与推陈出新阶段。自20世纪40年代《解放日报》刊登的第一篇典型人物报道《模范农村劳动英雄吴满有,连年开荒收粮特多,影响群众积极春耕》起,党报便掀起第一个典型人物报道高潮。在20世纪五六十年代,典型人物报道达到鼎盛,"毛主席的好战士——雷锋""县委书记焦裕禄"等典型人物深入人心。在刚刚完成社会大变迁的中国,急需媒体进行社会整合,提供统一的社会价值观,进而提升社会凝聚力。典型人物往往是"理想的化身",勤恳朴实、任劳任怨,舍小家为大家,感召着当时中国社会的各个阶层。在改革开放后,我国进入社会主义现代化建设的新时期,20世纪90年代之后,伴随着报道手段的不断更新迭代,典型人物形象的呈现方式也不断推陈出新,典型人物报道迎来一个新的繁荣时期,对于典型人物的塑造也开始进入成熟阶段,典型人物形象开始从单一化向多元化演变。新闻媒体开始重视对新时期典型人物特点与内涵的挖掘,推出了任长霞、张海迪等具有鲜明时代特征的典型人物,满足受众成长、成功等多层次的信息需求,呈现了一个不断走向开放民主繁荣的中国形象[1]。

进入21世纪后,伴随着社会结构复杂化、多元文化涌入以及媒体格局的改变,典型人物报道开始面临新的现实挑战,传统的文字形式或图文形式正逐渐被边缘化,其影响力难以复原繁荣年代盛况[2]。在社会舆论日趋复杂的今天,新闻媒体更加需要以马克思主义新闻观为指引,高举正面宣传、引导舆论的旗帜,利用典型人物报道凝聚人心,引领方向,确保社会主义新闻事业持续健康发展。以下将选取获得第三十三届中国新闻奖一等奖的作品《中国 UP!》系列典型人物报道为例进行分析。

三、案例分析

中央广播电视总台成立以来,全面推进全链条、全方位、全领域的精品节目创新,着力实现"满屏皆精品"的生动局面,尤其是新媒体节目的创作者始终努力"紧扣时代脉搏,把握时代潮流,展现时代风采,把'群众喜不喜欢,爱不爱看'作为出发

---

[1] 吴秀青.典型人物报道策略与传播技巧的嬗变[J].西北大学学报(哲学社会科学版),2009,39(2):33-37.

[2] 朱清河,林燕.叙事学视野下典型人物报道的危机与出路[J].新闻记者,2011(10):37-40.

点",充分考虑青年受众的观感、网感。《中国UP!》是中央广播电视总台新媒体中心推出的以中视频的形式制作的一款系列典型人物报道。通过邀请年轻受众喜爱的各个领域的代表性人物,结合新闻热点,代表性人物从自身擅长的领域且按照自己的语言风格分享中国的成就和高光时刻。截至2024年底,《中国UP!》已经推出五季,来自不同行业、不同年龄段的嘉宾向观众分享他们与时代同行、拼搏逐梦的故事,让亿万互联网用户感受到他们"向上的力量"。截至2024年底,微博话题"中国UP!"阅读量已超2.6亿;央视新闻微信公众号中,每位嘉宾的稿件阅读量均超过10万,而在B站这样的中视频平台上,以脱口秀演员鸟鸟和感动中国2021年度人物江梦南的视频为例,播放量分别达到了17.9万和25.5万,点赞量也达到了1.4万和3万。由此可见,央视的系列典型人物报道在不同平台均取得了较好的传播效果[1]。

(一) 坚持党性和人民性相统一,深入社会各阶层挖掘典型

党性与人民性是马克思主义新闻观的核心观念[2],坚持二者相统一十分必要。从历史上看,典型人物报道的成功离不开党性和人民性的统一。党性与人民性的统一从根本上说是党和社会的统一,是把最广大人民的利益同党"全心全意为人民服务"的宗旨结合起来。1963年《人民日报》刊发了长篇通讯《毛主席的好战士——雷锋》,推出为人民服务的典型人物雷锋,正是紧紧围绕着党性和人民性进行宣传的典范。

坚持党性与人民性相统一,要求对典型人物进行挖掘时要深入社会各个阶层,要寻找既具有广泛的社会代表性,又极具时代特色的人物,这样典型人物报道才会促成最大范围的政治理解和认同[3]。从毛泽东同志的"我们是为人民服务的",到邓小平同志的"社会主义的目的就是要全国人民共同富裕,不是两极分化",到江泽民同志的"三个代表"重要思想,到胡锦涛同志的"发展为了人民、发展依靠人民、发展成果由人民共享",再到习近平同志的人民至上理念,无不体现了"以人民为中心"的传承与发展。对于典型人物的选取不一定是那些做出杰出贡献的"伟人",还可以是那些在自身行业中日复一日默默付出的"你我他",这种看似平凡的普通人背后所蕴含的力量往往能与观众产生强大的情感共鸣。《中国UP!》系列典型人物报道制作团队选择了不同行业的典型人物,有为国争光的冬奥冠军武大靖、范可新、苏翊鸣,有青年群体关注的春晚《只此青绿》的领舞孟庆旸、演员吴磊、脱口秀演员鸟鸟,有为中国航天事业以及各行各业做出突出贡献的工作者。节目涵盖了运动员、舞蹈演

---

[1] 微博央视《中国UP!》话题数据分析[EB/OL].(2024-05-03)[2024-05-05].https://m.s.weibo.com/vtopic/detail_new?click_from=searchpc&q=%23%E4%B8%AD%E5%9B%BDUP%23.
[2] 杨保军.当前我国马克思主义新闻观的核心观念及其基本关系[J].新闻大学,2017(4):18-25,40.
[3] 吴海荣,银舒豫.践行马克思主义新闻观,焕发典型报道活力[J].青年记者,2022(18):66-68.

员、工程师、在校大学生等,对这些典型人物的选取上接党和国家的工作大局,下接老百姓的社会生产实践,打破了传统典型人物通常为高精尖行业的名人或专家的刻板印象,真正地搭建了党和人民群众沟通的桥梁,拉近了党和人民群众之间的距离,实现了从群众中来到群众中去,大大丰富了人民群众的精神世界。

(二)尊重新闻规律,要回归新闻本位塑造典型,客观全面、立体可感、真实可信

新闻规律是马克思主义新闻观的基础观念①,典型人物报道要做得好,就必须尊重新闻规律,不尊重新闻规律就有可能陷入误区。习近平总书记也曾多次围绕尊重新闻传播规律作出重要指示,"高度重视传播手段建设和创新","要适应分众化、差异化传播趋势,加快构建舆论引导新格局",无不体现了总书记对新闻规律的重视。

尊重新闻规律,就要让典型人物报道回归新闻本位,增强典型的真实性。典型人物之所以是典型,是因为他和普通人相比,有着突出的方面,但典型人物也是人,在很多方面也和普通人是一样的。在报道时要客观全面真实,不能只强调其成功而忽略其失败,不能只强调其奉献而忽略其回报,不能只强调其先进性而忽略其群众性,更不能只空谈其精神境界而忽略其真实事迹。例如,张伟丽在讲述自己的追梦历程时讲到,在挑战波兰选手乔安娜成功后,自己成为终极格斗冠军赛(Ultimate Fighting Championship, UFC)的冠军,但随后自己也陷入了职业生涯的低谷,对战美国选手罗斯两次失利使自己被失败的情绪所折磨,是冥想与中国传统文化使自己慢慢振作起来。这样的报道陈述向观众们展示了张伟丽作为格斗冠军,她不是高不可及的"神",而是一个有血有肉的普通人,她也会因为失败而陷入低谷。美国著名记者雷尔迈·莫林说过:"一篇理想的新闻报道应该把读者带到现场,使他能看到、感觉到,甚至闻到当时所发生的一切。"在进行典型人物报道时,不仅要求还原事实真相,还需要抓住那些触动人心的情感细节,将丰富的情绪呈现给观众。例如在《中国 UP!》第一季"白发校长"张鹏程那一期视频中,张校长在演讲的过程中谈到"这是我离开孩子最远、时间最长的一次,我很想回去,我很想他们"的时候,眼神中闪烁出想念孩子的泪光。央视在进行典型报道的过程中,很好地抓住了这一细节,并用特写镜头向观众呈现出来,让张校长这一典型人物更加立体可感、真实可信。

尊重新闻规律,就要注重进行典型人物报道的时机。"新闻传播实践告诉我们,在选择报道时机时,要考虑环境与观众兴趣变化。"②《中国 UP!》系列典型人物报道

---

① 杨保军.新闻规律观念:"马新观"的基础观念[J].国际新闻界,2020,42(2):130-143.
② 童兵.比较新闻传播学[M].北京:中国人民大学出版社,2002:89.

制作团队很好地做到了这一点,每一季的人物都是针对当季热点来选择的。以《中国UP!》第二季为例,所选取的人物有当年"感动中国"年度人物、靠读唇语考入清华大学攻读博士学位的江梦南,国旗护卫队的升旗手张自轩,冬奥冠军武大靖、范可新、苏翊鸣等,对报道人物的选取一方面考虑了北京冬奥会刚刚闭幕,又恰逢中国共青团建团100周年以及五四青年节。因此选取的典型人物基本是"80后""90后"这些青年群体,并邀请冬奥会运动员参与节目,一方面借助冬奥会运动员的"流量"迅速提升报道的影响力,扩大传播范围,另一方面,不同行业的人物讲述自己的追梦故事和奋斗历程,也能够给予受众不同的信息需求,让受众了解不同行业背后兼具深度与温度的故事。

尊重新闻规律,就要注重典型人物报道的信息增量。典型人物报道往往是一个长期持续的过程,如果每一次报道都没有增加任何信息量,对于受众来说是没有意义且没有新鲜感的。要尽可能从典型人物身上向受众传递更丰富、更具价值的信息,以多维度、多层次的信息启迪和引导受众往正确的方向解读典型人物,而不是按照在一元化环境中对典型人物进行报道的方式一味强调宣传和教育。《中国UP!》系列典型人物报道自第一季以来,每一季的典型人物都来自不同行业,他们从不同的领域、视角、个人体验出发,带来他们拼搏、奋斗的青春故事,让受众真真切切地感受到了中国之所以能够不断发展、不断超越,正是因为一个个鲜活、充满力量、奋斗不止的普通人在默默付出。正如第四季嘉宾、青年演员吴磊所言,"最好的传承是用精神传递精神,用信仰传递信仰"。

(三)坚持正确舆论观念,挖掘故事背后的时代感

党的十八大以来,习近平总书记从全局和战略高度对党的新闻舆论工作作出系统谋划和重要部署,多次发表重要讲话。"党的新闻舆论工作是党的一项重要工作,是治国理政、定国安邦的大事","做好党的新闻舆论工作,事关旗帜和道路,事关贯彻落实党的理论和路线方针政策,事关顺利推进党和国家各项事业,事关全党全国各族人民凝聚力和向心力,事关党和国家前途命运。"那么进行典型人物报道时应该如何做才能交出一份满意的答卷呢?答案就是"讲好故事",挖掘故事背后的时代感[1]。讲好故事是对新闻舆论工作提出的时代要求,也是新时期做好典型人物报道的应有之义。努力寻找每一个拥有好故事的人,挖掘其背后的故事,用好故事激发受众的观看兴趣,是做好典型人物报道的必由之路。例如在《中国UP!》五四青年节

---

[1] 李萌.典型人物报道的六重维度探讨:以第三十三届中国新闻奖获奖作品为例[J].传媒论坛,2024,7(1):11-14.

特别策划那一期节目中,获得"感动中国2021年度人物"的江梦南讲述自己虽然自幼失聪,只能依靠摸父母的喉咙来练习发声,自己在无声的世界中生活了26年,却从未被击垮过。她在演讲中用自身的案例鼓励那些处于困境中的人们:"痛苦围困你的地方,也是爱与希望滋长的地方。人比山高,脚比路长。坚持不下去的时候,试着向上看一眼光,生命远比我们想象的坚强。"央视通过江梦南的励志故事展现了她不屈不挠的个人精神,同时也鼓励更多处于困境中的人要自强不息,勇于挑战自己。这种借助人物故事观照现实,进而向全社会弘扬奋斗、知识、精神、信仰、担当等价值观的手段,对于坚持正确舆论观念,具有深刻的时代价值。

(四)改变传统制作方式,内容和形式并重

在叙事方式上,采用"主题演讲+脱口秀"的形式[①]。传统的典型人物报道一般都是通过记者采访来进行叙事并描绘人物形象的,这种报道方式很容易给受众带来审美疲劳。在碎片化阅读的今天,《中国UP!》系列典型人物报道打破了传统新闻人物报道的惯用手法,每一期的典型人物在进行自我介绍之后,通过主题演讲或者脱口秀的形式,讲述自己的追梦故事。这种报道方式使得典型人物报道更加具有亲和力,更加接地气。

在呈现手法上,采用中视频的竖屏呈现方式。根据学界的定义,中视频是指介于短视频和长视频之间,内容时长在5~30分钟,一般以横屏为主,具有一定门槛和专业水准的视频样态[②]。中视频的特点是时长适中,短视频的时长一般为3分钟以内,这样的视频时长仅仅能够讲述新闻事件,对于典型人物报道则显得缺乏深度。《中国UP!》每期视频7~8分钟,这样的报道时长弥补了内容深度不够的缺陷。中视频竖屏纵向构图体现了央视引领短视频时代的潮流,与典型人物报道中的文字或者图文形式相比,视频形式更加立体化,更能增强受众的情感体验,激发受众的情感共鸣。

在制作方式上,在被报道人物演讲的同时插入相应的视频资料、同期声,并引入了增强现实技术提升节目的视觉体验,不仅丰富了视听语言的呈现方式,也极大增强了语言的感染力和受众的代入感,让人物形象更加丰满。例如,武大靖和范可新在演讲时,仿佛将观众又带回了冬奥赛场。并且从第三季开始,《中国UP!》系列典型人物报道制作团队走出演播室,到新闻现场、嘉宾的工作环境中取景,使电视新闻

---

① 刘铭洋.媒体融合视域下典型人物报道的创新策略探究:以央视《中国UP!》为例[J].新闻世界,2024(3):104-106.

② 刘俊,张瑜,崔晓.中视频:概念、基点与媒介规律[J].中国电视,2022(6):68-74.

追求的现场感与演讲内容融为一体,让嘉宾的分享既真实可感,又增强了视觉上的沉浸性。这种制作方式其实正是顺应了学者保罗·莱文森所提出的"媒介人性化趋势",即媒介在进化的过程中越来越符合人们感官愉悦的需求以及具有便于信息交流的倾向。

在宣传手段上,采用多平台分发以及针对发布的方式。传统的典型人物报道往往会被发布在网站、公众号以及客户端,虽然有一定的受众群体,但是很难达到"破圈"传播的效果,受众群体有限。而此次《中国UP!》系列典型人物报道在全平台均有发布,包含"Z世代"年轻群体所喜爱的B站、抖音、快手、微博等,并且针对不同平台的特点进行针对性发布。例如,在微博创建话题"中国UP",在上传视频的同时配合100~200字的文字描述,并将重要信息以微博话题的形式编辑在文字的开头,很容易抓住受众眼球。同时,借助被报道人物的"流量",引导受众在话题下积极互动讨论,从而提升话题热度。例如在B站这种标准的中视频平台上传5~10分钟的未经删减的内容。B站作为"Z世代"年轻人的聚集地,具有点赞、投币、收藏、评论、弹幕等诸多功能。通过在B站发布未经删减的内容,用户可在平台进行转发分享、多元解读以及二创传播,引导受众发送实时弹幕进行互动。在抖音、快手、微信视频号这样的短视频平台上传经过剪辑的2~4分钟的精彩片段,以适应短视频平台用户碎片化的观看习惯。

四、重要报道评析

中国UP|有一种实力叫张伟丽[①]

(2023年10月1日 央视新闻)

"我叫张伟丽,我来自中国!你们还记得我吗?"

2023年8月20日,中国选手张伟丽再夺金腰带,并以296次单场总打击数创造了新的UFC(Ultimate Fighting Championship,即终极格斗冠军赛)女子历史纪录。

张伟丽说,希望别人说起MMA(mixed martial arts,即综合格斗)就能想到她,"自己是代表中国参加比赛的,希望把中国人的形象传递出去"。

张伟丽分享了她的追梦故事。

从小向往武侠世界,15岁拿到省级散打比赛冠军

儿时的张伟丽生活在河北邯郸的矿区,从小就好动的她对电影里的武侠世界心

---

① 中国UP|有一种实力叫张伟丽[EB/OL].(2023-10-01)[2024-02-06]. https://mp.weixin.qq.com/s/reXAosHw7ea313zg76e4iA.

驰神往。得知矿区有一位老人会功夫,张伟丽迫不及待地拜在门下,这位老人也成为了她的启蒙老师。

12岁时,张伟丽进入自己梦寐以求的武术学校。当时,全校500人中只有30个女生。张伟丽每天刻苦训练,为了证明"我可以",她跟男生一样,每天打拳、踢腿、跑步、格斗、练体能……一样也不落下。15岁就拿到省级散打比赛冠军。

遗憾的是,几年后,由于伤病,张伟丽不得不离开武校,开始她的"北漂"生活。

那段日子,张伟丽应聘过幼儿园体育老师,做过酒店前台,甚至因为"会两下子"做过保镖。

"我相信只要不放弃,我可以站在UFC的拳台"

直到有一天,张伟丽在一家健身房做销售,当看到场馆内的拳台时,她一下子感受到"前所未有的召唤","整个人好像突然被点亮了,人生的方向也似乎在那一刻被锁定"。

她在社交平台上写道:"我相信只要不放弃,我可以站在UFC的拳台,挑战强者才能不断成长!"从此,UFC冠军成为张伟丽心中的目标。

梦想不是口号,而是需要汗水去灌溉。吃饭、训练、睡觉甚至刷牙时也看UFC比赛视频成为张伟丽的生活常态。功夫不负有心人,经过十年如一日的磨砺,张伟丽不仅站上了UFC赛场,还拿下了属于亚洲人的第一条金腰带。

很多人关注张伟丽,还是源于她和波兰传奇名将乔安娜2020年的那场对决。当时,乔安娜在赛前蔑视地表示:"Who's that?(这是谁?)"还做出一系列有侮辱性的举动。而张伟丽只有一个想法:"必须用一场胜利去回击她的傲慢,给中国人提一口气!"经过5局鏖战,张伟丽击败乔安娜成功卫冕,这场激烈的比赛也被称为UFC历史上"最精彩的女子比赛"。

赛后,乔安娜为之前的不当言行公开道歉,还和张伟丽成为了朋友。这段经历也让张伟丽明白,尊重是要不来的,必须用实力说话。

"当你战胜了自己就已经赢得了胜利"

成为冠军并不意味着结束,反而要面对更多艰难。2021年,张伟丽一度陷入职业生涯低谷,在与美国选手罗斯的两次较量中都失利了,外界的批评和质疑也接踵而来。挫败的日子里,是中国传统文化给了张伟丽重新站起来的力量。她练习打坐、看传统典籍,慢慢感悟到习武、苦练的终极目标不是为了击败对手,而是提升自我的内在境界。"每个人最大的对手从来不是别人,而是自己,当你战胜了自己,就已经赢得了胜利。"

2022年11月,在美国举行的UFC冠军赛上,张伟丽击败卡拉,终于夺回失去一年半之久的金腰带。从一名普通女孩到综合格斗世界最高水平赛事冠军,张伟丽说,希望让所有女性知道,我们既要柔韧,也要有血性,"全力以赴去打拼,向质疑你天赋、嘲笑你梦想的人还以颜色"。

未来,张伟丽想要把更多的中国武术融入现代格斗中,以柔克刚,打出中国人的底蕴与风采。"王者不是天生,王者的光芒是自己赢来的,为自己而战,为热爱而战!"

评析

在马克思主义新闻观的指导下,对张伟丽的报道,可以从以下几个角度进行分析。

1. 价值导向

根据马克思主义新闻观,新闻不仅是对信息的传递,更是社会价值的载体。对张伟丽的报道通过展现她的个人奋斗和成功,传递了社会主义核心价值观,如坚持、奋斗、自强不息等。这些价值观与社会主义建设的目标相契合,具有积极的意识形态引导作用。

2. 叙事策略

报道采用了线性叙事结构,将张伟丽的成长历程、心路历程以及与社会环境的互动有机结合,形成了一个引人入胜的故事线。这种叙事策略不仅帮助受众更好地理解和感受人物的成长和变化,而且通过叙事的高潮和转折点,增强了报道的吸引力和说服力。

3. 框架理论

报道通过特定的框架来呈现信息,如通过张伟丽的个人奋斗故事来展现中国女性的力量和独立精神,以及中国武术的传承和发展。这种框架有助于受众从特定角度理解和评价报道内容,同时也引导受众形成对相关社会问题的认识和看法。

4. 符号互动

在张伟丽的故事中,她不仅是一个个体,更是中国武术和女性力量的象征。报道通过她的故事传递了更广泛的社会和文化意义,体现了符号互动理论中的符号构建和意义赋予过程。这种符号互动不仅增强了报道的深度,也使得受众能够在更广泛的文化和社会背景下了解张伟丽的故事。

5. 社会责任理论

马克思主义新闻观强调新闻媒体的社会责任。对张伟丽的报道通过展现一个积极正面的典型人物形象,承担了传播正能量、激励人心的社会责任。这种对社会责任的承担不仅体现了媒体的社会功能,也有助于构建和谐社会和促进社会进步。

五、思考题

1. 如何在马克思主义新闻观的指导下做好典型人物报道?
2. 在移动传播时代下,典型人物报道有怎样的转型与创新?

六、案例使用说明

(一)适用理论

1. 牢固树立马克思主义新闻观必须要把握的内容

坚持新闻宣传工作的党性原则,坚持以人民为中心的理念,坚持正确的舆论导向,坚持新闻的真实性原则。

2. 舆论四力——传播力、引导力、影响力、公信力

2019年1月25日,习近平总书记在中共中央政治局第十二次集体学习时强调:"我们要因势而谋、应势而动、顺势而为,加快推动媒体融合发展,使主流媒体具有强大传播力、引导力、影响力、公信力。"

(二)要点分析

1. 坚持新闻宣传工作的党性原则:秉持"三个都要"与"四个牢牢坚持"

坚持新闻宣传工作的党性原则,是指新闻宣传工作必须坚持正确的政治方向。这一原则的核心是坚持党对新闻舆论工作的领导,确保新闻媒体作为党和人民的喉舌,体现党的意志,反映党的主张,维护党中央权威,维护党的团结,做到爱党、护党、为党。通过坚持党性原则,新闻宣传工作能够更好地服务于党和人民,为实现社会主义现代化建设的目标贡献力量。

2. 坚持以人民为中心:服务人民,弘扬正气

坚持以人民为中心进行新闻报道,意味着新闻工作应当紧密围绕人民群众的需求和利益展开,真实、全面、深入地反映人民的生活状态、思想动态以及他们的期望和诉求。新闻工作者应当深入基层,了解人民群众的真实想法和意见,通过报道传达他们的声音,使新闻报道更加贴近实际、贴近生活、贴近群众。新闻报道应当为人民群众提供有用的信息和知识,帮助他们解决实际问题。新闻工作者应当积极宣传社会主义核心价值观,弘扬社会正气,推动形成良好的社会风气,引导人民群众树立正确的价值取向。新闻工作者应当不断探索新的报道手法和形式,以适应新媒体环境的变化,使新闻报道更具有吸引力和感染力,更好地服务于人民群众。

3. 坚持正确的舆论导向:突显强大的传播力、引导力、影响力和公信力

坚持正确的舆论导向对于新闻宣传工作至关重要。它涉及传播力、引导力、影响力和公信力四个方面的建设,这些因素共同构成了新闻宣传工作的核心竞争力。在数字化和信息化迅速发展的背景下,新闻媒体需要利用互联网、社交媒体等新型传播工具,加快信息的传播速度,提高新闻的到达率和影响力。新闻媒体通过发布符合社会主义核心价值观的信息,引导公众形成正确的价值观和道德观,从而对社会风气和社会秩序产生积极影响。新闻媒体可以通过报道和评论,参与到社会治理和经济决策过程中,对公共政策和法律法规的形成产生影响,进而对社会经济发展和政治稳定产生重要影响。新闻媒体需要通过公正、客观、真实的报道,赢得公众的信任和支持,成为公众获取信息的主要渠道。

第二节　王兰花典型人物报道分析

一、摘要及关键词

摘要：典型人物报道是主流媒体传播社会正能量，树立正确价值观，引导舆论方向的重要宣传方式。它需要新闻工作者不断深耕，提升"四力"，打造经得起时间和受众考验的新闻报道；更需要新闻工作者把握时代脉搏，紧跟时代节奏，推陈出新，不断创新传播方式，使典型人物报道更加鲜活，更具时代意义。本案例通过分析对宁夏本土典型人物王兰花的宣传报道，以"有形之手"与"无形之手"的抽象定义对典型人物报道的现状、问题以及创新策略进行阐述。

关键词：王兰花；典型人物；新闻采写

二、案例背景分析

典型人物王兰花，曾任宁夏回族自治区吴忠市兰花热心小组服务站党支部书记、王兰花热心小组慈善协会会长。她是群众心中的"活雷锋"，她把解决社区居民的烦心事、揪心事当作毕生事业，十多年如一日坚持围绕群众需求，在群众身边开展学雷锋志愿服务。

2004—2023年，她用行动带动身边人一起加入志愿者队伍，先后为居民解决各类困难7000多件，调解各类民事纠纷600多起，开展公益活动7000多场次，推动吴忠市利通区志愿者从最初的7人发展到10万多人。她以一朵兰花的力量，香满全城，带动了吴忠市志愿服务队伍的不断成长和壮大。2020年6月，习近平总书记到吴忠市利通区金花园社区考察，对王兰花热心小组给予了高度评价，赞扬王兰花组织开展的志愿服务活动真正体现了行胜于言；2021年，中华全国妇女联合会授予王兰花"全国三八红旗手标兵"称号，同年，中共中央授予王兰花"七一勋章"；2022年，王兰花当选中国共产党二十大代表。

通过上述介绍可知，王兰花的引领力所产生的志愿效应，以裂变的方式在吴忠市乃至宁夏回族自治区"绽放"开来，让志愿服务落地生根。而以她为中心展开的宣传报道则是王兰花这个典型人物影响力快速扩大的"法宝"之一。可见，优秀的典型人物报道在国家发展、时代进步中都发挥着价值引领、思想教育、精神激励等重要作用。然而，在当今媒体融合时代，对典型人物报道的形式、内容等多方面提出了新的要求。如何探索出一条贴近实际、贴近生活、贴近群众的典型人物报道新路径，是新闻工作者们共同面对的一道新考题。

2016年2月19日,习近平总书记主持召开党的新闻舆论工作座谈会并发表重要讲话。总书记指出,在新的时代条件下,党的新闻舆论工作的职责和使命是:高举旗帜、引领导向,围绕中心、服务大局,团结人民、鼓舞士气,成风化人、凝心聚力,澄清谬误、明辨是非,联接中外、沟通世界。其中"团结人民、鼓舞士气,成风化人、凝心聚力"部分为宣传报道先进模范等典型人物指明了方向,提供了根本遵循。广大新闻工作者要坚持团结鼓劲稳定、正面宣传为主,弘扬主旋律、传播正能量,多宣传报道人民群众的伟大奋斗和火热生活,多宣传报道从人民群众中涌现出来的先进典型,让人民群众唱主角、发强音。要着力增强全民族的精神力量,多宣传报道经济社会发展亮点,多宣传报道时代发展的主流面貌,激发全党全社会团结奋进、攻坚克难。

可以说,对典型人物的宣传报道,就是让典型人物的精神"飞入寻常百姓家"。通过身边人、身边事的"近距离"力量,教育人民要树立高度的社会责任感,发扬无私奉献精神,这不仅有利于加强社会主义思想道德建设,提高全体公民的思想道德水平,而且有利于弘扬社会正气,加强社会主义精神文明建设,体现伟大的民族精神。

三、案例分析

典型人物报道是新闻媒体进行舆论引导的主要方式,通过具体展现人物精神品格的相关报道,引导人们树立正确的价值观,传播社会正能量。对王兰花这一典型人物,吴忠市当地媒体从2016年开始加以关注。在吴忠市创建全国文明城市伊始,王兰花这一地区优秀典型人物逐渐被挖掘被树立。2020年6月8日习近平总书记来到吴忠市利通区金花园社区考察,给予王兰花热心小组高度评价。此事不仅局限于吴忠市当地媒体,宁夏回族自治区区级媒体同样开始大力报道。随后到2021年6月29日,"七一勋章"颁授仪式在北京人民大会堂隆重举行。王兰花获得"七一勋章"荣誉,接受习近平总书记亲自颁授的勋章。此后,关于典型人物王兰花的报道登上了《人民日报》、新华网、《光明日报》等国家级媒体。针对如何更好地报道典型人物王兰花,笔者拟从以下两个方面展开分析。

(一)用"有形之手"推动融合创新

在全媒体时代用好形式创新这一"有形之手",可以使典型人物报道更加丰富,更加深入人心。

目前在对典型人物王兰花的报道中,进行横向对比不难发现,吴忠市市级媒体距离典型人物更近,掌握资源更多,所以在宣传报道形式方面比较丰富。除报纸、电视这两方面的传统报道形式外,2021年末吴忠市新闻传媒中心还组织拍摄了社会主义核心价值观主题微电影《王兰花》,广播节目管理部门也推出了综艺话剧《兰花芬芳》,获得观众一致好评。而在宁夏回族自治区区级媒体的报道中不难发现,多是人物通讯、小传等内容并发表在报纸上,在宣传形式方面突破并不大。

在对王兰花这一典型人物的宣传报道中发现,拘泥于固有形式,无法打破传播壁垒的低效传播还是棘手的痛点。第一,传播形式单一是目前对于王兰花这一典型人物宣传报道的难题。市级媒体尝试创新,采用微电影、话剧等形式,但呈现频率低,影响效果有限,多为昙花一现,搜索"王兰花"后出现的报道内容绝大多数都是人物通讯的文字稿。第二,"一稿多吃"现象尤为突出。一位记者在采写过王兰花人物事迹后,文字刊登在报纸上,发布在公众号、客户端上,看似形式多样,实则标点符号、格式都没有任何变化。由此可见,后端工作人员对于信息的再加工程度并未达到融合发布的要求。并且相关报道大量重复,雷同的信息造成视觉疲劳,受众可能没有感受到典型人物的影响力,感受到榜样的力量。

所以在对王兰花这一典型人物的宣传报道中出现的形式单一的问题,笔者认为可以从以下几个方面得以优化。一是用好全媒体通道,尤其要做好传统媒体与网络媒体的相互配合。传统媒体具有权威性、主导性等特点,而新媒体更加注重轻量级、碎片化,受众面更广,所以在实际报道过程中,例如在报纸端发布了一则篇幅较长的人物通讯,在电视端进行了一次人物深度访谈,那么在新媒体平台就可以将人物故事用接地气、平民化的手法,拍摄成2~5分钟甚至更短的视频,在抖音、快手等平台上发布,让受众能够切实感受到典型人物就在身边的真实感。在这样碎片化、移动化、轻量级的传播过程中,往往不需要将人物的全部故事呈现,只要善于捕捉典型人物的"高光时刻",就能快速地吸引受众并引起话题,产生讨论和模仿的效应,使这条优质新闻快速"出圈"。二是创新互动的形式。社交是人类最基本的需求之一,新闻宣传报道如果只是自上而下地单向传播,是万万行不通的。互联互通是提升传播效果的必然趋势。比如《人民日报》在2014年报道典型人物独龙族共产党员高德荣时,就引入了H5产品,读者在浏览报纸的过程中,只要拿出手机扫描二维码就能获得更加全面、丰富的人物信息。这一做法受到一致好评,被网友称为"传统媒体与新媒体的一次梦幻联动",不仅勾起了大家对报纸的阅读记忆,同时也让典型人物高德荣被更多人记住。开放互动话题、评论功能等方式也是加强用户黏性、提升传播效果的方法之一。在社交平台开放以典型人物姓名为话题的群组,比如以王兰花为例,目前"兰花芬芳"品牌已经非常深入人心,吴忠市的市民平均五个人中就有一个是志愿者,"志愿红"已是大家对志愿服务的共同认知。所以基于此项影响力,可以在社交平台以"兰花芬芳"为话题鼓励受众随手拍下身边的志愿服务之事,让互助友爱的社会风气蔚然成风。只有真正实现全平台报道、多渠道宣传,才能让典型人物报道的效果走深走实,更加立体。

(二)用"无形之手"夯实内容质量

优质的典型人物报道必然是以内容为王。运用好内容这一"无形之手"才能让典型真正成为典型,在群众心中扎下根。

关于王兰花的报道,从现有的新闻报道内容中,笔者提炼出了三个部分,分别是人物简介、志愿故事、传播影响。人物简介一般设置在开篇,介绍王兰花的身份以及所获得的荣誉;志愿故事则是围绕着她十余年在社区中舍小家为大家,帮助邻里解决困难、纠纷,并最终成立了王兰花热心小组;传播影响则落脚到吴忠市被称之为"志愿之城",志愿者人数从7人发展到30余万人。在对一篇篇报道的分析过程中,笔者发现,这样的写作方法既交代清楚了人物的背景,又能够通过真挚、朴实的故事以小见大,最终升华为一种非常优质的写作思路,并得到了受众的关注,让王兰花这一典型人物如今家喻户晓,让"志愿红"在吴忠市深入人心。

但是,通过分析前文案例背景,不难看出对典型人物王兰花宣传报道的时间线非常"应季"。从2016年至今,关于王兰花的报道都是有时间节点的,比如文明城市的创建、获得道德模范荣誉称号、获得"七一勋章"、党的二十大召开等。虽然在固定的时间、节日进行相应的宣传是新闻工作的重要组成部分,但是对于典型人物报道来说,宣传报道不应只是在某一些时间点集中进行,而在平时杳无音信。比如在2021年2月27日《吴忠日报》发表了一篇报道《王兰花获得2020年度全国三八红旗手标兵荣誉称号》,之后四个月并没有再进行相应的报道,在同年的7月4日才又出现了对王兰花的相关报道。

除此之外,对于典型人物报道不深入、雷同性高也让传播效果大打折扣。比如,市级媒体记者采写的稿件内容被原封不动地发表在省(区)级报刊上,又如,《光明日报》、人民网等媒体采写的稿件,被下级媒体复制。类似这种现象的出现便直接使得对于王兰花的报道不够深入。归根结底,笔者认为,新闻采写人员的专业性还有待提高。

所以针对以上发现的内容方面的问题,笔者从以下几个角度进行了思考。第一,拒绝内容产出的应激性,做到润物细无声。典型人物报道的目的是通过对人物品质、事迹的报道传递正能量,实现正确的价值引领,这个过程一定是逐渐沁润受众心田的。可以策划系列报道,通过长期对典型人物形象的树立,从一个人带动到一群人,升华为一种精神。第二,新闻工作者要提升自己的业务能力。首先,端正思想认识,拒绝照搬照抄。多读优秀的作品,向敬业的同行虚心请教,切勿养成拿来主义的劣习。要切实走进采访对象的生活,只有真听、真看、真感受,才能和采访对象产生心灵的共振,只有产生真正的共情,才会创作出有温度的作品。其次,夯实自己的写作能力。写作能力是基本,基本功不扎实,有再多的想法也很难落地,或者会变形落地。比如在做典型人物报道的过程中,有记者也发现了报道形式都是千篇一律的人物通讯,想要进行文体上的创新,却发现自己无从下手。其实,在进行典型人物报道的过程中,评论也是展现新闻区分度的有效形式,让人物的维度更多元,让受众保持新鲜感。第三,要能够把握时代的脉搏。每个时代都有它特有的精神与使命,典型人物的先进性和代表性是社会发展的产物和时代精神的集中体现。如何写出人物在时代发展中的成长、选择、冲突,体现人物的根本发展动力和深厚情怀,弘扬时代的主流价值取向,是典型人物报道是否具有时代性、深刻性的关键。

总之,要想做好典型人物报道,一定是内容形式两手抓,忽略其中的任何一项,都不能充分地突出典型人物的典型性,展示典型人物的引领力。归根结底还是需要新闻工作者夯实"四力",保持新闻工作的初心与热忱,用敏锐的双眼去发现,用坚实的脚步去丈量,用不辍的笔杆去深耕,才能书写出典型人物的真实一面,让榜样的力量影响更多人。

四、重要报道评析

一朵兰花 一群红马甲 温暖一座城[①]

(2020年8月18日 《吴忠日报》 记者 杨娜)

今年6月8日,习近平总书记在宁夏视察调研,来到吴忠市利通区金星镇金花园社区,并为社区志愿者点赞。他说,你们的经验很好,真正体现了行胜于言。社会主义是干出来的,各族群众要一起努力,志愿者要充分发挥作用,谢谢你们的努力和贡献。

"有一分热发一分光,习近平总书记的殷切希望,将成为我继续做好志愿服务的动力。"第一次以志愿者身份与习近平总书记面对面交流,吴忠市王兰花热心小组慈善协会负责人王兰花非常激动,十几年来,她是这么说的,也是这么做的。

---

① 杨娜. 一朵兰花 一群红马甲 温暖一座城[EB/OL]. (2020-08-18)[2022-11-10]. https://mp.weixin.qq.com/s/4H6mOmVwqaS0JuaB_sGO1w.

热心效应 让志愿服务满园芬芳

8月14日下午3点,王兰花和热心小组成员在吴忠裕西小区做完安全宣传,汗流浃背地回到该小区的"兰花志愿服务之家"。

王兰花推开门,在门口的毯子上跺了跺脚上的泥土,对工作人员马晶笑着说:"小马,这个毯子该洗洗了,你看,越跺鞋上的土越多么。"

"王奶奶,我前天刚洗的,主要你们在小区里太能转悠了,每天带回两斤土,哈哈……"马晶调侃着说。

原来,近段时间,裕西小区正在进行老旧小区改造,大小道路都要重新硬化,路面全是沙土。

"这几天,小区里到处都在施工,各类工程车辆也多,王奶奶和热心小组成员天天在小区里向居民宣传施工期间需要注意的安全事项。"马晶说。

拿上清扫工具后,王兰花和热心小组成员又匆忙来到小区周边街道开展志愿服务活动,进行卫生整治、文明劝导、文明监督等工作……

王兰花做的这一切,让热心小组成员唐莉红看在眼里,疼在心里:"王姐都70岁的人了,天天还坚持和大家一起开展志愿服务活动,让人佩服,又让人心疼。"

唐莉红感慨道,从春节前到现在,王兰花一直忙碌奔波着,节前,她带领小组成员慰问帮扶困难群众;新冠肺炎疫情防控期间,她主动联系社区,号召小组成员加入防疫一线,成为社区疫情防控的排查员、宣传员、执勤员和监测员,充当起疫情防控"多面手";现在,她又天天为社区环境治理等工作在小区里跑趟趟。

当天下午5点30分,王兰花和热心小组成员再次拖着疲惫的身体回到"兰花志愿服务之家",其他成员都陆续换了衣服准备回家,而王兰花却连汗水浸透后背的红马甲都没顾上脱,又拿出了电话。

"喂,小兰,你刚给我打电话了?我们在街上搞卫生,没听见。"

"王姨妈,这几天天气热,您要注意身体啊!我没有打电话,是乐乐打的。他好久没见您了,挺想您的,我把电话给乐乐……"

电话中的小兰是利通区金银滩镇团庄村九组白血病儿童马天乐的母亲哈小兰。

2008年3月6日,王兰花接到一个求助电话,哈小兰在电话那头号啕大哭:"姨妈呀,我的娃得了白血病,快不行了,您救救我的孩子吧。"王兰花吃了一惊,赶紧安慰对方。

经了解,孩子11天没进食了,喝水就吐。家里把能卖的都卖了,能借的都借遍了,钱花光了,孩子的病情也不见好。很快,王兰花热心小组的一张"志愿者便民服务卡"让马天乐的家人燃起了希望。随后,王兰花陪其家属带着孩子到自治区附属医院看病。次日凌晨1点,马天乐的病情终于有了好转。王兰花和哈小兰把孩子交给其奶奶照顾,她俩连夜赶回吴忠给孩子筹集救命款。经过一年零两个月的东奔西跑,王兰花争取到社会各界人士的爱心捐款共计13.12万元,挽救了一条鲜活的小生命。马天乐如今已经是一名初中生,病情得到了有效控制。

"这些年,王姨妈一直帮助俺家,除了给乐乐看病,还帮我申请廉租房、找工作,给小女儿联系学校,王姨妈就是娃娃们的亲奶奶!"哈小兰说。

"人退休了,思想觉悟不能退休。"王兰花在利通区裕西社区居委会工作了20年,退休后,她主动做起了志愿服务,并于2005年成立了吴忠市首个社区志愿服务小组——王兰花热心小组。

"谁家的娃因贫困上不了学,她跑前跑后给张罗;谁家有个重病致残的,她想方设法筹集善款全力资助;谁家有个解不开的疙瘩纠纷,她主动上门协调解决。她的点点滴滴无不感动着我们、激励着我们。"说起一起共事15年的王兰花,热心小组成员郭淑玲有太多的感动。

十几年来,王兰花和热心小组成员接待群众热心、调查了解细心、教育疏导诚心、调解纠纷耐心、处理问题公心,为社区居民做好事、办实事、解难事。社区的事情繁杂琐碎,王兰花通过记日记的方式,把居民日常反映的问题和亟待解决的困难记录下来,一件一件落实。

品牌引领 让志愿服务开花结果

鲁迅说,能做事的做事,能发声的发声。有一分热,发一分光,就如萤火一般,也可以在黑暗里发一点光,不必等候炬火。

王兰花和她的热心小组像一块磁铁,吸引着越来越多的志愿者加入,投身于服务群众、社会治理和经济发展之中,他们像一盏盏"小橘灯",在志愿服务的道路上为更多人引路。

去年,利通区成立"兰花芬芳"志愿服务总队,注册登记志愿者已达8.9万人,志愿服务组织发展呈现出燎原之势。

8月13日,在利通区板桥乡巷道村新时代文明实践站,扁担沟镇烽火墩村的马佳慧及东塔寺乡柴园村的马丽娟,不约而同为吴忠市吉财慈善协会送来写有"爱心助学情深 关爱学子意浓"字样的锦旗,表示感谢。

"只要你们现在好好学习,将来好好回报社会,就是对我们最大的感谢!"吴忠市吉财慈善协会会长马吉财接过锦旗说,"这都是协会应该做的,咱们协会以后定个原则,不收锦旗,只收'心愿'。"

前不久,板桥乡巷道村新时代文明实践站举办"温暖关怀 金秋助学"捐资助学活动,志愿服务队志愿者、吉财慈善协会会员筹措4.2万元,为利通区21名贫困大学生发放助学金,马佳慧、马丽娟就是其中的受助学生。

在协会的刺绣工作室,巷道村五组村民马平正在认真绣鞋垫。

"我在工作室上班快两年了,除了打理爱心超市,还可以在这里做刺绣及手工艺品,协会每月给我500块钱的工资,做工艺品卖的钱也是我个人的。可能大家会觉得这份工作收入很低,但对于我来说,在这里我能实现人生价值。虽然身体残疾,但我有了面对生活困境的勇气。"马平表示,多年来,马吉财一直帮助她及家人。现在,她也要用自己的双手回报社会,帮助更多的人。

今年22岁的马平,父亲早逝、母亲聋哑,患有先天残疾的她成了这个家最大的"包袱"。

"多亏了马叔和那些好心人的帮助,我才有钱去医院做手术,才能下地走路并有份工作。"从7年前只能躺卧在床上,到现在能挂着双拐行走,马平对马吉财充满了感激之情。

马平的受助经历也只是马吉财帮助乡亲的一个缩影。2016年,马吉财成立了慈善协会,带动协会的志愿者积极与弱困家庭结成对子,定期开展"一对一""一对多"及"多对一"志愿帮扶活动。

目前,该协会已有入会成员2000余名,从事慈善活动的志愿者600余人,累计筹集和发放善款物资逾500万元,马吉财个人捐助善款超过150万元。

——吴忠市春蕾天使爱心会开展"黑眼睛"病残涉毒人员子女帮扶行动志愿服务,有效解决病残涉毒人员家庭存在的实际困难。

——青铜峡市陈袁滩镇开展红草帽"保护母亲河·青年在行动"志愿服务,当好"宣传员""巡查员""清洁员",践行生态文明理念,共同守护母亲河。

——盐池县个体户和私营企业理发师组成志愿服务队,开展"月月有光彩"志愿服务,14年来为6.6万余名群众义务理发。

——团同心县委以大学生西部计划志愿者和青年志愿者为骨干,开展"金蓝领"扶贫车间青年志愿服务活动,为脱贫攻坚助力……

目前,吴忠市注册志愿者人数27.51万人,占居民人数的19.6%;累计注册志愿服务组织1689个,实施志愿服务项目3.34万个,志愿服务总时长达1135.94万小时。

如今,"我为人人、人人为我"的志愿"兰花"开遍吴忠,志愿服务内容有效拓展,志愿服务积分制日趋完善,已成为吴忠市乃至宁夏一个响当当的志愿服务品牌,温暖着每一个角落。

制度护航 让志愿服务行稳致远

要让志愿服务具有持续的生命力,需形成常态长效的志愿服务体系和管理机制。在吴忠,"有困难找志愿者,有时间做志愿者"的氛围渐浓,一切都来源于我市在加强志愿服务制度体系建设方面的积极探索。

突遇大雨时的一把"爱心雨伞"、凛冽寒冬里的一杯"暖心开水"、烈日当头时的一个"休憩驿站"……在吴忠,走进各志愿服务站点,就像走进了"百宝箱"。

"我愿意成为一名光荣的志愿者,我承诺,尽已所能帮助他人,服务社会……"8月14日,在吴忠宪法公园新建的志愿者服务驿站里,电脑、打印机、办公桌、档案柜、衣帽架、雨伞及伞架、急救包、便民服务箱一应俱全,墙面悬挂着《志愿服务规范》《"学雷锋"志愿服务站工作制度》以及志愿服务人员名单,张贴着社会主义核心价值观、便民服务项目等宣传画。连日来,吴忠市湿地保护管理中心安排职工做好志愿服务值班工作。

无独有偶,在市政务服务中心大厅,宽敞明亮的环境,鲜红醒目的标识,细心周到的配置……志愿服务站这只"麻雀"虽小,却五脏俱全,站内长期有志愿者驻守,提供热水、雨伞、常用药品、失物招领等爱心服务,为市民和游客提供方便,传递爱心和温暖。

同时,志愿者们还利用服务站向前来办理业务的群众发放吴忠市创建全国文明城市宣传材料,讲解创建全国文明城市的重要意义,提高市民的参与率与知晓率。

街角巷头随处可见的"小站点",映射着这座城市的大文明。

"今年以来,我们围绕'志愿之城'创建目标,进一步加强了志愿服务站点建设和规范志愿服务活动,按照'六有一落实'标准,在2019年11个市级志愿服务站点的基础上,指导责任单位在市区各医院、商场超市、公园广场、通信营业厅、教育机构、银行网点、宾馆饭店、公共服务场馆、车站等地新建志愿服务站点139个。"吴忠市民政局局长杨桂琴表示,把志愿服务集中起来、把站点布局扩散开来,志愿者们有了固定的阵地和窗口,才能更好地发挥作用。

《吴忠市文明行为促进条例》的实施,使志愿服务有了法制的护航。

《吴忠市志愿服务嘉许与回馈制度》的出台,在进一步规范志愿服务工作的同时,提升了志愿者的荣誉感和获得感。

吴忠市为全市注册志愿者统一购买人身意外伤害保险,打造志愿者"平安护身符",让他们能够安心地投入到志愿服务活动中。

建立了志愿者培训制度,对志愿者进行系统化培训和专业指导,让志愿者们在帮助别人的同时也实现了自我成长;大力推广全国志愿服务信息系统应用,提升志愿服务质量,打造志愿服务品牌……

良好的机制让人们的爱心行动时时可为、处处可为、人人可为,也让志愿者队伍不断壮大。

同时,我市还制订出台《关于进一步推进我市志愿服务制度化规范化常态化的实施意见》,健全登记注册、服务记录、关系转接、褒奖激励等制度,突出需求导向,推动了各类志愿服务项目常态化。这些年,吴忠市获全国志愿服务项目大赛金奖3项、银奖6项,获得自治区志愿服务项目大赛金奖6项、银奖7项,"志愿之城"的名片效应不断凸显。

一花独放不是春,百花齐放春满园。

志愿服务作为一项神圣而高尚的社会公益事业,需要全社会的共同努力,才能营造出我为人人、人人为我的和谐氛围。我们坚信,在制度护航、人人参与之中,志愿服务定能成为吴忠文明的恒久风景,为美丽吴忠建设注入新动力。

评析

走在吴忠的大街小巷,总能看到身穿红色志愿服务标识马甲的志愿者在帮助交警疏导交通,为社区群众排忧解难,清除街道墙面上的"牛皮癣"、小区楼道垃圾……广大志愿者满腔热情,用实际行动贡献着自己的力量,影响和带动着周围的群众。随着志愿者队伍不断壮大,吴忠也愈加美丽、文明与和谐。本篇新闻是目前能在吴忠网中追溯到的较早的一篇较为完整的报道。

据了解,此篇是《吴忠日报》开设"兰花芬芳"专栏的首篇。由此在《吴忠日报》上开始陆续刊登吴忠市志愿者在服务社会、服务群众过程中的点点滴滴,展示吴忠市认真贯彻落实习近平总书记视察宁夏重要讲话精神,全市上下提振精气神,全力建设黄河流域生态保护和高质量发展先行区的新变化、新实践和新成果,为建设经济繁荣、民族团结、环境优美、人民富裕的美丽新宁夏提交"吴忠成绩单"。本篇报道也为后续《吴忠日报》在报道王兰花时提供了样本示范,文章用大篇幅的人物对白讲述典型人物故事,让深入人心的小事有温度、有力量。

王兰花代表的日记:"这是我第七次见到总书记"[①]

(2022年10月17日 《宁夏日报》)

10月16日　北京　晴

今天是中国共产党第二十次全国代表大会开幕的日子,也是我第七次见到习近平总书记的日子。我感到非常幸福,这也是我们基层志愿者的光荣。早上5点多,我就起来准备了,换好正装,认真仔细佩戴好"七一勋章",这是上一次见到总书记时,他给我颁授的党内最高荣誉。

去人民大会堂的路上,想起前天晚上老姐妹李秀芳给我打电话,听到我作为党的二十大代表出席开幕会,她在电话那头说着说着,激动地哭了。还有志愿者邱师傅,他打电话嘱咐我,把咱们志愿者的心声带到人民大会堂。我跟他们说,我就是一名志愿者,做了平凡的小事,能参加党的二十大,是党和人民对志愿服务的支持与肯定。

上午,我坐在会场,听着报告,眼泪在眼眶里打转转。报告说到我们心里面了,我见证了十年来国家翻天覆地的变化,感受到了生活方方面面的进步。听到报告里说"中国式现代化是物质文明和精神文明相协调的现代化",我在这一句下面画了重点标记。回到基层、回到社区以后,我要把党的二十大精神带给大家。

听党话、感党恩、跟党走,相信以后老百姓的生活会更好。今后,我会继续做力所能及的事情,帮助需要帮助的人,也希望有更多的年轻人和社会爱心人士,加入我们的志愿服务队伍,让更多人感受到社会主义大家庭的温暖。

评析

这一篇报道并不是出自记者之手,而是王兰花亲笔写下的日记。对于典型人物的报道,我们总是在思考该如何更深入人心,更接地气。《宁夏日报》向王兰花大胆约稿刊登,让人看到了与众不同的宣传方式,让典型人物的宣传更有说服力,既满足了受众对党的二十大代表王兰花参会的好奇心,又解决了记者不能同步进入会场采访的难题,可以说是一次成功的第一人称创新报道。

[①] 王兰花代表的日记:"这是我第七次见到总书记"[EB/OL].(2022-10-18)[2023-03-07]. https://mp.weixin.qq.com/s/bWemRdD7rQiiWyZk9DrGuw.

热心大妈王兰花:她,让这满城尽是"兰花"香①

(2021年7月4日　新华社　记者　艾福梅)

王兰花今年71岁,脸上已爬满皱纹。

穿着红马甲,她身上有蓬勃的力量——居民把她当作"主心骨",大事小情总想找她说说;困难群众把她看作"活雷锋",一声"王姨"未语先哽咽;志愿者以她为"领头羊",一群人年复一年地跟着她开展志愿服务,不求任何回报。

"兰花芬芳",行胜于言。共产党员王兰花用自己的执着与坚持,让"靠近我、温暖你"的兰花志愿服务精神传遍全城。

为民服务,永不退休
"人退休了,但思想不能退休"

王兰花从来闲不下来。

在担任宁夏吴忠市利通区裕西社区居委会主任时,她就是附近有名的"大忙人",操心着居民的大事小情。2004年退休后,本想着可以好好陪伴家人,但空闲的同时,她却总是感到还有使不完的劲。

信任她的居民也没有忘记她,在遇到下水不通、暖气不热、困难老人需要照顾时,还会习惯性地去社区找她,找不到就给她打电话,甚至找上门去。"我一直琢磨,人退休了,但思想不能退休! 共产党员的价值就是在为群众服务中体现出来的。"王兰花说。

王兰花热心小组成立了

2005年,她联系6名离退休干部和爱心人士,成立了吴忠市首个社区志愿者服务小组——王兰花热心小组。没有工作场所,她腾出家中的一间房;自己的手机,成了小组的热线电话。就这样,他们每天奔走在社区各个角落照顾空巢老人、留守儿童,帮助邻里解决琐事、化解纠纷,协助开展文明劝导、治安巡逻……

去年,裕西社区进行老旧小区改造,铺管道要整修地面,一位80多岁的老大爷舍不得自己楼前空地里种的几行大葱和白菜,一时激动躺倒在铲土机下阻拦施工。王兰花听闻后赶到现场,柔声劝说,细数改造后的好处,老大爷最终被劝走。

"有群众求助我们,不管是回族还是汉族,我们都尽力去帮助他们。我常说'帮成帮不成是一回事,帮不帮又是另外一回事',我们愿意为他们跑断腿、磨破嘴。"王兰花说。

---

① 艾福梅.热心大妈王兰花:她,让这满城尽是"兰花"香[EB/OL].(2021-07-04)[2023-05-02]. http://www.xinhuanet.com/politics/2021-07/04/c_1127621774.htm.

帮助别人，快乐自己
"要继续为群众多做事"

一句"愿意"让王兰花一跑又是十多年。

裕西社区74岁的独居老人郭淑珍，因腰椎间盘突出严重，弯不了腰，生活只能"马马虎虎"。得知情况后，王兰花和志愿者定期去帮忙打扫卫生、陪聊，每次走时都叮嘱她有事随时打电话。

"他们每隔几天就来看我，我觉得特别幸福。"郭淑珍边说边拉紧王兰花的手，眼眶红红的。

今年2月底，青铜峡市峡口镇年轻父亲杨培军给王兰花写来一封求助信，他5岁的儿子突然被确诊白血病，前期治疗已花费六七万元，家中再无钱可凑，恳请他们救救孩子。

"这个小伙子以前出事故伤了身体只能打零工，媳妇刚生了二胎也没法工作，确实很困难，我们核实后很快打了5000元过去。"王兰花说。

事实上，这5000元来得十分不易。

很长一段时间，王兰花热心小组没有固定资金来源，接到群众求助后都是王兰花带着志愿者四处募集资金。2016年，她在微信上建立了一个爱心慈善群，才有了固定的爱心捐款，然而由于资金有限，一般情况下他们只能给每位求助者1000元临时救助。而这一次，小男孩的病情牵动着王兰花和志愿者的心，生活本就不宽裕的他们又你50、我100地凑了4000元。

"兰花们"的共同认知

这些年，这样出钱又出力的事情还有很多。因为总有忙不完的事、接不完的求助电话，王兰花走路风风火火，脚板底走出老茧，大脚趾也被挤变形，只能穿软底鞋。她曾说，这辈子最大的幸运和收获有两项：一项是加在名字前的荣誉，是社会给她的；一项是跟在名字后的善行，是困难群众需要的。

"有人说我是'傻大妈'，但帮助别人让我活得充实、坦荡、快乐。"王兰花说。

"帮助别人，快乐自己。"这句话已成为"兰花们"共同的认知。64岁的郭淑玲是"元老级"志愿者，王兰花热心小组成立第二年加入。"我一开始是被王姐的行为和精神打动，跟着一起干，可干着干着，自己也割舍不下了。"

前几年，这位老棉纺工人罹患乳腺癌，做了三次手术，如今仍需长期服药，但她从未想过离开志愿者队伍。"我们干的虽然是小事，可对于居民及其家庭来说却是大事，而且每天做一件好事，睡觉睡得踏实，身体都好多了。"她说。

一朵兰花,芬芳全城
让志愿服务"兰花芬芳"

金杯银杯,最好的是群众的口碑。

把好事办到群众心坎上的王兰花和王兰花热心小组,不仅收获了众多荣誉,更吸引众多"新鲜血液"追随。

曾经的受助者成了志愿服务队的骨干。裕西社区的舒宏勇和弟弟因家庭变故成了孤儿,王兰花隔三岔五为他们带去食品、衣物,还联系学校为他们减免学费,兄弟俩亲切地称她为"王妈妈"。如今,两个孩子不仅开起了水暖维修店自立自强,还主动给孤寡老人、残疾人减免服务费用。

不理解的家人,也开始理解她的付出。"以前我们家里聚会,她都不来,说是要帮助别人,没有空,日子久了,不知不觉中我们都被感动了。"加入王兰花热心小组四个年头的王慧萍,渐渐开始懂得婶婶的执着。如今,王兰花一家有20多人都加入志愿服务行列,播撒光与热。

队伍里有了更多年轻人的身影。25岁的丁瑞周末上大专,周一到周五风雨无阻地与王兰花一起做志愿者活动。"王姨就是我学习的榜样,我会把志愿服务一直做下去。"

如今,以王兰花名字命名的"兰花芬芳",已成为利通区乃至宁夏一个响当当的志愿服务品牌。当地以"利通区兰花芬芳志愿服务"为统一活动名称,成立了多级志愿服务队,注册登记志愿者已超过6.5万人。

"他们让我看到了希望,看到了未来,这也充分说明我们走的是光明大道,越走越宽广。"王兰花说。

一心向党,发光发热行胜于言

2012年,王兰花热心小组成立了党支部,在党支部的领导和党员的示范带动下,退休党员参与进来,居民党员跟了上来,在职党员动了起来。现在,王兰花热心小组注册志愿者有1205名,其中党员180多名。

"作为一名有着26年党龄的老党员,一路走来离不开组织的支持,我深知党员就是一面飘扬的旗帜,只有坚持党建引领,志愿服务才能发扬光大。"王兰花说。

对于这位古稀之年的老党员来说,"七一勋章"是一份荣誉,更是一份责任、一份担当。

"在今后的日子里,我将继续'有一分光,发一分热',把志愿活动扎根基层,帮助居民解决操心事、烦心事、揪心事,同时引导更多年轻人和爱心人士参与到志愿活动中来,让'志愿服务、行胜于言'的主旋律唱响宁夏,为经济建设、社会发展和人民幸福添一把力。"王兰花说。

评析

本篇报道写于王兰花获得"七一勋章"荣誉时,语言自然平实,从对王兰花的介绍,到"兰花芬芳"志愿服务队的成立,最后与"一心向党"的主题呼应,可以说是一篇既凝练又精彩的报道。报道中引用了许多王兰花对自己所做事情的表态以及身边人的朴实赞美,让人物形象非常真实。我们可能会在评价典型人物时犯难,但其实他人的话语就是一种不错的表现形式,比如电视新闻中的同期声、报纸稿件中对人物话语的引用等,都为新闻报道增色不少。

五、思考题

1. 如何控制好典型人物报道的篇幅?
2. 报道典型人物时,怎样才能让人物形象真实立体?

六、案例使用说明

(一)适用理论

1. 新闻舆论工作的使命

新闻舆论工作是治国理政、定国安邦的大事。做好党的新闻舆论工作,事关旗帜和道路,事关贯彻落实党的理论和路线方针政策,事关顺利推进党和国家各项事业,事关全党全国各族人民凝聚力和向心力,事关党和国家前途和命运[①]。坚守舆论阵地,高举旗帜、引领导向、团结人民、凝心聚力是新闻舆论工作的重要职责与使命。

2. 新闻工作者的"四力"

(1)脚力:奔走探寻,获取新闻

新闻工作者要深入现场,获取一手新闻。新闻报道以事实为依据,这就要求新闻工作者要具备脚力,深入一线、深入生活、深入群众以获取新闻线索,发现具有价值的新闻。例如,著名记者范长江在西北之行中撰写了通讯集《中国的西北角》与《塞上行》,真正深入中国大地,这就是发扬新闻工作者脚力的成果。

---

① 习近平谈新闻舆论工作:治国理政、定国安邦的大事[EB/OL]. (2016-11-08)[2023-06-02]. https://news.cctv.com/2016/11/08/ARTI48tt9E3zFzEJgmZcK2p9161108.shtml.

(2)眼力：保持敏感，发现新闻

眼力是新闻记者的发现力。眼力是指新闻工作者需在鱼龙混杂的新闻信息中，敏感地捕捉已经发生或正在发生的新近事实，选择引起社会公众关注且具有价值的新闻信息，从细微变化之中判断事物的潜在意义。新闻工作者要时刻保持新闻敏感性，可以透过现象看到新闻的本质，挖掘新闻背后的新闻，从而发现新闻价值。

(3)脑力：冷静分析，把握方向

脑力是思考力和判断力。新闻工作者要能拨云见日，把握"时度效"，不仅要保持头脑清醒，善于全面研判分析，对新闻事实做出选择，还要把握新闻工作的政治方向，确保导向正确，时刻保持思想的灵活性和思维的敏锐性，不断认识新事物及摸索新规律。

(4)笔力：日积月累，写好新闻

笔力是新闻记者的表达力。新闻工作者要具备娴熟的文字写作能力及各种文学艺术表现能力，创作出有思想、有温度、有品质的新闻作品。新闻工作者平日里要通过大量的阅读来提升自己的写作水平，在新闻报道中，通俗简洁的语言更能体现一个新闻工作者的文字功底。

3. 新闻工作者的职责和使命

新的时代条件下，党的新闻舆论工作的职责和使命是：高举旗帜、引领导向，围绕中心、服务大局，团结人民、鼓舞士气，成风化人、凝心聚力，澄清谬误、明辨是非，联接中外、沟通世界。新闻工作者要承担起这个职责和使命，坚持正确政治方向是第一位的。

4. 全媒体时代典型人物报道的创新

典型人物报道是新闻报道的重头戏，也是主流媒体的报道优势所在。在技术赋能、融合传播的全媒体时代，典型人物报道的传播渠道及效果落地遭遇全新挑战，需要做到以下方面：多视角切入，把握典型人物个性和时代精神；多维度挖掘，展现典型人物的真实性和客观性；故事化表达，提升典型人物报道的感染力和共情力。

(二)要点分析

通过分析针对王兰花这一典型人物的报道，横向对比吴忠市、宁夏回族自治区、全国在对于王兰花这一典型人物报道的相同与不同之处，从内容与形式两个角度剖析对典型人物王兰花报道的现状、问题并提出优化建议，从而更深层次地思考到底该如何做好典型人物报道。

通过对理论的学习、对具体新闻报道案例的分析从而得出结论，最终落脚点是新闻工作者的职责和使命，以及如何提升自己各方面的能力而成为合格的新闻工作者，并与马克思主义新闻观中涉及的新闻舆论工作的职责和使命相呼应。

第三章

突发事件报道篇

第一节 "7·20"河南暴雨事件突发报道分析

一、摘要及关键词

摘要：2021年7月20日河南多个地区出现特大暴雨，河南郑州、新乡、开封、周口、洛阳等地共有10个国家级气象观测站日降雨量突破有气象记录以来的历史极值。此次暴雨强度大、范围广、持续时间长、影响严重，造成上千万人受灾，上百万人紧急转移，近四百人失踪。暴雨期间地方政府紧急开展救灾工作，中央政府第一时间启动应急响应并积极调动资源，众多省份驰援河南，主流媒体持续多角度报道，社会各界人士积极提供帮助，"救命文档"、鸿星尔克"豪捐"等事件引发热议。同时，在社会上也出现了对地方政府、募捐机构的行为的质疑。在社交媒体上，网络暴力、假新闻、后真相、灾难美学、娱乐至死等现象也时有出现。

关键词：河南暴雨；突发事件报道；马克思主义新闻观

二、案例背景介绍

2021年7月17日以来，河南出现持续性强降雨天气，全省大部出现暴雨、大暴雨，强降水主要集中在西部、北部和中部地区，郑州、焦作、新乡等10地市出现特大暴雨。

据河南省水利厅消息，2021年7月18日8时至20日12时，河南全省降雨量超400毫米站点43处，超300毫米站点154处，超200毫米站点467处，超100毫米站点1426处。最大降雨量为郑州市荥阳环翠峪雨量站551毫米，巩义市李家门外雨量站493毫米、峡峪雨量站491毫米。据郑州气象消息：2021年7月20日8时至17时，郑州市出现大暴雨，局部特大暴雨。最大降水量出现在二七区的尖岗水库，为438毫米。

据中央气象台消息，2021年7月20日16—17时，郑州小时降雨量达到201.9毫米。

2021年7月21日7时，据河南省委宣传部消息，7月18日18时至21日0时，郑州出现罕见持续强降雨天气过程，全市普降大暴雨、特大暴雨，累积平均降雨量449毫米。

2021年7月21日下午，从水利部获悉，河南省郑州市常庄水库（中型）水位持续下降，14时水库水位128.06米，比最高水位（131.31米）下降了3.25米。郭家咀水库（小型）出险后，采取大坝两侧临时开挖导流沟加大泄洪措施，两侧合计下泄流量60立方米每秒，水位已低于坝顶1.2米，通过扩挖应急排水通道，全力创造条件加大下泄流量。

2021年7月21日17时许，河南省防汛应急新闻发布会召开，介绍河南防汛救援最新情况。新闻发布会开始之前，在场人员全体起立，向在灾情中不幸遇难的人默哀。

2021年7月16日至29日12时，据国家自然灾害灾情管理系统统计，此轮强降雨造成河南150个县（市、区）1616个乡镇1391.28万人受灾，因灾遇难99人，仍有失踪人员在进一步核查当中。郑州市新增遇难人数26人，其中新密18人，荥阳8人。此次强降雨给河南造成了严重损失。农作物受灾面积1048.5千公顷，成灾面积527.3千公顷，绝收面积198.2千公顷；倒塌房屋1.80万户5.76万间，严重损坏房屋4.64万户16.44万间，一般损坏房屋13.54万户61.88万间。

2021年7月22日，郑州地铁发布通报：7月20日，郑州市突降罕见特大暴雨，造成郑州地铁5号线五龙口停车场及其周边区域发生严重积水现象，18时许，积水冲垮出入场线挡水墙进入正线区间，造成郑州地铁5号线一列车在沙口路站—海滩寺站区间内迫停，500余名乘客被困。在地铁员工、应急救援队、公安干警、解放军指战员、义务救援队及热心乘客的共同努力下，共解救乘客500余名，12名乘客经抢救无效不幸罹难，5名乘客送医院观察，生命体征稳定。地铁集团开展抢险除险和运营恢复工作。

截至8月2日12时，河南省因灾遇难302人，50人失踪。其中，郑州市遇难292人，失踪47人；新乡市遇难7人，失踪3人；平顶山市遇难2人；漯河市遇难1人。

2021年7月22日，郑州希岸酒店高铁站店涨价到2888元引发关注，郑州市市场监督管理局执法稽查支队迅速出击，快速立案调查。经调查，市民反映情况基本属实，该酒店所做属于哄抬价格行为。按照《中华人民共和国价格法》有关规定，郑州希岸酒店高铁站店涉嫌利用其他手段，推动价格过快、过高上涨。鉴于郑州希岸酒店高铁站店能主动道歉并挽回社会影响，郑州市市场监督管理局给予郑州希岸酒店高铁站店（河南德悦轩酒店管理有限公司）50万元的处罚告知。

这次灾害虽为极端天气引发，但集中暴露出许多问题和不足。为查明问题、总结经验、吸取教训，经党中央批准，国务院成立河南郑州"7·20"特大暴雨灾害调查组，由应急管理部牵头，水利部、交通运输部、住房和城乡建设部、自然资源部、公安部、发展和改革委员会、工业和信息化部、卫生健康委员会、中国气象局、国家能源局和河南省政府参加,分设综合协调、监测预报、应急处置、交通运输、城市内涝、山洪地质灾害等6个专项工作组,分别由有关部委牵头,并邀请气象、水利、市政、交通、地质、应急、法律等领域的院士和权威专家组成专家组全程参加。中央纪委国家监委相关部门指导开展相关工作。

调查组查明,郑州市委、市政府贯彻落实党中央、国务院关于防汛救灾决策部署和河南省委、省政府部署要求不力,没有履行好党委政府防汛救灾主体责任,对极端气象灾害风险认识严重不足,没有压紧压实各级领导干部责任,灾难面前没有充分发挥统一领导作用,存在形式主义、官僚主义问题;党政主要负责人见事迟、行动慢,未有效组织开展灾前综合研判和社会动员,关键时刻统一指挥缺失,失去有力有序有效应对灾害的主动权;灾情信息报送存在迟报瞒报问题,对下级党委政府和有关部门迟报瞒报问题失察失责。

2022年1月21日消息,河南省纪检监察机关按照干部管理权限,依规依纪依法对灾害中涉嫌违纪违法的89名公职人员进行严肃问责。河南省对特大暴雨灾害中存在失职失责问题的郑州市、荥阳市、巩义市、新密市、登封市、二七区、金水区党委政府及应急管理、水利、城市管理、交通运输、城乡建设、公安交管等部门公职人员进行了严肃问责。

三、案例分析

马克思主义新闻观是指马克思主义者对于新闻现象和新闻传播活动的总的看法。马克思主义新闻观随着社会发展持续更新完善,目前主要包括党性原则、人民性原则、新闻真实性、媒体融合、网络治理、人才建设、对外宣传等内容。对马克思主义新闻观的学习,有助于新闻工作者厘清新闻工作思路。

"7·20"河南暴雨本质上是风险社会语境下的一次典型突发事件。所谓突发事件,根据2007年11月1日起施行的《中华人民共和国突发事件应对法》的规定,突发事件,是指突然发生,造成或者可能造成严重社会危害,需要采取应急处理措施予以应对的自然灾害、事故灾难、公共卫生事件和社会安全事件。这类事件的特点在于它的不确定性、紧迫性和影响广泛性。不论是自然灾害、社会冲突,还是大型活动发生的意外,突发事件往往能引起广大公众的关注和情感共鸣[①]。突发事件具有突发性、危害性、范围广泛性等特征,且常伴有集合事件丛生、社会焦虑弥漫、后真相、信息疫情等社会症候。

---

① 谭海梅.电视记者做好突发事件新闻报道的路径[J].新闻世界,2024(3):92-94.

选取河南暴雨进行分析,旨在通过回顾研究当时的新闻报道,从马克思主义新闻观的角度解析突发事件中新闻媒体该如何做好持续性报道。

(一)党性原则指导下的突发事件报道

社会主义党性原则是指无产阶级政党和社会主义国家对新闻事业的地位、性质、任务、作用等总的看法和纲领性意见。目前新闻报道党性原则的内容主要包括"做好党和人民的耳目喉舌""正面宣传为主""舆论监督""党媒姓党""政治家办报"等。

1. 突发报道以正面宣传为主

首先,河南暴雨期间涌现出大量的正面图文报道,各级媒体纷纷制作鼓励语海报,通过海报在社交媒体的裂变式传播,汇聚各地温情勉励河南救灾。例如,在《人民日报》上发表的《和河南一起扛》、在《新乡日报》上发表的《顶着!我们为你亮灯》都是通过"救灾现场特写图片＋醒目宣传语"的形式为救灾带去精神力量。此外,各媒体发布正向激励类文章,无论是报道群众对战士的浓厚谢意,还是县区之间的相互援助,都在积极为灾民带去力量。例如通讯《人间有爱,豫中有情》通过报道兰考对辉县的物资捐赠,突出县与县之间心连心的情谊。

其次,河南暴雨中涌现出一大批正面人物报道,据笔者统计包括但不限于以下内容。

♯1800名解放军紧急奔赴河南

♯等我九月入伍,一起保卫家园

♯乐团为被困东站游客奏乐

♯抗洪抢险官兵两夜未睡

♯暴雨停电后医生手电筒接生

♯幼儿园校车被困 消防员人墙救娃

♯退伍特种兵救起五人仍在自责

♯市民合力救起激流中被困女子

其中对于医生于逸飞的报道最为典型,郑州地铁漫水事件中,医生于逸飞被救出后并没有离开救灾现场,而是从逃生那一刻便加入抢救大队,从下午救人直到凌晨。《人民日报》对其的报道中有一段细节描写极其感人:"从下午六点到晚上十二点,他几乎一直跪在冰冷的地板上,为伤者做着救治工作。他的膝盖跪烂了,自己脚上的鞋也跑掉了,穿着不知从哪漂来的一双拖鞋,脚被玻璃划伤了,流着血。他的白衣上沾满了血和泥。"

从解放军到市民行人,报道人物的多样性实际上是党性与人民性的统一;通过对于普通市民的报道,更容易将受众以第一视角代入,拉近传播距离,更能深刻体会到暴雨无情人有情,增强人情味;而通过细致描摹典型人物的无私奉献、舍己为人的行为场景,也更容易在社交媒体进行情感裂变传播,鼓舞士气,激励更多正向行为。

2. 河南暴雨中的舆论监督

舆论监督是新闻媒体对党和政府机关、官员的错误决策、腐败行为、不良之风以及不当言论的揭露、批评,同时也包括对有碍公德的社会行为的揭露、批评。其出发点是非常明确的:保证中央的政令畅通,维护国家、人民的利益。需要注意的是,舆论监督与正面宣传并非对立的产物,两者统一于新闻真实性原则、正向的客观效果与正确的舆论引导。

本次河南暴雨中涌现出一大批问责类文章,包括不限于以下主题。

#酒店发国难财

#地方政府响应不及时

#房地产广告吃人血馒头

舆论监督向来是新闻报道功能的重要一环,无论是新冠疫情时期对于捐款去向的监督,还是河南暴雨期间媒体对于地方政府办事不力的质疑,都通过媒体凝视的力量倒逼相关部门、企业、社会群体规范行为,透明流程,进而疏通社会系统的堵塞处,提高其运行效率。这本质上是对人民群众利益的维护,不仅有助于提高媒体公信力,更能够缓解突发事件中的情绪感染、集合事件、后真相等。

3. 及时传播政府话语

党性原则要求新闻媒体,尤其是主流媒体做党和人民的耳目喉舌,第一时间传达党的政策方针。河南暴雨期间主流媒体始终履行着喉舌责任,积极传达党中央的声音。

例如《人民日报》刊载的内容:"灾害发生后,党中央、国务院高度重视,习近平总书记作出重要指示,要求始终把保障人民群众生命财产安全放在第一位,抓细抓实各项防汛救灾措施,并派出解放军和武警部队迅速投入抢险救灾,为做好防汛救灾工作注入了强大动力、提供了坚强保障。"

(二)媒体融合指导下的突发事件报道

媒体融合是一切媒体及其有关要素的结合、汇聚,不仅包括媒体形态的融合,还包括媒体功能、传播手段、所有权、组织结构等要素的融合。2014年国家出台政策宣布媒体融合上升到国家战略。2020年中央全面深化改革委员会审议通过了《关于加快推进媒体深度融合发展的指导意见》,强调推动媒体融合向纵深发展,要深化体制机制改革,加大全媒体人才培养力度,打造一批具有强大影响力和竞争力的新型主流媒体,加快构建网上网下一体,内宣外宣联动的主流舆论格局,建立以内容建设为根本、先进技术为支撑、创新管理为保障的全媒体传播体系,牢牢占据舆论引导、思想引领、文化传承、服务人民的传播制高点。

1. 体制融合:突发事件报道更迅速多元

突发事件报道对时效性要求较高,且突发事件,尤其是突发性灾难事件中素材资源珍贵,需提升利用效率,进行多元化报道。

唯有通过大刀阔斧的体制改革,着力打破体制壁垒,深化内部组织架构和采编流程改革,才能建立适应移动互联网传播的工作机制和集约高效的内容生产体系,从而在突发事件报道中以最快速度发布多种媒介样态的新闻产品,增强传播力、影响力;同时释放创作潜力,通过小组竞争等方式助推媒介组织创作出视角、体裁更多元的作品,增加突发报道的深度与广度。

例如,2021年7月20日河南暴雨,网民在社交媒体上发出相关信息后,河南广播电视台立刻启动了强降雨天气应急宣传报道机制,打造一体化的综合传媒平台。据统计,事件发生一周内就已推出相关融媒体新闻报道5000余条。据悉,2014年,河南广电整合旗下4家传统媒体单位和8家媒体公司组建成立大象融媒体集团。对内积极推进项目制和工作室制,激发员工干事热情;对外秉承"开放办卫视"的理念,积极与各种资源和优势平台合作,在推进深度融合的同时,也更好地发挥"主力军挺进主阵地"的作用。

体制融合的深度推进带来的是各种新传播形式的繁荣,从《人民日报》B站账号的"高燃"剪辑,到广东电视台新媒体的动漫海报,再到《新京报》公众号发布的数据新闻——《数据可视化+3D动画,了解河南暴雨有多大》,不同的媒介形式侧重点各异,从多元的角度共同描摹了河南暴雨的宏观图景。

2. 渠道融合:增强突发事件报道传播力

突发事件之突发性、危害性往往造成恐慌,需第一时间将官方信息触达更多用户,渠道融合是关键。所谓渠道融合,是指主流媒体要建设好自己的全媒体矩阵,从而将新闻产品根据不同渠道特性差异化传播,覆盖到尽可能多的用户,同时不同渠道的新闻产品有机运动、相互补充,拓宽新闻的宽度与广度,构建新闻的整体真实。

河南暴雨期间,以河南卫视为代表的一众河南媒体矩阵表现良好。首先是时效性方面,2021年7月20日,面对突如其来的暴雨灾害,河南当地媒体迅速展开报道,

7月20日14时,《河南商报》新媒体平台发布了郑州多路段被淹的短视频。16时,河南卫视新媒体平台发布了"暴雨影响郑州多个地铁 多个出入口关闭"的消息。17时,《河南日报》新媒体播出了名为"暴雨中逆行的身影"的现场直击报道①。

其次,河南卫视通过新媒体渠道的搭建出色地完成了议程设置。以微博为例,河南卫视成功设置多个出圈话题,其中"河南暴雨互助"话题浏览量超过170亿人次(见表3-1-1)。

表3-1-1 微博话题讨论情况

微博话题名称	话题浏览量	讨论次数/万	原创人数/人
#防汛救灾进行时#	6624.8万	10.3	273
#河南暴雨互助#	170.4亿	2469.1	106000
#河南防汛#	4.9亿	118.9	432
#一起说河南加油#	2296.4万	4718	111

此外,《小莉帮忙》作为一档在短视频平台影响力较大(粉丝破千万)的民生类节目,将暴雨与节目本身的民生帮助形式连接起来,开始着重于暴雨救助领域。节目从小莉的个体视角出发,不仅传递灾情信息,传递正能量,更极具建设性新闻价值,其视频《河南暴雨,但,这些瞬间太感动!》在B站平台收获超过30万次的播放量,对于非上星卫视的栏目而言,传播成绩斐然。

河南的官方媒体传播力能达到如此程度,与其对渠道融合的推进密不可分,以下是对河南卫视全媒体矩阵搭建效果的节选:

#微信全系粉丝超过200万

#河南卫视抖音播放量超过316万

#《小莉帮忙》抖音播放量超过1480万

#大象新闻客户端浏览量超过1亿

#河南卫视微博讨论次数超过250万

#河南卫视B站播放量超过51万

在当前媒体融合深度发展的语境下,其他媒体也应该积极向河南卫视看齐,尽快准备、运营好媒体矩阵,适应不同平台传播方法,全系节目呈现触网化。唯有此方能在突发事件爆发时不失语,守好舆论主阵地。

---

① 李永,李雁.重大突发事件中新型主流媒体的实践与思考:以河南水灾报道为例[J].传媒,2021(21):77-79.

3. 技术融合：赋能突发事件报道采编发

在采编方面，突发灾难事件现场拍摄往往艰难，借助新技术可拓展脚力。例如，FM104.1河南交通广播调动12架无人机拍摄积水路段视频，通过FM104.1、FM88.1、FM107.4、FM93.6和5G进行现场视频直播；资深媒体记者陈冲拍摄了纪实类新闻作品《河南水灾抗洪纪实》，完整再现河南暴雨救灾逃难的现场巨幅画面，获得第七届（2021）中国无人机影像大赛年度图片奖。

在突发事件发生后，公众往往陷入信息焦虑，迫切想知道前因后果，如何解读好突发事件之因是新闻媒体面临的首要问题。此时可以利用可视化技术进行内容编码。例如，《新京报》通过数据可视化技术、3D技术直观呈现灾情，解读河南暴雨的形成原因，可以化繁为简，降低解码负担，更好地满足受众的信息需求。

除此之外，大数据技术的使用为突发事件报道提供了独特的技术视角，拓宽了报道深度。例如，《中国应急管理报》团队通过大数据技术分析出河南暴雨的舆论焦点，其实也是人民性原则的体现，使得公权力部门更能关注到群众诉求。

在呈现方面，在河南暴雨这种突发灾难事件中，面对公众需求，强调信息真实性、连续性、参与性，适合慢直播。慢直播最为鲜明的特征就是对画面的原始呈现，在直播过程中没有对画面添加特效或进行后期剪辑，也没有旁白等人声，力图将最为真实和客观的画面向用户呈现，从而让用户自主地去感受和解读直播的内容和文化意义。

例如，央视网、中国电信河南公司、中国电信天翼数字生活科技有限公司携手，共同发挥国有企业责任和担当，短时间内在关键区域安装摄像头，并通过视频云网摄像头直播流技术24小时专题直播河南强降雨情况、救灾情况，让全国人民可以及时关注并了解最新进展。

（三）人民性原则指导下的突发事件报道

1. 语态转变：以人民喜闻乐见的形式传播

人民性原则要求新闻舆论工作贴近人民，语态的下放是人民性原则的典型表现。而突发事件，尤其是突发灾难事件往往会带来社会创伤，且往往伴随舆论失焦与对抗解读。此时更应该转变语态，才能更好地完成舆论引导。

下放语态不仅是遣词造句上的改进，更是整个传播形式朝趣味性、通俗性方向转变。例如，河南暴雨期间《人民日报》发布鼓励性报道，用胡辣汤指代河南，热干面指代武汉,此后引起风潮,多家省级主流媒体和很多自媒体开始以食物指代省份进行鼓励,例如,广东电视台发布漫画海报《胡辣汤挺住,艇仔粥来了》。

"食物代地区"的创意海报使得援助宣传更容易裂变传播,同时温暖的画风渲染出了良好的社会氛围,有助于减缓焦虑,引导舆论,此外,直观的大字海报、3D演示、数据可视化也是语态转变的一种形式,解码负担小,信息易传递,如上文提到过的《新京报》关于河南暴雨成因的报道,此处不再赘述。

值得注意的是,虽然胡辣汤式的报道传播效果不错,但需警惕尺度,避免造成娱乐过度的伦理失范。

2. 从话语到行动——新闻助民

突发性事件发生时间短、危害大。新闻媒体除了信息传递和舆论引导,还应该在人民性原则的指导下积极开展援助活动。河南暴雨期间,无论是主流媒体,还是平台媒体和自媒体,都在积极践行着直接化的新闻助民。

例如,上海一位女大学生开启救命文档,为灾民提供求救渠道;微信平台在河南省各市设立"汛情专区"服务专题,提供灾害预警、抢险救助服务;"腾讯出行服务"小程序上线防汛互助信息服务,上报求助相关信息将第一时间直达河南官方防汛救助部门;百度 App 开通"河南暴雨互助"通道,搜索河南暴雨、郑州暴雨等关键词即可直达入口。

而在主流媒体方面,无论是以《人民日报》为代表的中央级媒体,还是以大象新闻为代表的省级媒体,都开通了求救通道、互助通道,同时都发布了汇总救援信息的文章。

(四)新闻真实性指导下的突发事件报道

真实是新闻的生命。马克思主义新闻观强调真实性原则。根据马克思主义新闻观,新闻报道的真实性原则不仅仅体现在报道中,更反映在认识和看待世界的立场和观点上。

第一层面新闻需要达到的是具体真实,即某个事件的真实。例如,2021 年 7 月 24 日,某微博账号发文称河南暴雨致使两万箱酒被冲走,女老板跪地痛哭求归还。2021 年 7 月 25 日凌晨两点,河南共青团用官方微博发出了澄清声明,在微博中附上了现场的原视频,对该微博账号的文字表述以及视频配音和字幕予以否定。在视频中,有路人把洪水中捡到的白酒送还女老板,女老板对主动归还白酒的路人进行了感谢。

第二层面新闻需要达到的是有机真实。马克思的报刊"有机运动"思想的核心是：对一定事实完整面目的揭示需要一定的过程。对事实真实面貌的完整呈现或揭示，必须通过报刊的不断报道来实现。

马克思的报刊"有机整体"思想的主要内涵是：不同的报刊共同构成一定的活的有机整体，在这个有机整体中，不同的报刊应该承担不同的责任，而它们只有进行通力合作，才能完成报刊作为有机体的共同使命。

"有机真实"是根据马克思的报刊"有机运动"思想与"有机整体"思想提出的一个新概念，主要是指由多元新闻传播主体相互影响、相互作用，在一定过程中共同呈现、塑造、建构出的新闻真实。

这就需要媒体在发布新闻时做好每个要素的事实核查，同时还要积极对虚假新闻、谣言流言进行及时辟谣，维护好整体范围内的有机真实。河南暴雨期间，除了上文提到的微信、百度等平台媒体自发成立的辟谣平台，中央、省、市的其他各大媒体也积极进行辟谣，如正观新闻对"郑州海洋馆鳄鱼逃跑"发文辟谣、平安中原对"郑州常庄水库爆破决堤"发文辟谣，在疏解群众恐慌情绪的同时增加了自身公信力。

(五)网络治理下的突发事件报道

十八大以来，党和国家高度重视网络舆论工作，提出要把建设网络强国的战略部署与两个一百年同步推进。做好网上舆论工作是一项长期任务，要创新改进网上宣传，运用网络传播规律，弘扬主旋律，激发正能量，使网络空间清朗起来。突发事件往往带来谣言肆虐、群体对立、网络暴力、娱乐至死、地域污名等现象，各主体需及时肃清网络空间，打造良性舆论环境。

例如，腾讯新闻"较真辟谣"平台，关注抗击洪灾过程中的谣言信息，进入"较真辟谣"小程序，搜索"郑州暴雨"等关键词可以鉴别相关消息真伪。新浪微博根据《微博社区公约》等有关社区规则对37个账号给予禁言直至关闭账号的处罚(见图3-1-1)；7月21日晚，辽宁省鞍山市公安局高新公安分局官方微博@鞍山高新公安发布警情通报，一网民在微信群内公开辱骂受灾河南人民，被行政拘留10日。

处罚微博37个违规账号

据@微博管理员 7月21日消息，近日，河南受到强降雨侵袭，对当地的正常生活造成了严重影响，各方正在全力支援救助，微博也已开启 #河南暴雨互助# 求助通道，提供帮助。同时，站方发现部分账号借此炒作，散布谣言，引发对立。

现根据《微博社区公约》等有关社区规则对账号 @弥勒丸 等37个账号给予禁言直至关闭账号的处罚。

微博昵称	粉丝数	处置方式
弥勒丸	2711	
非正常人类生活区	564	
像蓝月亮	127	
干枯玫瑰1号	1454	
孤城fg	879	
银色小狮子	409	
有态度的大侠-	88	
AnmJoury	129	
笑子紫_	1556	
赴江舟	3505	
夏天又来了啦	23	
贝勒爷小时候	165	
苗苗向前冲a	78	
王曼婷-	614	
拨号上网的军体拳教练	196	
草莓巧克力小甜甜	470	
tomorrowEDC	14	关闭账号
漂亮女人说的话都是骗人的	0	
只穿OMM的大猫	48	
美少女战犇	383	
隐约雷鸣不见风雨	1	
lchylin2l	1	
狠纯洁狠可爱滴小男孩	31	
羞羞的尾巴	30	

图 3-1-1　河南暴雨期间违规账号处罚情况

（六）人才建设指导下的突发事件新闻报道

要加快培养造就一支政治坚定、业务精湛、作风优良、党和人民放心的新闻舆论工作队伍。为了能够做好突发事件新闻报道，我们应该学习河南暴雨期间报道的优点，吸取其教训，找到人才建设的方向。笔者总结为以下方面：注重新闻真实性核查；具有政治家办报意识；善用新媒体渠道，对突发事件第一时间发布预警；注重新闻建设性，积极提供对策与救助渠道；深入群众找选题，关注数字边缘人群的需求；在突发报道中坚守新闻伦理；坚持生命至上原则，谨防阻碍救援；避免过度煽情，拒绝灾难美学；避免二次伤害，不要侵扰悲痛；避免过度娱乐，不要萌化灾难；拥抱新技术，做全能记者，面对灾难要能够熟练运用新技术提升报道效果，制作图片、视频样样精通，用无人机拓展脚力，用大数据拓展脑力，用慢直播全面展现现场。

四、重要报道评析

九位河南暴雨亲历者的讲述①

(2021 年 7 月 22 日　央视新闻)

1　水漫肩膀,有的人直接被冲走了

亲历者张先生(根据央视新闻采访整理):当时水流急到只要人站进去,就没了。我身边的人扒着隧道旁边的栏杆,估计有十几个人。因为水已经漫到我们肩膀了,水冲劲太大了,有的人就直接被冲走了。我之前把能脱的,都脱了,只留下裤子。身上背的小包、上衣,只要能扔的东西全扔了。要不然,水的冲劲太大,游泳时阻力会大。

我和其中一个孩子,我们俩因为没劲了,差点想放弃了,但是胳膊一直勾着旁边那根管,蹭出的全是伤。真的,不坚持住的话,很容易就被冲走了。最后一看到消防官兵来了,就感觉心里踏实多了。

2　他一把举起了孩子,没想到自己被水呛了

亲历者陈宇(采访内容来自《长江日报》微信公众号),据陈宇回忆,列车开动不久,水慢慢往门缝里流,流得很急。他蒙了,直到身边一位老大哥拍了他一巴掌,他才缓过神来。他们所在的车厢里有三十多名乘客,包括三四名儿童,十多名老人。他俩一起把周围的儿童和妇女都扶到椅子上。

水越漫越高,前后不过十分钟的时间,水已漫到陈宇胸前,他身高 1.83 米。孩子们站在椅子上,水上升到了他们嘴巴附近。陈宇把手机叼在嘴里,顺手抱起身边的小女孩,一把揽在自己胳膊下面。

对面的一个女童没有站稳,从凳子上滑下来,陈宇一把托住了这个孩子,把她举了起来,没想到自己也被水呛到了,他非常后怕,"要不是一个大哥拉着我,我差点没被呛死"。

长时间泡在水里,下半身逐渐失去了知觉。可他不得不用力站稳,万一自己摔倒了,两个孩子都会被淹。

持续了半个多小时,消防员赶来了。在车门被撬开后,水不断地开始往外排时,陈宇心里一松,倒在了地上。等他醒来时,已被人背到站台上……

---

① 九位河南暴雨亲历者的讲述[EB/OL].(2021-07-22)[2023-03-04].https://mp.weixin.qq.com/s/AvF4lZZwl0fabTm8sfSgbw.

3 他们没有松开我,而是死死拽着我……

亲历者微博网友@小霖霖大饺子:体会了昨天的灾难,我真的庆幸自己生长在中国!从三点到六点,我才走完平时二十分钟就能走完的路,全程都是和素未谋面的陌生人拉着手走的。我一直不太相信人性,路上就在想,如果我被水冲走,他们会为了自己松开我吧。

结果后来,我真的被冲走,他们死死拽着我……后面有个大叔挡着我,一直让我站起来,真的感动哭了!

4 怀孕8个月,雨大到"距离家2公里了,但是回不去"

亲历者知乎网友aaaaaaaa 坐标郑东新区,7月20日,怀孕8个月,第一次感觉天灾离自己这么近!

4:30 转户口办理完成,准备回家,派出所内积水到脚腕,当时确实还在调侃、逗乐,没当回事。

5:00 突然路上积水水位没过2/3轮胎,找到一个地势略高的停车场,停车等待,已经有点目瞪口呆了。

6:30 准备步行蹚水回家,人行道水没过小腿,走到最深处到大腿,水流很急,有些地方根本站不稳,肚子一阵一阵紧张……全身发抖……

8:00 到一个饭馆,雨越下越大,经过了一处到腰部的水段后,彻底蒙了,害怕,不敢走,停下等待。找了周围的酒店,全部订满了,天渐渐黑了,雨没有丝毫要小的势头,距离家2公里了,但是回不去。打车软件挨个叫了一遍,小费加到500都没有人接单……期间看了新闻,最终决定我这种比较轻微的情况还是自救。

11:00 老公探路回来,雨势见小,我们手牵手淌水前进,互相鼓励!

11:30 路上碰到一位开越野车的大哥,正上车要走。我们大声喊他呼救,他非常热心要载我们,我俩浑身是水坐上了车。路上要微信,想给他转钱,他也不给!感谢!

11:40 步行蹚水终于到小区门口。30年了,我从来没有经历过这样的场景,到现在还久久不能平静!外面还在下着雨,祈祷郑州平安!

5 楼上一个叔叔冲下来,说家里两个老人还在被淹的地下室……

亲历者知乎网友妹子酱:昨天下午一直想找机会等雨停了去取快递,无奈雨一直不停地下,而且一直很大,没办法只能躺在床上玩手机。突然听到一声巨响,我以为是打雷了,结果万万没想到是家后面垒的地下室的墙倒了!

没过几秒,地下室就淹完了,水漫出来漫向一楼。

我父母正在家叹息又要损失一大笔的时候,突然楼上一个叔叔冲下来,说家里两个老人还在地下室没出来,我才突然反应过来,我当时听见的哐哐哐撞击铁门的声音可能来自那两位老人!我当时吓了一身冷汗!我整个人都特别慌!

后续就是物业来了,把地下室的墙砸开,救出了两位老人,两位老人没有什么大碍。那个时候作为旁观者的我,都有一种劫后余生的感觉!

6 孩子惊恐地说爸爸车窗渗水了,我说,别说话我带你回家

亲历者知乎网友诚信的猫:昨天下午4点,幼儿园老师发信息说雨势过大,让提前去接孩子。

迎着瓢泼大雨走到东风东路,傻眼了,眼前一片泽国,水没了轮子,周边的污水潮随着风和车辆汹涌击打着车身。硬着头皮开到幼儿园,一下车,水直接没腿,雨下得越来越凶。

陪着孩子待了一个多小时,雨势丝毫不停。到六点半,雨势稍缓,如果再不走,很可能晚上就困在这里了,于是抱着孩子进了车。

路上的水已经没过车头,已经有漂的感觉了。我死命踩着油门,在浮力和水压的作用下才勉强跑到15码,大水从眼前汹涌而来,直奔玻璃,路上横七竖八的车在水里漂着。还有人在车顶打电话。

这时候我已经后悔了,该待在幼儿园里的,但绝对不敢倒车回去。路面水太深了,你敢倒车它就敢灌。

小心翼翼踩着油门勉强躲过路障车,根本不敢松油门,车在水里一晃一晃的,伴随着呼噜呼噜的泡水声,瓢泼的大雨和腥臭的污水味道,令人极其焦虑不安。方向盘像假的一样,又松又软。

中途孩子惊恐地说爸爸车窗渗水了,我说,别说话我带你回家。

一路上无数抛锚的车辆横七竖八地泡在那里。

最后安全回到家,车辆已几近崩溃,故障灯亮了四五个。我也没管它,直接进屋给孩子换衣服。

不敢想象如果车熄了火会怎么样。

没涉水前,我和大多数司机的想法一样,我这个两三吨重的车怎么会怕小小水洼。现在真的知道了,车是中空的,一旦水到底盘,浮力将大得超乎想象,车的抓地力几乎就是零。这时候,你的车不会比一辆自行车稳。

大家千万不要涉水开车,实在太危险了。

7 为什么还要涉险回去？因为家里还有三个孩子

亲历者知乎网友猫名喵喵：晚上九点钟，看着没有一点要停的天气，咬咬牙，回家吧。蹚水也要回，电车就先不管了，走到路口，水还是那么急，这时候一个年轻人扶着一位大姐从远处走来，（年轻人）应该是紧急防汛人员，一位大哥问为什么还要回去？年轻人回答道："她家里还有三个孩子！"此时此刻我的心无比震撼！母爱为何伟大，这可能是最好的诠释了。

走到路对面想着水可能小一点，可惜还是太年轻……没办法，硬着头皮往前走，这时后面传来一个声音："兄弟，一起并肩走吧！安全！"三个人手挎手邀请我。中间还有个小插曲，走到一半时，其中一位兄弟的拖鞋被冲走了，刚想去捡，后面一位大哥一声大吼："命重要还是鞋重要？"声音振聋发聩，但是透露出的意思令人暖心。

走到路口，跟几位兄弟分别，互道"一路平安"，我继续走向回家的路。一路走来有在跟家里报平安的，有几个年轻人一起放声歌唱的，充满乐观气息，也让我的回家之路更有动力。

没有从天而降的英雄，只有挺身而出的凡人！

马上就到家了，小区楼都看到了，可惜前面是个大坑，正好碰到两个小伙子也是要一起蹚水过去。在没过腰部的水中行走确实很累，但是三个人一起聊聊天，说说笑笑，也就不那么漫长了。我回家是八公里，他们却是二十多公里！下午五点多就出发了，十一点多才走三分之二，祝他们一路平安。

最后安全回到家中，就是电梯停电爬了楼梯有点累。

8 等我九月入伍，一起守护家园！

亲历者知乎网友优秀的十二i：我快到家的时候，小区里面的水已经快一人高了。虽然之前学了游泳，但是这种水，根本不敢下水。

还好小区里面有一个好心的大哥，竟然有一艘皮划艇，我看到了，急忙喊他，大哥不含糊，直接划到我身边，要送我回家！皮划艇超级小，一次就能拉三个成年男性，我和大哥坐里面，颤颤巍巍的，就这样总算到了家！

坐在家里休息了一会儿，看见大哥一个人在忙着划船，我想了想也下去帮忙了。刚开始大哥不愿意我帮忙，说他当了八年的兵了，身体好，有能力，看我不太行，怕我有危险。我跟大哥说了半天，说自己也是马上入伍的军人了，人民有难，咱得站出来！

就这样，一个退伍的，一个即将入伍的，我们俩就在小区里面摆渡。原本大哥还问我，敢不敢去大街上救人？我说那有啥不敢的！到了大街上才发现大街上水太猛了,我这个菜鸟根本不行,大哥一个人有心无力,还是我俩跳下水才把皮划艇拉了回来!

于是就单纯地在小区里面摆渡,折腾到了九点多,看着是没什么人了,打道回府!

因为停水停电了,大哥还非要拉着我一起去他家吃饭,我实在不好意思去(性格对陌生人还是较为腼腆),借用大哥手机给家里人打电话报平安。大哥还从家里拿了几包方便面,两瓶矿泉水给我!

等我九月入伍,一起守护家园!

9 音乐,也是我们与灾难抗争的方式,这便是中国人的浪漫!

亲历者知乎网友我爱吃土豆:昨天下午,在大家都被困在郑州东站的时候,感谢一支自发为旅客演奏的小乐团。

有他们,真的很幸运。

评析

本篇文章是央视新闻在河南暴雨事件前期发布的一篇人物报道,在选题上将视角对准了暴雨中受灾的普通人物,是人民性原则的体现。他们是普通的父亲母亲,是老人,是路人,却都是在暴雨中受到伤害,又感受到善意的个体。该新闻从普通人视角展现了暴雨的影响程度之大,使得受众更具有代入感,同时用大量的细节描写和心理描写,更能引发共情,让读者对暴雨中受灾的个体产生同情和持续关注。

此外文章不局限于对灾情的描述,更是着力突出救灾行动的及时、美好的亲情友情、灾民之间的互帮互助、陌生人之间的善意,发挥出了新闻的舆论引导价值,鼓舞人心,激励着更多灾民互助,也鼓励着灾区之外的人积极伸出援手。

五、思考题

1.人民性原则要求新闻要尽量贴近民众,用人民喜闻乐见的形式进行传播,然而线上常出现新闻软化过度的现象,那么贴近群众的尺度该如何把控?

2.全媒体传播时代,新型主流媒体在重大突发事件报道中有哪些创新?

六、案例使用说明

(一)适用理论

1. 新闻真实性原则

新闻真实性是新闻报道的事实与客观事实之间的相符程度,具体是指在新闻报道中的每一个具体事实必须合乎客观实际,即新闻报道中的时间、地点、人物、事件、原因和经过都经得起核对。

新闻真实包含具体真实和整体真实两个层面。具体真实是指每个单篇的新闻报道必须完全符合新闻事实。整体真实是指每个新闻机构在一定时期内,通过连续不断的新闻报道全面反映出整个现实的真实。

这要求新闻工作者要从整个现实出发,全面、准确地反映客观实际,审时度势,描绘出整个时代的真实图景和发展趋势,真实记录一个时代。

新闻是对事实的叙述,事实是检验新闻真实的标尺。真实是新闻的生命,坚持新闻真实性是新闻工作的基础性要求,也是最高要求,是新闻工作的第一信条。

2. 舆论监督

舆论监督是指公众和媒体对国家机关及其公职人员的权力滥用等违法乱纪行为和失德言论进行披露、批评和建议,进而形成舆论,督促其及时回应和纠正,实现对公共权力的监督和制约。舆论监督具有监测功能、约束功能、反馈功能和警示功能。

在新媒体时代,舆论监督面临着为博眼球制造谣言、舆论过度导致舆论审判等挑战。为了营造更和谐的舆论监督环境,需要政府部门通过出台相关条文对一些非理性言论做出制裁,媒体亦应当承担起舆论引导的责任,坚定正确立场。

3. 建设性新闻

建设性新闻被麦金泰尔定义为:在坚持新闻核心价值的同时,将积极心理学技巧应用于新闻工作中,以生产更有效且更具有参与性的报道。

它的特点体现在:根植于公共新闻或大众新闻等已有的新闻形式,以解决方案、未来导向作为实践准则,强调媒体立足于公共生活,着眼于从积极的角度解决问题,倡导进步并推动社会发展。例如,《赫芬顿邮报》就曾推出建设性新闻栏目,其栏目以提供社会问题的对策为目标,刊载了大量带有鲜明的建设性色彩的博客新闻。

建设性新闻突破了传统媒介"瞭望塔"的身份,强调以"参与者"的角色融入社会发展,致力于解决社会问题,推动社会发展。

4. 媒体融合

媒体融合是指各种媒体形态的边界逐渐消融,多功能复合型媒体逐渐占据优势的过程和趋势。总体而言,它既是一种状态,也是一个过程,既是一种属性,也是一个系统,旨在形成立体多样、融合发展的全媒体传播体系。

2014年,媒体融合正式上升为国家战略。2019年是推动媒体融合向纵深发展元年,围绕"全程、全息、全员、全效"的全媒体发展趋势,媒体融合平台阵地建设取得了体系化、多级式、重连接的重要进展。

当前,我国的媒体融合仍存在体制僵化、理念落后、渠道失灵问题未解决、融合下的盈利模式未确立等问题。因此,媒体融合要以深度融合为核心,以先进技术为支撑,以内容建设为根本,以人才培养为保障,加快从"相加"阶段迈向"相融"阶段,实现各种媒介资源、生产要素有效整合,实现信息内容、技术应用、平台终端、管理手段共融互通。

5. 议程设置

议程设置理论由美国传播学家麦库姆斯和肖在1972年发表的论文《大众传播的议程设置功能》中提出。

大众传媒通过供给信息和安排相关议题来有效地左右人们关注某些事实和议论的顺序。大众传媒对事物和意见的强调程度与受众的重视程度成正比。媒介议程与公众对问题重要性的认识与其接触传媒的多少有关,经常接触大众传媒的人的个人议程与大众传媒的议程具有更多的一致性。媒介不仅为受众提供议程,还为受众对复杂的议题做出解释和说明。

传播效果分为认知、态度和行动三个层面,这些层面同时也是一个完整意义上的传播效果形成过程的不同阶段。"议程设置"假说着眼的是这个过程的最初阶段,也就是认知层面上的效果。同时,它所考察的不是某家媒介的某次报道活动产生的预期效果,而考察的是作为整体的大众传播具有较长时间跨度的一系列报道活动所产生的长期的、综合的、宏观的社会效果。它暗示了这样的一种媒介观,即传播媒介是从事"环境再构成作业"的机构,传播媒介对外部世界的报道不是镜子式的反映,而是一种有目的的取舍选择活动。

6. 自组织理论

自组织理论起源于普里高津的耗散结构理论。普里高津认为,自组织理论的研究方向是在一定条件下系统是如何自动地由无序走向有序的、由低级有序走向高级有序的。也就是说,自组织的演变、进化是在内部要素的运动中,而不是在外部力量的强制下实现的。一个自组织系统具有体系开放、远离平衡态且非线性相互作用的基本特征。

(二)要点分析

本节的要点在于从马克思主义新闻观中抽选出党性原则、人民性原则、媒体融合、新闻真实、网络治理、人才建设等重要部分,以此为框架关照河南暴雨事件,细化出其中新闻报道的优势与不足。

第二节 "3·21"东航客机事故突发报道分析

一、摘要及关键词

摘要:突发事件会在短时间内波及社会各个层面,且影响力大、受关注度高。在众声喧哗的舆论场下,新闻媒体应及时做好突发事件发生后的新闻报道工作,全方位及时报道有利于突发事件的解决,从而保障社会的稳定,更有利于消除危机。本节以"3·21"东航客机事故为例,结合马克思主义新闻观进行分析。

关键词:灾难新闻;新闻专业主义;空难报道;舆论引导

二、案例背景介绍

(一)突发事件的概念与特征

突发事件是指突然发生,造成或可能造成重大人员伤亡、财产损失、生态环境破坏和严重社会危害,危及公共安全的紧急事件。突发事件有时间突发性、问题重大性、事件紧迫性三个要素。国外学术界对于突发事件舆情的研究,常常围绕三个概念的阐释展开:风险传播、危机传播与应急传播。

突发事件具有以下特征。第一种突发事件是指具有突发性和偶然性,事情发生之前未有征兆或提示,事情均为突然发生,而相关部门来不及做好具体的防范措施。例如,2008年5月12日14时28分,四川省汶川县发生里氏8.0级特大地震,2010年8月7日甘肃省甘南藏族自治州舟曲县发生特大山洪地质灾害,2021年7月河南暴雨事件。第二种突发事件一般是指造成一定的社会危害,对社会公共利益造成损失的事件。例如,2015年8月12日天津港发生瑞海公司危险品仓库火灾爆炸事故,2022年4月29日湖南省长沙市发生居民自建房倒塌事故,2022年3月21日发生东航MU5735航空器飞行事故。

总之,突发事件均具有发生速度快、影响力大、受关注度高的特点,给国家和人民群众带来了危害及损失。要最大限度降低突发事件的不利影响,除做好突发事件安全应急预案之外,新闻工作者还应做好融媒体时代大背景下突发事件的新闻报道工作。众所周知,新媒体的传播会产生"蝴蝶效应",一些学者认为政府应当建立一个紧急预警系统,在突发事件的早期阶段防微杜渐;中期以疏通为主;后期虽为时已晚,但也有亡羊补牢的必要①。所以,做好突发事件新闻报道,不仅能在关键时间节点传递应急信息,稳定社会秩序,安抚人心;还能检验新闻媒体配合当地党委、政府做好突发事件信息传递和舆情引导的能力;更能检验新闻工作者见微知著、随机应变和新闻业务素质和综合水平。

(二)"3·21"东航客机事故始末

2022年3月21日下午,中国民航局发布通告,称东航波音737MU5735客机在执行昆明至广州的任务时失联。该空难发生后,习近平总书记对东航客机坠毁作出重要指示,要求全力组织搜救,妥善处置善后。东航MU5735客机坠毁事件网络舆情热度演化如图3-2-1所示。

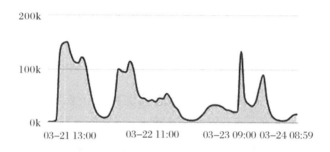

发展趋势(2022-03-21 13:00至2022-03-24 08:59)

图3-2-1 东航MU5735客机坠毁事件网络舆情热度演化

2022年3月22日,国家应急处置指挥部在广西梧州举行新闻发布会,并回答社会各界所关切的相关问题,最后就其中人员的搜救结果、事故原因、黑匣子搜寻、家属救助等问题进行了回应。最终确认该客机在广西壮族自治区梧州市坠毁,飞机上共有132名人员,旅客为123人、机组成员9人,均不幸遇难。3月23日晚9时,国家应急处置指挥部举行第三场新闻发布会,会上通报了救援现场发现的部分飞机残骸和人体组织碎片、已发现黑匣子初步判定为驾驶舱语音记录器等情况②。

根据"知微事见"平台的数据,此次灾难发生后共有186家重要媒体参与报道,事件影响力指数达到94,高于99%的社会类新闻事件。此外,微博和微信的影响力指数也分别达到了100和92.2,可见此次事件的社会影响力和公众参与度已经达到

---

① 路平.记者在突发事件中如何做好现场报道[J].新闻传播,2016(18):116-117.
② 3.21东航MU5735客机坠毁事件舆情研究报告[EB/OL].(2022-03-25)[2023-04-10]. https://www.eefung.com/hot-report/20220325093408250.

很高的水平①。网络舆情热度具有四个阶段:首先是爆发阶段,突发性空难事件引爆了舆情的热度,社会关注度强势汇聚;其次是蔓延阶段,主要是救援情况的家属信息与民间分析推动了舆情热度的延展;再次是回落阶段,官方主流媒体举办新闻发布会,权威全面地回应后续进展,事件舆情热度回落;最后是回升阶段,在救援队伍搜索出黑匣子后且公布救援结果,再次引爆全网关注度。

习近平总书记强调:"宣传思想干部要不断掌握新知识、熟悉新领域、开拓新视野,增强本领能力,加强调查研究,不断增强脚力、眼力、脑力、笔力,努力打造一支政治过硬、本领高强、求实创新、能打胜仗的宣传思想工作队伍。"通过汇聚脚力、眼力、脑力、笔力,在四川、西藏、河南等地的突发应急事件现场,《中国交通报》记者采写出《争分夺秒千方百计抢通生命线》②等多篇有温度、有血肉、真实可靠的报道,一方面确保公众对于灾情真相的了解,知道政府已经紧急动员开展救灾,坚定战胜自然灾害的信心;另一方面,报道有点有面,展现救援的宏观与细节,为抢险救灾凝聚了人心、鼓舞了士气。

因此,做好融媒体时代突发事件的新闻报道,可以说既是党的新闻媒体和新闻工作者的一道应答题,也是必须做好的一道必答题。

三、案例分析

关于重大突发事件的报道一直以来都十分重要,突发事件往往会在短时间内波及社会的各个层面,且影响大、受关注度高。在众声喧哗的舆论场下,一旦谣言产生,会大范围导致公众恐慌,所以新闻媒体应做好突发事件发生后的新闻报道工作。全方位地及时报道有利于突发事件的解决,从而保障国家和社会的稳定,更有利于消除危机。针对马克思主义新闻观指导下的突发性事件研究,笔者将以2022年3月21日的东航客机坠毁事件为例来进行多角度分析。

首先从新型主流媒体的微博、客户端和自媒体的微信公众号三个平台分析相关内容。微博平台的主流媒体官方账号、微信公众号平台的网络媒体和具有一定观看流量的自媒体账号,都在第一时间对此事件进行报道和解读,对于灾情的新闻性、时效性、情感传递和舆论引导都有着不同方向的传播。

---

① 东航搭载132人客机MU5735在广西梧州藤县坠毁[EB/OL].(2022-03-21)[2024-01-05].https://ef.zhiweidata.com/event/72966e448801631b10064400/profileV2.
② 争分夺秒千方百计抢通生命线[EB/OL].(2013-04-25)[2023-07-09].https://jtt.sc.gov.cn/jtt/c101852/2013/4/25/cef6671489aa4350b5cc3a4948fde3f8.shtml.

(一)灾情报道及时真实:信息对等凝聚群众力量

对于重大突发事件的报道,主流媒体要坚持新闻价值的五要素,新闻工作者要遵循其专业原则,坚持报道的真实性、创新性和及时性。媒体要及时传播具有时效性的真实新闻,使受众的信息对等,这有助于凝聚群众的力量,救灾减灾。

由于突发应急事件的突发性、公众关注性,容易吸引受众的注意力,往往成为媒体争相报道的热点。因此,"第一手"的信息发布对于媒体来说尤为重要。而要获取这些信息,最重要的在于"第一时间"抵达"第一现场"。在东航 MU5735 客机坠毁发生后,以央视新闻的官方微博和澎湃新闻客户端为代表的新型主流媒体,通过现场采访、视频直播、音频采集或利用无人机等技术现场拍照传回等,来对突发事件进行第一时间的呈现。"在场"报道为受众带来临场体验,赋予报道感染力、吸引力和说服力。在各类社交媒体竞争如此激烈的背景下,时效竞争是第一要素。主流媒体需要在突发事件出现的第一时间发布新闻,将时差缩小,新闻越新,越能体现出媒体的责任感。

真实性是新闻的生命,在东航客机坠毁事件发生后,事件发生的原因、当地的受灾情况、交通运输情况、人员的搜救情况等,都是在进行新闻报道时十分重要的因素。在这个"人人都是自媒体"的时代,主流媒体只有在众多信息中抽丝剥茧,做到不盲目以偏概全,报道真实的现场事实,才能突显出其权威和公信力。美国著名心理学家霍夫兰对战争宣传片《我们为何而战》的传播效果进行了研究,认为人们对于是否接受某一信息的影响,伴随着对于信息来源可信度的高低,呈现着越来越低的趋势。所以主流媒体是否能发挥自身的影响力来抗击谣言的产生,是其在开展突发性新闻事件报道时的极大考验。

网络环境具有复杂性,由于"众声喧哗"的舆论场下自媒体和社交媒体平台信息传播的广泛性和非专业性,在灾难发生时谣言非常容易传播和扩散。因为当突发事件发生时,官方主流媒体为保证信息的准确性,所以在进行信息传播时的速度往往没有社交媒体迅速,导致信息增值速度快,信息的准确性不佳。当突发的危机事件来临时,人们会发自本能地对于突发的事件感到未知,社交媒体不断散发的负面信息会使人们感到焦虑与恐慌,进而相信谣言。当受众的情绪受到谣言的影响达成一致后,就会轻信谣言。

此次东航客机坠毁事件发生后,公众急于了解事件的真相,却无法辨别消息的真伪,产生了大量谣言。有用户称在微信群等社交平台上查询或发布信息,宣称在坠机处燃起森林大火等信息来引起民众的关注。人们最初获得的信息往往只是来自社交公共平台流传的寥寥数语,但感染力极强。主流媒体等官方账号,第一时间进行调查研究,并且《人民日报》于3月23日发布一则新闻《辟谣!东航MU5735坠机事件谣言汇总》,及时对流传的谣言进行辟谣,坚持了严格监督、主动引导的方针政策,肩负起了澄清真相并且维护社会稳定的责任,理性地引导了新闻的报道方向,对舆论效果引导产生直接的影响。

所以,新闻工作者要坚守马克思主义新闻观,把握住舆论的主动性,从维护人民群众的切实利益出发,不断培养和强化自身的媒介素养,提高新闻宣传的有效性。要进行真实有效的报道,确保公众及时了解真相,杜绝谣言的产生和传播,减少反转新闻的出现,提升公众对于战胜自然灾害的信念感。真实是新闻的生命,新闻工作者要在海量信息中进行严格的把关,严格要求自己完成各个环节,练就一对"火眼金睛",把客观事实转变成一篇优秀的新闻报道,及时地、准确地让新闻报道进入群众的心中,以稳定社会秩序,为救灾抢险鼓舞士气,凝聚力量。

(二)灾后舆论正确引导:舆论宣传鼓舞斗志信心

党性原则、真实性原则和人民性原则是马克思主义新闻观所坚持遵循的原则。其中党性原则要求新闻工作者维护党的权威性,传播正能量,发挥主流的价值观,成为党和人民的喉舌。在我国,意识形态的建设工作已经成为一项非常重要的任务,要强化党对意识形态工作的全面领导,新闻媒体已经成为党和政府的主要宣传阵地,新闻宣传和舆论引导占据十分重要的地位,成为意识形态的主要抓手。

根据"知微事见"平台得出东航坠机事件的舆情导向图①,该事件下网络舆论的焦距也是多方面的。由于该事件强烈的悲剧性,空难之下的悲痛情感的释放占据了最高的比例,形成了一股强大的舆论悲情力量。聚焦搜救过程及搜救结果的舆论占比排名第二。在聚焦搜救的舆论讨论中,除对现场情况的讨论以外,还表达了对救援人员,尤其是消防员的敬意,对附近提供、运输物资的村民也表达了感谢。追问空难发生的原因位居第三。对于这起空难为何发生,民间舆论场内形成了多种讨论,对相关因素进行积极追问。关注家属的相关情况位居第四。除对家属基本信息的关注之外,更多的是表达了对家属的同情和关怀。解读可能出现的结局位居第五。空难后人员幸存的可能性、可能呈现的相关画面等都在一些社交媒体上形成了舆论解读。具体如图3-2-2所示。

---

① 东航搭载132人客机MU5735在广西梧州藤县坠毁[EB/OL].(2022-03-21)[2023-07-02].https://ef.zhiweidata.com/event/72966e448801631b10064400/profileV2.

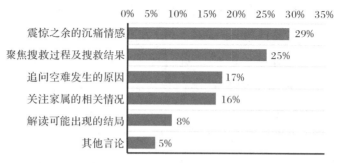

图 3-2-2 东航 MU5735 客机坠毁事件舆论讨论聚焦情况

在突发性事件报道中,新闻媒体作为党和人民的喉舌,不仅要报道自然灾害或重大事故,还要反映人民群众聚焦的热点问题,更应该着重报道灾难发生的原因、处理过程和结果。所有的新闻报道都具有明显的导向性,社交媒体平台信息传递的新闻和消息都非绝对客观的,而新闻的报道是有限的,选择报道的方式、重点、范围和深层内涵都会对舆论的引导产生很大的影响。东航客机 MU5735 坠毁后,中央广播电视总台第一时间就突发现场的救援情况和现场情况进行直播,国家应急处置指挥部举行了八场新闻发布会,持续跟进东航飞行器事故调查的最新进展。其他媒体也及时跟进,《羊城晚报》在 2022 年 3 月 23 日发布《一图读懂丨东航航班飞行事故第一场新闻发布会,通报了哪些内容?》[①],及时总结第一次新闻发布会的主要内容,加上简明清晰的图文信息,给受众全面、多角度呈现这次突发事件的主要情况。

新闻媒体的舆论工作必须围绕中心、服务大局,体现党的意志和反映党的建议,坚持积极宣传稳定发展的形势,提高舆论引导力,加强舆论监督的积极作用,巩固和壮大主流舆论。通过视频、音频直播的方式,灾区群众的顽强拼搏精神得以展示。在突发事件报道中,要充分发挥党报媒体宣传舆论主阵地的作用,全方位、多角度展现各救援队伍抢险救灾的精神,通过短视频、公众号推文的方式重点报道在救灾过程中的优秀事迹,鼓舞大众斗志、坚定信心,群策群力攻坚克难。

(三)灾后报道情感传播:正确价值引发受众共鸣

突发性公共事件在互联网上进行传播时,往往会引起受众极大的感情转向。这种转向更像是一种共鸣,会极大地推动突发性公共事件的舆论舆情,提升传播效果。在自媒体平台,在社交媒体对突发性事件进行报道时,会将新闻报道的重点放在受众的情绪转向上,从而引发受众的情感共鸣。但这些"共情"随着舆论推进,掺杂了

---

① 唐珂.东航飞行事故第四场发布会,这些问题有最新回应[EB/OL].(2022-03-25)[2023-07-09]. http://news.ycwb.com/2022-03/25/content_40657167.htm.

许多情感主观因素,快速增殖且广泛扩散,这时需要新闻工作者具有良好职业素养,遵循新闻伦理,避免二次侵犯与侵扰悲痛,传播正确的价值观。

在突发性公共事件发生后的一段时间,其在社交媒体传播的过程中造成的舆论引导具有两种属性。第一种属性是指网络舆情具有情绪化的特征,而这种极端化的特点与公众舆论所追求的理性不一致,其所具有的情绪化也与凝聚社会共识的本意截然相反。在全媒体时代,互联网具有的去中心化特征为受众提供了发声的机会,而在突发性公共事件发生后,互联网变成了观点的集散地、意见的发酵场。对于情感传播的研究,现阶段各个学科都有不同的理论成果:语言学者认为建构隐喻的经验性原因之一是情感,心理学者诺依曼提出沉默的螺旋理论等。情感往往在社交媒体平台的传播中被视为负面的因素,影响着公共舆论的形成与发展。第二种属性是指情感对于网络舆情的作用,促进民众对事件的推理和理解,情感传播推动了事件的转向。因此,在突发性重大事件发生后,自媒体平台利用情感传播调动了受众情绪,使受众引发情感共鸣,提升了传播效果。

东航客机坠毁后,自媒体平台把重点放在了情感传播上,在报道中的做法存在不妥,在救援还在进行的时候,侵犯了乘客的隐私,造成侵扰悲痛。在某微信公众号发布的某篇文章中,以飞机上的人员的亲身故事为主,虽包含着感动与悲伤,但却是对逝者亲友的二次侵犯。网友提出,该报道没有遵循新闻业中关于"悲伤告知"的报道规范,构成侵扰悲痛,类似快新闻更应该体现在对事故救援的报道上,而不是故事化的软新闻上。在登机乘客生死未卜的时刻,该公众号的相关人员编辑了这样一篇报道,详细记录了登机乘客的真实姓名与具体情况,这在搜救进展、幸存人员尚未公布、遇难者家属还抱有一丝希望的时候,将遇难者家属的心理伤痕暴露在公众视野之下,体现了新闻工作者对于新闻伦理知识的缺失。

在这次东航坠毁的突发性事件中,由于事件的重要性,只有中央广播电视总台、《人民日报》、新华社等少数媒体可以进入现场进行拍摄报道,而这些官方主流媒体的报道以宏观总结概述为主,但大众对于个体命运也十分关注,所以不能完全屏蔽故事性的情感传播报道。《我愿意讲述:姐姐姐夫都在那架飞机上,还有1岁半的外甥女》(《冰点周刊》2022年3月23日)这篇报道便不仅遵循了新闻伦理,还满足了受众对于情感传播的需求。这篇报道的作者采访了一位遇难者家属,以自述的方式进行了报道,聚焦于这次东航客机坠毁事件的单个家庭。在中央广播电视总台对该飞机事故的现场救援直播中,总台的记者在镜头即将拍到身份证件的时候,及时捂住证件,不让其在镜头前被播出。记者遵循了新闻报道的伦理,没有暴露受害者个人隐私,守住了记者的底线,感动了许多网友。

在突发性灾难事件的新闻采访中,媒体不仅是真相的传递者,更是舆论的引导者,新闻工作者应该充分尊重当事人的意愿,增强自身职业道德素养,树立正确的新闻报道理念,遵循新闻伦理,肩负起维护社会稳定的责任。新时代背景下的新闻宣传和舆论引导能否成功,关键在于新闻工作者,其体现出的专业职业素养与媒体的"底线意识",对舆论的引导效果会产生直接的影响。

四、重要报道评析

习近平对东航客机坠毁作出重要指示

要求全力组织搜救 妥善处置善后

加强民航安全隐患排查 确保航空运行绝对安全

李克强作出批示[①]

(2022 年 3 月 21 日 新华网)

3月21日14时38分许,东方航空公司MU5735航班执行昆明—广州任务时,在广西梧州市上空失联并坠毁。机上载有乘客123人、机组人员9人。

事故发生后,中共中央总书记、国家主席、中央军委主席习近平立即作出重要指示,惊悉东航MU5735航班失事,要立即启动应急机制,全力组织搜救,妥善处置善后。国务院委派领导同志靠前协调处理,尽快查明事故原因,举一反三,加强民用航空领域安全隐患排查,狠抓责任落实,确保航空运行绝对安全,确保人民生命绝对安全。

中共中央政治局常委、国务院总理李克强作出批示,要求全力以赴搜寻幸存者,尽一切可能救治伤员,妥善处理善后事宜,做好遇难者家属安抚和服务,实事求是、及时准确发布信息,认真严肃查明事故原因,采取有力措施加强民航安全管理。

根据习近平指示和李克强要求,中国民航局、应急管理部等有关部门已派出工作组赴现场指导处置,并调派广西、广东两地救援力量赶赴现场参与救援。目前,现场救援、善后处置及事故原因调查等工作正在进行中。

评析

新闻媒体是社会舆论的发射器,也是社会舆论的放大器。如果只看到黑暗、负面,看不到光明、正面,虽然报道的事情是真实发生的,但也是一种不完全的真实。

---

① 习近平对东航客机坠毁作出重要指示[EB/OL].(2022-03-21)[2023-05-07]. http://www.xinhuanet.com/politics/leaders/2022-03/21/c_1128490331.htm.

传播正能量、弘扬主旋律,团结、稳定、鼓劲,反映人民群众真实、正确的意见和呼声,对事实客观、公正地报道和评论,是党报的重要职责,也是正面宣传的基本遵循。

要展示灾区群众顽强拼搏的精神,鼓舞斗志、坚定信心。在突发事件救援报道中,充分发挥党报宣传舆论主阵地的作用,一方面,深入宣传党中央、国务院以及交通运输部有关抢险救灾工作的决策和部署,多角度、全方位展示各地在抢险救灾中齐心协力、顽强拼搏的精神;另一方面,重点报道在抢险救灾中涌现出的先进人物、先进事迹和先进经验,鼓励广大干部群众坚定信心,奋力攻坚克难。要对受灾地区交通运输部门、交通建设企业及时抢通进出通道、有效处置各类自然灾害与突发事件进行有效宣传报道。

国家应急指挥部确认东航 MU5735 航班机上人员全部遇难[①]

(2022年3月27日 《人民日报》 记者 邓建胜 李纵 张云河 祝佳祺 郑壹)

"3·21"东航 MU5735 航空器飞行事故国家应急处置指挥部 26 日晚间确认,"3·21"东航 MU5735 航班上 123 名乘客和 9 名机组人员已全部遇难。

"3·21"东航 MU5735 航空器飞行事故国家应急处置指挥部现场副总指挥、民航局副局长胡振江在当晚的新闻发布会上说,按照党中央、国务院对"3·21"东航 MU5735 航空器飞行事故处置的有关要求,"3·21"东航 MU5735 航空器飞行事故国家应急处置指挥部组织消防救援人员、解放军指战员、武警官兵,以及公安、卫生检疫、交通、自然资源等多部门连续 6 天在事故发生区域开展"拉网式"排查,并组织专家比对分析各类监控、记录设备中的视频影像内容,综合分析空管雷达、ADS-B 等设施设备记录的关键数据,特别是对坠机现场残骸分布的勘查判断和分析,可以确定搜寻现场已无生命迹象,通过 DNA 鉴定已确定 120 名遇难者身份。

"我们怀着无比沉痛的心情在这里宣布,'3·21'东航 MU5735 航班上 123 名乘客和 9 名机组人员已全部遇难。"胡振江说。

他说,我们坚持尊重生命,对每一名遇难者亲属负责,后续还将进一步加大事故现场搜寻力度,继续寻找遇难人员遗骸、遗物以及飞机残骸,为事故调查取证提供有力支撑,同时认真妥善做好遇难者的善后工作。我们对于这次事故深感痛心,对 132 名遇难人员表示沉痛哀悼,对遇难者家属表示深切慰问。

最后,参加新闻发布会人员全体起立,为机上遇难人员默哀。

---

① 邓建胜,李纵,张云河,等. 国家应急处置指挥部确认东航 MU5735 航班机上人员全部遇难[N/OL]. (2022-03-27)[2022-03-27]. http://paper.people.com.cn/rmrb/html/2022-03/27/nw.D110000renmrb_20220327_1-04.htm.

3月26日下午,"3·21"东航MU5735航空器飞行事故国家应急处置指挥部在广西梧州市召开第六场新闻发布会。记者从会上获悉:指挥部已协调组织专业力量,对核心区外围和飞机坠落路线沿途大范围开展拉网式搜寻。目前,已搜寻到与第二个黑匣子安装位置较近的一部紧急定位发射仪。

中国民航局航空安全监察专员、航空安全办公室主任朱涛介绍,截至3月26日12时,指挥部累计出动搜救人员10723人次,尚未发现幸存者和第二个黑匣子,搜寻到飞机残骸和碎片累计24047件,并设立残骸仓库,以便后续分类和分析。

"目前搜救工作面临较大难度。因核心区附近地层受到较大冲击,加之降雨影响,边坡区域地质灾害风险较高,需要进一步制定精细化的开挖方案。应急处置指挥部在保证人力投入的同时,也加大了技术投入力度。"朱涛说。

在家属援助善后工作方面,指挥部继续做好家属的安抚、心理辅导和遗骸遗物认领解释工作,及时处理家属诉求。截至26日12时,累计接待80名失联人员来梧家属,共计493人(555人次),涉及17个省份的74户家庭。累计安排家属478人次到现场吊唁,开展心理评估747人次,开展心理辅导1182人次。

东航宣传部部长刘晓东介绍,事件发生后,东航云南有限公司第一时间成立专班,对9名失联机组人员家属开展安抚工作。"现阶段,家属安抚和善后工作主要包括陪护保障、行程安排、健康医疗、心理援助和信息沟通等。我们密切关注所有家属的心理状况和心理诉求,并制定针对性方案,全力以赴地做好善后安置工作。"刘晓东说。

广西壮族自治区消防救援总队总队长郑西介绍,目前,消防救援队伍的主要任务还是加强包括第二部黑匣子在内的飞机残骸搜寻。一方面,与交通运输、自然资源部门派到现场的大型机械作业队伍协同作战,收集飞机残骸、遗骸遗物和各类物证资料,同时对前期搜寻过的事故核心区域山头、丛林多次反复筛查。另一方面,派出4个外围搜索组,携带无人机等装备,以核心区为起点,沿客机飞行航线途经的约750亩面积的区域开展搜索工作。

"目前,全体消防救援人员搜寻范围累计超过24万平方米,搜寻到部分遗体残骸和机体残骸。"郑西说。

公安机关刑事技术部门共确认120人身份,其中乘客114名、机组人员6名;理化实验室累计受理66份检材,完成检验41份,均没有检出常见无机炸药、有机炸药成分;广西民政部门对接收的遇难者遗骸、物品均已妥善保管;自然资源部门完成对搜救区及其附近一带共68平方公里的地质灾害风险情况调查评估,继续开展现场核心区雷达探测工作,探测面积约1500平方米;卫生健康部门制定加强和规范事故核心区消毒工作的方案,规定核心区消毒措施和步骤。

广西壮族自治区梧州市副市长苏颖介绍,事故处置期间对所有工作人员在严格落实健康监测基础上,实施"住宿点-工作地"的相对闭环管理。

评析

要做好突发事件新闻报道,应严格遵循客观性和真实性原则。新闻工作者必须将事件发生的真实原因、经过报道给公众,以确保公众的知晓权、知情权。如2021年7月,河南省多地接连遭遇突发性暴雨袭击,特别是"7·20"河南特大暴雨灾害,引发全国网友关注。灾害发生后,郑州的"一举一动"牵动着国人的心,以《人民日报》、中央广播电视总台、新华社为代表的党媒及其新闻工作者,第一时间聚焦郑州暴雨,第一时间成立了专门的专题报道小组,组织调配记者奔赴一线跟进采访报道,反复搜集、核实新闻素材,在与地方政府对接、核实信息的真实性、完整性后,第一时间将新闻稿件进行专题制作和编辑,在短时间内,成功将所制作与编辑的新闻稿件进行了以专题形式的集中上线,迅速发布了救灾消息,第一时间对这个突发事件进行了"发声",做好了暴雨突发新闻的报道工作,确保了时效性、客观性和真实性原则,引导了社会舆论,在关键时刻传递了有效信息,稳定了人心,为后续救灾提供了新闻舆论支持,推动了救灾工作有序开展。

同时还应遵循时效性原则,第一时间或最快速度,完成对突发事件的采访和编辑、发布,快速对突发事件新闻报道进行综合发布。如2022年6月22日央视新闻客户端所刊发的一则新闻——《一架客机在美国迈阿密国际机场迫降后起火,造成至少4人受伤》,该新闻短短198个字,将该事件第一时间向公众做了呈现。

公众对热点事件的关注会随着快速更新的信息发生转移,在舆情演化的过程中,舆论监督的效果在舆情高涨的时期有最佳效果,但是随着其他信息的出现,公众的注意力很容易被分散转移,进而形成舆论失焦,呈现出泛舆论监督的特点,降低监督效果。未来应该提升公众参与舆论监督的媒介素养,让监督主体能够更好地行使监督权利。只有直面问题,及时公布真相,才能缓解公众对于疫情的焦虑,稳定公众情绪。突发事件发生后,反映出政府舆论监督观念的转变,从被动接受监督,到主动接受监督,拓宽民意表达的渠道。其中政务新媒体作为政府公布信息的主要平台,在舆论监督方面发挥了不可替代的作用。这些转变将有效地建立公众对于政府的信任感,促进舆论良性发展。

关于东航坠机,五个消息待确认、十个消息已确定①

(2022年3月22日 中国新闻网)

2022年3月21日,东航一架波音737客机(MU5735)在执行昆明—广州航班任务时坠毁。

目前,现场救援、善后处置及事故原因调查等工作正在进行。对于大众关注的诸多问题,部分消息和数据已得到核实确认。

一、失联时间:21日14时15分

据广西壮族自治区应急管理厅消息,3月21日14时15分,一架东方航空公司CES5735(MU5735)航班在梧州市藤县失联。

二、坠毁时间:21日14时38分

据广西壮族自治区气象局官方微博消息,3月21日14时38分,东航一架波音737客机在执行昆明—广州航班任务时,于梧州藤县埌南镇莫埌村上空坠毁。

三、坠机地点:梧州市藤县埌南镇莫埌村

记者21日从广西壮族自治区应急指挥部获悉,东航波音737客机具体坠机地点为梧州市藤县埌南镇莫埌村。

四、机上人员数:132人

根据中国民航局通报和东航的公告,机上人员共132人,其中旅客123人、机组9人。

五、乘客情况:失事航班上没有外籍乘客

记者从东航方面获悉,根据离港信息,目前东航失事航班的123名乘客,经初步核实没有外国人,后续还会根据相关信息进一步做好核实工作。

六、执飞机型:波音737-800

飞常准等多个平台数据显示,事故航班由波音737-800执行,机龄6.7年,2015年6月22日交付东航云南分公司,采用162座两级客舱布局(12座商务舱、150座经济舱)。

波音(中国)相关工作人员对中新财经称,"我们已经看到了相关报道,正在收集更多信息"。

---

① 关于东航坠机,五个消息待确认、十个消息已确定[EB/OL]. (2022-03-22)[2024-01-02]. https://www.chinanews.com.cn/sh/2022/03-22/9708240.shtml.

七、涉事机型停飞情况:东航已全部停飞

东航目前已经将该公司所有波音737-800执飞航班的飞机全部控制在地面,空中的航班落地后不再执行航班。截至发稿时,其他航空公司尚未进行回应。

八、现场情况:最大残骸是有东航标识的机翼

事发时,广西移动网络技术人员李晨宾在事故附近的山上作业。李晨宾表示,当时他距事发现场直线距离约200米,听到爆炸声后,他和同事开车赶往事故现场。李晨宾说,坠机现场没有高山,多是小山丘。坠机事故发生后,大约半个小时引发山火。现场所看到的最大残骸是有东航标识的机翼。

九、救援情况:现场附近已搭建临时指挥救援中心

事故发生后,当地警方、医护人员、消防、武警、广西移动公司等救援力量迅速赶到现场展开救援。坠机现场附近已搭建临时指挥救援中心。

国家民航局工作组已于21日晚抵达梧州,并迅速开展工作,指导协助当地现场救援、善后处置等。

十、辟谣小贴士:波音737-800不是737MAX

此次发生事故的是737-800飞机,并非被停飞的737MAX。

【待官方确认消息或数据】

一、伤亡情况:尚待披露

截至发稿时,尚无权威机构公布相关伤亡数据。

二、乘客名单:尚未正式公开

截至发稿时,机上乘客名单尚未正式公开。

据第一财经报道,目前白云机场已经设立了专门的家属接待工作组,并开通了专门的家属接待区域。对于进入该接待区域的家属,工作人员会拿着一张已经打印好的白色名单要家属确认。这张长六七十厘米的名单上,有旅客的名字(拼音)以及座位等信息。

三、失事的原因:还在调查中

东航21日晚间公告:本次飞机失事的原因还在调查中,公司将积极配合相关调查,公司对本次飞机失事中遇难的旅客和机组人员表示沉痛的哀悼。

22日,波音(中国)相关工作人员对中新财经记者表示:我们正与东航开展合作,以向他们提供支持;同时,波音正与美国国家运输安全委员会保持联系,我们的技术专家也为协助中国民航局开展调查做好了准备。

四、飞行轨迹：2分钟内骤降数千米？

飞常准App数据显示，MU5735航班从昆明机场起飞后，一直在约8869米高度进行巡航，下午14点19分，飞机突然从巡航高度下降，同时飞行速度从约每小时845公里开始下降。该航班最后消失于14点22分，高度1333.5米。

目前，尚待官方披露调查结果和详情，进一步佐证。

五、客机坠毁前姿态：机头朝下？

一段飞机坠毁前的监控画面显示，一架飞机的机头朝下直线坠向山林中。从视频中看，客机疑在空中并未解体。整个坠落过程不超过5秒。21日下午，澎湃新闻向监控画面拍摄公司梧州市北辰矿业有限公司核实该视频的真实性。

目前，尚待官方披露调查结果和详情，以进行确认。

任何空难发生都是悲剧，事故真实原因都需要等待官方调查结论，依靠黑匣子等来解开谜团。

据广西交通运输厅22日凌晨消息，截至目前，70多名专家、30名直升机医护组工作人员已抵达梧州，10名家属正赶往梧州，相关接送工作仍在紧张有序地开展。

评析1

当下的传播环境错综复杂，用户在网络空间中会接收到各种各样的言论，在负面情绪的渲染下，容易受到不怀好意之人的刻意诱导，扰乱网络空间秩序。因此，国内的主流媒体一方面需要在报道中加强正面议题设置，例如报道典型事迹、典型人物，或者民众身边的好人好事，增加对正面的共识性事件的相关报道，传递正能量，使用户形成情感共振，通过对隐含的主流价值观念的强调，消解网络空间中焦虑、愤怒、抑郁等负面情绪。

在突发事件发生后，主流媒体应及时回应网民关切，对于舆论事件，尤其是引发高度关注的事件，要及时调查了解真相，通过微博、微信发布事件进度，通过层层把关调查，整合事件资料，再向公众呈现完整的报道，通过主动出击提高媒体自身的影响力。

媒体在灾难报道中要坚持正面宣传原则，充分运用好主流媒体的权威性和知名度。面对灾害，尤其是灾难性事件，群众对信息的需求量比平常猛增，这对政府部门和主流媒体及时、精确地公布有关信息提出了更高的要求。主流媒体具备权威性和公信度,为了更好地引导社会舆论,应充分掌握事件的舆论引导。随着信息技术不断发展进步,灾难新闻的传播手段也得到了很大程度上的创新和提高,但是仍然存在着诸多不足。为了进一步加强和改进灾难报道工作,必须解决信息收集和处理能力、媒体组织和快速反应能力等问题。对这些问题的解决都有赖于建立科学的管理制度,形成有效的机制。要高度重视新媒体,充分运用新媒体的功效,适应媒体融合发展的趋势。

评析 2

媒体在灾难报道中要守住新闻伦理,树立正确的新闻报道核心理念,并提高新闻工作者的素养。从事新闻事业不但是一种使命,而且是一种社会责任。作为党和人民的喉舌,新闻媒体不仅要报道重大事故和自然灾害,还要反映人民群众关心的热点问题,更要关注重大突发事件的处理过程和后果。

东航坠机事故调查初步报告发布[①]

(2022 年 4 月 21 日 《北京青年报》 记者 蔺丽爽)

昨日,民航局官网发布《关于"3·21"东航 MU5735 航空器飞行事故调查初步报告的情况通报》。据通报,根据《国际民用航空公约》规定,在事故发生之日起 30 天内,调查组织国须向国际民航组织和参与调查国发送调查初步报告,其内容通常为当前所获取的事实信息,不包括事故原因分析及结论。目前《"3·21"东航 MU5735 航空器飞行事故调查初步报告》已完成,报告主要包括飞行经过、机组机务人员、适航维修、残骸分布等事实信息。

通报称,2022 年 3 月 21 日,东方航空云南有限公司波音 737-800 型 B-1791 号机,执行 MU5735 昆明至广州航班,在广州管制区域巡航时,自航路巡航高度 8900 米快速下降,最终坠毁在广西壮族自治区梧州市藤县埌南镇莫埌村附近。飞机撞地后解体,机上 123 名旅客、9 名机组成员全部遇难。

主要情况如下:飞机于北京时间 13:16 从昆明长水机场 21 号跑道起飞,13:27 上升至巡航高度 8900 米,14:17 沿 A599 航路进入广州管制区,14:20:55 广州区域管制雷达出现"偏离指令高度"告警,飞机脱离巡航高度,管制员随即呼叫机组,但未

---

① 蔺丽爽.东航坠机事故调查初步报告发布[N/OL].(2022-04-21)[2022-04-21]. https://epaper.ynet.com/html/2022-04/21/content_396713.htm? div=-1.

收到任何回复。14:21:40雷达最后一次记录的飞机信息为：标准气压高度3380米，地速1010千米/小时，航向117度。随后，雷达信号消失。

事故现场位于广西壮族自治区梧州市藤县埌南镇莫埌村附近一个东南至西北走向的山谷中。现场可见面积约45平方米、深2.7米的积水坑，判定为主撞击点，位置为北纬23°19′25.52″，东经111°06′44.30″。飞机残骸碎片主要发现于撞击点0°至150°方位范围内的地面及地下。距主撞击点约12公里处发现右翼尖小翼后缘。事故现场山林植被有过火痕迹。现场发现水平安定面、垂直尾翼、方向舵、左右发动机、左右大翼、机身部件、起落架及驾驶舱内部件等主要残骸。所有残骸从现场搜寻收集后，统一转运到专用仓库进行清理、识别，按照飞机实际尺寸位置对应摆放，便于后续检查分析。

经调查，当班飞行机组、客舱机组和维修放行人员资质符合要求；事故航空器适航证件有效，飞机最近一次A检(31A)及最近1次C检(3C)未超出维修方案规定的检查时限，当天航前和短停放行无故障报告，无故障保留；机上无申报为危险品的货物；此次飞行涉及的航路沿途导航和监视设施、设备未见异常，无危险天气预报；在偏离巡航高度前，机组与空管部门的无线电通信和管制指挥未见异常，最后一次正常陆空通话的时间为14:16；机上两部记录器由于撞击严重受损，数据修复及分析工作仍在进行中。

后续，技术调查组将依据相关程序继续深入开展残骸识别、分类及检查、飞行数据分析、必要的实验验证等调查工作，科学严谨查明事故原因。

评析1

舆论是在全社会广泛流行的、消除个人观点误差的多数人的共同意见，它是一种社会集体意识和客观存在的精神力量。舆论环境时时刻刻影响着公众的心理、意识和观念。突发事件因其突发性和破坏性，需要媒体具备更有效或者更专业的传播技巧，而往往因报道时间延后或者媒体报道能力不足，问题频发。通过移动新闻客户端对突发事件及时、快速地直播报道，观众可以清晰直观地了解事件真相。舆论引导是突发事件能否顺利解决的关键环节，有效的舆论引导有助于防范新的危机连锁发生，而且舆论引导还有助于提高公众认识水平，防范类似突发事件发生。移动新闻客户端对突发事件的直播报道，有助于消除谣言，并可防止次生舆情产生，为构建健康和谐的舆论生态提供动力。

任何新闻报道或媒体发布的消息都具有明显的导向性，新闻或者消息的传递都非绝对的客观传播，在有限的新闻报道中，对选择的报道内容、侧重点、以何种方式进行报道、报道的广度和深度如何把握都会对其舆论导向有很大影响。新闻舆论工作要坚持围绕中心、服务大局,体现党的意志、反映党的主张,坚持正面宣传为主,维护团结稳定的发展局面,提升舆论引导能力和发挥舆论监督正向作用,巩固壮大主流舆论。

评析2

根据马克思主义新闻观,要坚持党性原则、真实性原则、人民性原则。党性原则要求新闻工作者承担起维护党的权威性、成为党和人民的喉舌、发扬主流价值观、传递正能量的责任。真实性原则规定新闻工作者在新闻生产、报道时,一切从实际出发,杜绝假新闻的出现和被网络上不良风气影响。人民性原则要求有群众视角、全面视野,反映人民呼声,回应社会关切。新闻工作者在工作中应牢记这三项基本原则。意识形态工作在我国已经上升为一项极端重要的工作,必须强化党对意识形态工作的全面领导,新闻宣传以及舆论引导成为强化意识形态的重要抓手,媒体成为党和政府的主要宣传阵地。

近年来,我国新闻媒体对突发公共事件的报道,是我国新闻改革的成功尝试。有关报道使党中央领导集体开明的形象被进一步树立,使各级政府信息公开制度进一步形成,对保持社会稳定、深化改革、扩大开放、维护我国形象营造了良好的舆论氛围。近几年来,在突发公共事件有关报道中,新闻管理部门和新闻媒体取得了以下基本经验:坚持从人民群众利益出发的原则,在报道中强调和体现以人为本的精神;坚持既严格监管,又主动引导的方针,充分调动新闻媒体的积极性;及时总结经验,发现不足,纠正不良倾向和违反新闻职业道德的现象。

"愿逝者安息,悲剧不再"[①]

(2022年3月28日 《北京晚报》 记者 徐英波)

昨天下午4时许,运送"3·21"东航MU5735失事飞机第二个黑匣子的MU9005航班徐徐降落在首都机场。一些市民提前来到机场西南方的西湖园八卦台,等待着飞机降落,"飞机降落的那一刻,我们心里都特别难受,愿逝者安息"。

当天中午1时许,西湖园八卦台——这个平日市民近距离观看和拍摄飞机起降的地方,没有了往日的喧闹。早早来到这里的数十位市民,等待着运送第二个黑匣子的MU9005航班飞抵北京……

---

① 徐英波."愿逝者安息,悲剧不再"[EB/OL].(2022-03-28)[2023-10-12]. https://finance.sina.com.cn/jjxw/2022-03-28/doc-imcwipii1006824.shtml.

北京工业大学大三学生赵思卓说："今天来接黑匣子的人，大部分是'飞友'圈里的。得知东航MU5735飞机失事，大家非常难过，也一直关注着搜救行动的进程。"

下午1时许，到达八卦台的赵思卓发现，台前靠近栏杆的位置早已站满了人。下午3时许，八卦台上等待MU9005航班的已有四五十人。其中，有来自机场附近的市民，也有来自朝阳、海淀等区的，最远的有从大兴区特意赶来的。

"大家来接第二个黑匣子，也想以特殊的方式表达对遇难者的哀悼。"一位市民低声说。

时间一分一秒地过去。"再有十几分钟飞机就到了。"听到一位市民的话语，现场一下子安静下来……

下午4时许，运送黑匣子的MU9005航班出现在人们的视线中，在场的人默默地举起相机、手机，按下快门记录下这一时刻。

下午4时18分许，看到MU9005航班徐徐降落在首都机场后，市民仍久久不愿离去。

在南京航空航天大学的陈漳铭也在默默关注着此事。无法回京的他特意交代朋友杨凡来到八卦台拍一张MU9005航班飞抵北京的照片转给他："这张照片代表了搜救人员永不放弃的誓言。两部黑匣子都找到了，希望能够早日找出事故原因，愿逝者安息，悲剧不再！"

评析

情感在重大突发性公共事件舆论引导中具有双重属性。一方面，重大突发性公共事件的网络舆情具有情绪化、极化等特征，与公共舆论追求理性、增进理解、凝聚共识的本意大相径庭。互联网去中心化的特征为更多主体提供了发声机会，重大突发性公共事件发生时，互联网就成为观点和意见的集散地、发酵场。语言学者发现情感是建构隐喻的经验性因素之一，心理学者提出沉默的螺旋等理论，情报学者利用分析工具定位情感嵌入节点、建立情感传播模型等方式阐释情感作用机制。情感被视为影响公共舆论形成的负面因素。另一方面，情感在网络舆情的形成和发展过程中发挥着促进推理、理解框架、行动动员的作用。重大突发性公共事件在社交媒体的传播过程中，公众往往出现情感转向，这种情感转向又成为助推事件转向的结构性因素。由此可见，在特定的情境和时间点下，传播主体通过合理利用情感传播，能够更大程度地调动受众情绪，引发受众情感共鸣，提升传播效果。

对情感传播模式的应用虽然可以加强党媒的舆论引导力和影响力，但同时需要警惕对情感的滥用，新闻报道或者文章需要具有人文关怀，但并不意味着背离事实、刻意煽情,泛情绪化的表达也可能会削减党媒的权威。因此,党媒在进行情感传播时需要把握好度,合理运用情感元素,生产有思想、有情感、有温度、有品质的优秀作品。这篇报道用简洁、平淡的语气诉说出浓浓的悲伤,引发了受众的情感共鸣。

五、思考题

1. 什么样的报道既尊重客观事实,又满足受众知情权,还符合新闻伦理?
2. 在进行突发事件新闻报道时,新闻媒体如何进行舆论引导,来合理干预民众情绪?

六、案例使用说明

(一)适用理论

1. 真实性原则

新闻真实性是新闻报道的事实与客观事实之间的相符程度,具体是指在新闻报道中的每一个具体事实必须合乎客观实际,即新闻报道中的时间、地点、人物、起因、经过和结果都经得起核对。

新闻真实包含具体真实和整体真实两重层面。具体真实是指每个单篇的新闻报道必须完全符合新闻事实。整体真实是指每个新闻机构在一定时期内,通过连续不断的新闻报道全面反映整个现实的真实。

这要求新闻工作者要从整个现实出发,全面、准确地反映客观实际,审时度势,描绘出整个时代的真实图景和发展趋势。

新闻是对事实的叙述,事实是检验新闻真实的标尺。真实是新闻的生命,坚持新闻真实性是新闻工作的基础性要求,也是最高要求,是新闻工作的第一信条。

2. 党性原则

党性原则观念是马克思主义新闻观的第一观念,是总体性、统领性的观念。党性观念,最早由马克思、恩格斯在1847年指导《德意志-布鲁塞尔报》时,在该报发给一位读者的公开信中提出的。根据党性原则,在政治上要求新闻工作者积极、准确地向群众宣传党的思想路线、方针政策,并积极引导群众贯彻执行,使党的政策成为广大群众的行动指南。在思想上,要以党的指导思想作为开展新闻事业的指南,宣传党的思想体系和理论基础。

(二)要点分析

主要从四个部分入手:在第一部分进行新闻管理并对突发事件进行报道,在第二部分分析"3·21"东航客机坠毁的原因,在第三部分聚焦突发事件报道的失范问题,在第四部分讲述对事件的思考。

在第一部分,先从新闻管理主体入手。新闻管理的本质是政府部门有意识地对社会舆论的引导和控制,使社会舆论朝着健康、有序的方向发展,以达到弘扬正气、实现主流舆论积极向上、促进社会和谐发展的目的。对突发公共事件的新闻管理不同于新闻管制。新闻管理的目的是为了更全方位地报道突发公共事件,有利于解决突发公共事件,有利于社会稳定,同时以行业规范和道德伦理促成从业人员的行为自律,而并非限制新闻报道。

再引入突发公共事件新闻管理的主体职能。一是对内进行信息交流。要督促参与事件处置的各方及时上报有关信息,并深入事发现场,掌握第一手资料。二是对外发布信息。突发公共事件不仅影响到大多数民众的生产和生活,而且对个体从心理和社会心理层面的影响也是巨大的。新闻媒体要及时准确地向大众传递信息,使公众保持情绪稳定,增强公众对政府化解危机政策措施的理解、配合、支持,加强公众对政府的信心,从而保持国家和社会稳定,以消除危机。三是积极引导主流舆论。当公共事件发生时,主流媒体进行客观、及时、准确的报道,可以让公众知道事情的真相,让流言和谣言不攻自破。新闻管理的主体要坚持马克思主义新闻观,恰当地引导新闻舆论,适度把握舆论导向,形成舆论与政府的良性互动,使舆论产生有利于事件解决的积极作用。

在第二部分,从微博、客户端和微信公众号三个方面进行分析。选取央视新闻的官方微博、澎湃新闻客户端、微信公众号中的"娱有理"和"人物"进行分析。

首先,与平时单纯的文字报道或者与图文搭配的新闻相比,直播会在传递信息方面给受众一种更加真实、直观、强烈的"在场化"体验。澎湃新闻客户端会分享央视、新华社对于相关组织召开的突发事件现场发布会的直播内容,而主要的突发事件现场直播画面一般以自派记者采访为主。直播有两点好处:一则可以及时全面地呈现突发事件现场的信息,二则为构建健康和谐的舆论生态提供动力。

其次,从微信公众号平台选取"娱有理"和"人物"两个公众号进行分析。重大突发性公共事件在社交媒体传播过程中,公众往往出现情感转向,这种情感转向又成为助推事件转向的结构性因素。由此可见,在特定的情境和时间点下,传播主体通过合理利用情感传播,能够更大程度地调动受众情绪,引发受众情感共鸣,提升传播效果。

在第三部分,聚焦新闻真实性、传播中的谣言,并以上述自媒体平台报道为主论述情感传播与侵扰悲痛,例子为《辟谣!东航MU5735坠机事件谣言汇总》《我愿意讲述:姐姐姐夫都在那架飞机上,还有1岁半的外甥女》等。

在第四部分,用马克思主义新闻观进行分析与总结。媒体在灾难报道中要守住新闻伦理,树立正确的新闻报道核心理念。作为党和人民的喉舌,新闻媒体不仅要报道重大事故和自然灾害,还要反映人民群众关心的热点问题,更要关注重大突发事件的处理过程和后果。因此,要坚持正面宣传原则,充分运用好主流媒体的权威性和知名度。面对灾害,尤其是灾难性事件,群众对信息的需求量比平常猛增,这对政府部门和主流媒体提出了更高的要求。

第四章
舆论引导篇

第一节 "河北邯郸初中生被害事件"舆论引导报道分析

一、摘要及关键词

摘要:在纷繁复杂的网络舆论生态环境中,做好负面热点事件的舆论引导工作尤为重要。好的舆论引导不仅能够维护社会稳定,还能促进问题解决,推动社会进步。为此,新闻工作者要牢固树立马克思主义新闻观,不断提升主流价值观在网络舆论中的占比,通过塑造正确的舆论价值导向,为中国特色社会主义伟大事业的发展奠定思想基础。

关键词:河北邯郸初中生被害事件;马克思主义新闻观;负面热点事件;网络舆论引导

二、案例背景介绍

2016年2月19日,习近平总书记在主持召开党的新闻舆论工作座谈会时强调:"党的新闻舆论工作是党的一项重要工作,是治国理政、定国安邦的大事。"互联网的飞速发展,让受众迅速完成了从读者、观众、听众到用户的身份转变,社会公众的心态、诉求也日益呈现出多元化态势。尽管我们倡导百花齐放、百家争鸣,但不少不良社会言论已经在网络空间滋生并蔓延。依托于大数据、人工智能等新兴技术,抖音、微博、微信等社交媒体,凭借其个性化的内容、多样化的形式、多元化的传播渠道、实时化的交互过程和智能化的平台服务,为我们的舆论引导提供了无限机遇,同时也带来了诸多挑战。网上网下各种议题纷纷扰扰,你方唱罢我登场;各种错误思潮暗流涌动,争论不休;虚假新闻甚嚣尘上,谣言漫天……加之"以美国为首的西方敌对势力在当前意识形态斗争中,对中国指向更加明确、更加尖锐和更加直接"[①],复杂的网络舆论生态环境大大提高了网络舆论引导工作的难度。马克思主义新闻观是新闻舆论工作的"定盘星",是引导舆论发展的正确工作导向。新闻工作者要坚持党性原则,牢固树立马克思主义新闻观,不断提升主流文化和主流价值观在网络舆论中的比重,持续净化网络舆论生态环境,推动社会和谐稳定发展。

党的新闻舆论工作致力于营造风清气正的网上网下舆论生态环境,因此舆论引

---

① 童兵.试论习近平新时代新闻舆论工作论述对马克思主义新闻观的发展[J].山东社会科学,2020(10):5-14.

导工作体现在重大主题宣传报道之中,社会负面热点事件的舆论引导更是新闻舆论工作的重中之重。这类事件中往往裹挟着受众的极端情绪,主流媒体要想做好对此类事件的舆论引导,一方面必须平息受众的非理性情绪,另一方面必须学会"以理服人,以情动人";一方面必须让舆论引导回归理性,另一方面必须善用共情传播。在本节,笔者将以央视新闻(中央广播电视总台下属的新闻新媒体中心)在"河北邯郸初中生被害事件"中的新媒体报道为例,分析主流媒体如何在负面热点舆情事件中做好网络舆论引导。

2024年3月10日,河北省邯郸市肥乡区初一学生王某某遇害。3月11日,涉案的张某某、李某、马某某3名未成年犯罪嫌疑人被公安机关抓获。检察机关对此高度重视,依法提前介入公安机关侦查活动。3月21日,邯郸市肥乡区公安局对涉嫌故意杀人罪的张某某、李某及马某某提请检察机关核准追诉。

检察机关审查认为,张某某、李某及马某某3人作案时已满12周岁,不满14周岁,故意杀人致被害人王某某死亡,情节恶劣,应当追究刑事责任。根据《中华人民共和国刑法》第十七条第三款的规定,河北省检察机关逐级层报最高人民检察院对张某某、李某及马某某核准追诉。

经最高人民检察院审查,依法决定对犯罪嫌疑人张某某、李某及马某某核准追诉。

在此次案件中,央视新闻作为中央广播电视总台这一主流媒体的"老字号"品牌,在官方工作组发布案情通报后第一时间便将案情告知受众;作为权威信息源,其发布的信息又被多家主流媒体及时转发,进一步拓宽了舆论引导的辐射范围;在警方调查案件的过程中,积极采访权威信源,实时跟进案件调查和处理结果,及时发声辟谣并引导受众透过现象看本质。总体而言,央视新闻在"河北邯郸初中生被害事件"中的新媒体实践为各大主流媒体引导负面热点事件舆论提供了高水平样板。

三、案例分析

(一)及时发声、尽早介入,真实披露公众关切、期望知晓的重要信息

是否及时、真实地披露重要信息直接影响主流媒体的舆论引导效果,主流媒体失语、报道不实信息,或封锁、遮蔽相关重要信息等行为会严重污染舆论生态环境,致使舆论失控。在互联网传播时代,海量信息的快速传播使得舆论形成迅速,如果舆论引导者无法及时响应,就可能错失引导的最佳时机,导致舆论走向难以控制的

境地①。如果舆论引导者发布了未经查证的失实信息,又会将舆论引导至错误的方向,从而出现负面舆论危机,并严重破坏主流媒体的公信力,使其陷入"塔西陀陷阱",甚至在未来相当长时间内丧失舆论引导"话语权"。

学者丁柏铨指出,公众知情权得到充分尊重是网络舆论引导的基础。在知情权问题上,公众最容易直接感受到自己是否得到尊重和得到尊重的程度,如果不向公众告知他们必须知晓也有权知晓的情况,公众的知情权就得不到保障,因此便不会接受由不尊重他们的特定主体所进行的舆论引导②。

在此次"河北邯郸初中生被害事件"中,央视新闻真正做到了"民有所呼,我有所应",关注、正视、重视民之所呼,将事情的真相第一时间披露出来。3月17日晚,央视新闻客户端发布报道《河北邯郸市肥乡区初一学生王某某被杀害 涉案犯罪嫌疑人被全部抓获》,并在央视新闻抖音、微博、微信公众号上采用视频或文字的形式对相关情况进行了同步报道。值得一提的是,这起事件发生于3月10日,相关犯罪嫌疑人11日被抓获,其间央视新闻没有发声,一直在等待官方通报的发出。直到3月17日,在河北邯郸市肥乡区联合工作组发布通报的当晚,央视新闻立刻跟进了相关情况,最大程度上坚持了时效性和真实性的统一。因为事件涉及未成年人犯罪,作为主流媒体的央视在报道时必须小心谨慎,既要保证信息的真实性,也要梳理好媒体与法律的边界,不受广大公众舆论审判的影响,避免自身报道可能会带来的媒介审判。特别是在后真相时代下,情感先于事实、观点优于真相、立场胜于逻辑③,想要疏解社会民众积压的情感和社会情绪,必须先为他们"解惑",在"解惑"的过程中,传达真实的信息尤为重要。央视新闻能够在众声喧哗的网络舆论场中平衡好时效性与真实性,在人情与法理之间建立连接,充分体现了其作为央媒的社会责任感。

众所周知,提供关于负面热点事件的信息往往令人感到沮丧,责任单位、上级主管部门乃至地方政府往往会面临巨大的舆论压力,尽管以往的舆论引导总体上构建了"负面声音减弱,正面声音放大"的舆论生态,能够通过信息控制解决"入眼"问题,但无法从根本上解决价值认同基础上的"入脑""入心"问题④。"河北邯郸初中生被

---

① 许向东,吴洁.开放、包容与连接:主流媒体优化舆论引导力的新理念、新路径[J].新闻爱好者,2023(1):4-7.
② 丁柏铨.网络舆论舆情引导刍议:关于引导策略的研究[J].西北师大学报(社会科学版),2023,60(3):86-95.
③ 喻国明,杨雅,滕文强,等.智媒时代生态环境舆论特征与建设性叙事策略[J].新闻爱好者,2024(3):4-8.
④ 张志安,张美玲.网民社会心态与舆论引导范式转型[J].社会科学战线,2016(5):143-149.

害事件"就是一个典型的负面热点事件,3名未成年犯罪嫌疑人作案手段之残忍令人瞠目,但如果因为事件敏感而选择不报道,未成年人犯罪这一社会问题将难以引起重视且得不到解决。此次事件的舆论可能会随着下一个社会热点事件的到来而消逝,但潜藏在事件中的公众情绪并不会消失,只会不断累积并在某个同类事件发生时集中爆发,那时的舆论声势将更加浩大,舆论引导的难度会大大增加,对于相关政府部门工作的质疑声也会更大。央视新闻能够及时准确介入报道负面热点事件,不仅将未成年人保护和未成年人犯罪的问题拉入公共讨论的空间,更为此类社会问题的解决和社会公众情绪的疏导找到了一个合适的解决方案。

(二)权威定调、及时辟谣,直击关键性问题,引导受众回归对问题的讨论

在信息化时代,互联网已经成为信息的集散地和放大器,传播手段的现代化和技术化,致使大量信息内容如同潮水般向人们涌来。这些信息内容良莠不齐、真假难辨,各大网络平台为谣言和虚假信息提供了滋生的温床[①]。在"河北邯郸初中生被害事件"中,便出现了"被害男孩掩埋地坑深2米"等谣言,新浪微博虚假消息辟谣官方账号于3月19日发布消息称,对最早发布相关谣言及影响恶劣的违规账号以阶段性禁言至关闭账号处置。而在3月18日,央视新闻客户端便发布报道《网传邯郸初中生遇害案颅骨照片不实》,并在微博上进行了同步辟谣;3月19日,央视新闻记者在采访河北邯郸肥乡区警方后继续辟谣,"经技术部门勘验,被害人掩埋地坑深56厘米,网传2米为不实信息","网上说有大人参与是不属实的"。截至4月11日,这些辟谣信息仅在微博平台的点赞、转发、评论量便突破了85万。央视新闻高度重视对新兴媒体的运用,充分发挥其传播快、覆盖面广和影响大的优势,以快制胜,主动发出权威声音,有效压缩了负面信息和不实言论的传播空间,有效避免了负面舆论危机的出现。

从既往的实践来看,能否直面关键性问题,不失声、不缺位,决定着舆论引导的成败。避重就轻、答非所问甚至欲盖弥彰势必难以有效引导舆论[②]。从这一点来说,央视新闻的新闻实践能够直击问题痛点,邀请权威专家对社会关切的问题进行解读。3月18日,央视新闻在抖音发布短视频,邀请法律专家探讨"邯郸初中生遇害案嫌犯不满14岁是否担刑责"的问题,敏锐地捕捉到这起案件中具有公共价值的报道节点——未成年人犯罪应如何定性。央视新闻以贴近民生的视角提升了舆论引导的张力,在群情激愤的复杂舆论环境中,既察觉了公众的感性情绪,也剖析了大量受

---

① 韩世宏.如何做好热点社会事件的网络舆论引导[J].新闻爱好者,2023(8):89-91.
② 王军峰.共情式对话:新型主流媒体舆论引导的新理念[J].青年记者,2023(23):63-65.

众内心潜藏的理性诉求,不断寻求引发舆论的根源,并就此开展了有针对性的舆论引导工作,引导受众回归理性。高明的议题设置,往往都来自对时机、技巧、方法的恰当运用①。设置舆论议题是舆论引导工作的重要一环,要经过审慎的思考。截至4月11日,这条短视频在抖音平台上的点赞、转发、评论和收藏量累计突破了225万,足见央视新闻的议题设置是在深入分析公众心理后经过周密策划而设定的,走好了舆论引导工作的第一步,产生了良好的预期效果。

(三)分阶段调整报道重心,适时预判走向,持续进行引导

新媒体环境下,舆论引导是一项系统工程,尤其针对一些负面性、敏感性事件,主流媒体要及时追踪事件的发展演变和后续走向,向受众展现事件发生发展的全过程,进行全流程跟踪、全链条报道,开展持续性引导,站好舆论引导的每一班岗,避免陷入"烂尾楼"的尴尬局面,时刻准备化解可能到来的舆论危机。在本次"河北邯郸初中生被害事件"中,根据邯郸市肥乡区警方对案件作出的回应,央视新闻及时跟进案件调查结果和处理结果,在案件发生发展的不同阶段形成不同的报道重点,与社会公众形成对同一事件的同步关注、同向关切,及时回应、告知民众欲知应知而未知的事情。截至4月11日,央视新闻新媒体对"河北邯郸初中生被害事件"的报道如下。

3月17日,央视新闻客户端发布报道《河北邯郸市肥乡区初一学生王某某被杀害 涉案犯罪嫌疑人被全部抓获》,并在抖音、微博、微信公众号进行同步传播;3月18日,央视新闻客户端发布新闻《网传邯郸初中生遇害案颅骨照片不实》,并在微博进行同步传播,同日,央视新闻在抖音平台发布短视频《邯郸初中生遇害案嫌犯不满14岁是否担刑责?》,邀请法律专家进行探讨;3月19日,央视新闻客户端发布报道《河北邯郸肥乡区警方回应初一学生王某某被杀害案:犯罪嫌疑人为有预谋作案》,并在抖音、微信公众号、微博平台同步传播;3月22日,央视新闻抖音号发布短视频《最高检:对未成年人实施的故意杀人等严重犯罪,要依法追究刑事责任》;4月8日,央视新闻客户端发布报道《河北邯郸初中生被害案件 三名未成年犯罪嫌疑人被核准追诉》,并在微博、抖音、微信公众号同步传播,同日,央视新闻客户端发布报道《低龄未成年人严重暴力犯罪可通过核准追诉依法追究刑事责任 专家解读》,对核准追诉作出进一步解读,同日,央视新闻客户端发布热评《让依法追究"极恶少年"刑责,成为法治的必然》;4月9日,央视新闻微信公众号发布文章《向霸凌说"不"!》。

---

① 何平.坚定"四个意识"坚持守正创新:学习习近平总书记"8·21"重要讲话[J].中国记者,2018(11):8-15.

值得一提的是,在"核准追诉"的结果出来之前,央视新闻记者便从最高人民检察院处获悉"对未成年人实施的故意杀人等严重犯罪,要依法追究刑事责任",对事件的后续发展进行了预判,并将预判结果及时、准确地传递给公众,为受众"解难""解惑""解气",引导了公众理性认识该事件,满足了社会的合理期待。

一个践行马克思主义新闻观的新闻工作者在把握舆论导向时,要做到透过现象看本质,不盲目跟风报道,不人云亦云,以清醒的头脑、审慎严谨的作风,脚踏实地地将新闻媒体正确舆论导向作用发挥得淋漓尽致①。"河北邯郸初中生被害事件"的判决在某种程度上会起到"一锤定音"的效果,甚至直接影响未成年人犯罪相关司法制度的改革,央视新闻关注的不仅仅是3位未成年人的量刑,更关注这类案件今后将如何定性。从这一层面来讲,央视新闻做到了透过现象看本质,既看眼前,又着眼于长远,修正了舆论误区,进一步引导受众参与公共话题讨论并理智思考,有效引领了社会舆论方向。

(四)多渠道传播、交互传播推动理性舆论生成

学者许向东等人指出,多能性是指因内容形态不同,同一内容存在通过多种渠道传播的可能②。学者匡野认为,凭借多年的媒体融合发展成效,主流媒体将有机会有能力并且有责任有义务改变长期以来作为新媒体信息传播的"模仿者"和"追赶者"的被动地位,构建起由主流媒体占主导地位、其他媒体有机互补的新型多维跨维信息传播格局③。作为主流媒体的央视不断探索、拓宽传播渠道,在各大平台根据不同受众群体的阅读需求、流量密码等制定不同形式的传播内容,不断强化传播的多能性、时效性、交互性,努力实现舆论引导效能的最大化。

央视新闻抖音、微博、客户端、微信公众号下方都设有评论区,给受众留下了交流讨论的空间,尽管受众拥有不同的兴趣偏好和行为模式,但他们能够在主流媒体的议程设置和舆论引导下形成对共同话题的关注和交流,不同主体站在不同立场上表达观点,并在观点汇聚的过程中形成相对一致的舆论共识。此外,对评论区的设置有助于优势意见和劣势意见互动,从而补充完善受众认知。以央视新闻抖音评论区为例,对短视频的热评与最新评论同屏同列呈现,增强了劣势意见被发现以及与优势意见互动交流的可能性,而少数声音一旦拥有被发现的渠道,便可能打破现有

---

① 舍娜莉.坚持马克思主义新闻观释放社会舆论正能量[J].中国编辑,2017(7):15-18.
② 许向东,吴洁.开放、包容与连接:主流媒体优化舆论引导力的新理念、新路径[J].新闻爱好者,2023(1):4-7.
③ 匡野.主流媒体视域下元宇宙多维跨维信息传播格局建构[J].中国编辑,2022(2):17-22.

的"沉默的螺旋"。换言之,少数声音也能够被听到,生成的舆论才可能是真正意义上的舆论,这样的舆论也更具理性色彩。以央视新闻微博评论区为例,评论区里大量充斥着严惩凶手、敬畏法律等相关言论,与之相比,以下几条评论便显得尤为冷静和理性:"我们的目的不仅仅是为了惩治这三个凶徒,而是为了千千万万未成年人免受不法侵犯和伤害,让公平正义的阳光照耀每一个未成年儿童,让他们健康快乐成长!""希望早日落实,未成年人保护法(应)实实在在地保护被霸凌伤害的未成年人,而不是保护施暴者。""法教(法治教育)应该走入校园,更应该走入青少年的认知。未成年人应该被保护,但是犯了错的未成年人也应受到惩罚。""请把霸凌这一项纳入中小学课程,希望尽快落实,比起优秀生,身心健康最重要。"放眼整个评论区,这些评论可谓一股清流,相关发布者能够从情绪化的裹挟中挣脱出来,理性地回归对问题的讨论,上升到探讨法治、教育、对未成年人保护的高度,这是当下舆论场中较为缺失的理性之声。

(五)坚定立场,评论倾向性鲜明,回应人民诉求

在舆论引导中,新闻评论有着神圣的职责与使命,如果说媒体是舆论的旗舰,那么评论就是旗帜,尤其是在信息化时代中,评论日益成为媒体的核心竞争力,成为引领社会舆论的强劲引擎[1]。鲜明的倾向性是新闻评论最基本的特征之一,但这种倾向性必须基于对事实和规律的尊重,而不是受人的主观意志操纵,换言之,实事求是仍是必须坚持的基本准则。事实上,只要倾向性忠于事实本身的全貌和本质,处于新闻评论的价值规约范围内,只要记者能够坚守新闻评论的原则和底线,突出一些观点和意见,就会使得新闻评论保有新异或独特之处[2]。这些富有鲜明倾向性且坚持了价值准则的新闻评论,传播力更强,舆论引导影响力更大。主流媒体要坚持有立场的客观性,新闻评论不该完全中立,而应评判是非曲直,告知社会公众什么是真善美,什么是假恶丑,什么是应该做的,什么是不应该做的。央视新闻对"河北邯郸初中生被害事件"所发布的热评——《让依法追究"极恶少年"刑责,成为法治的必然》便做到了立场鲜明,作者这样写道:"生命的教育、法治的教育不应该是滞后的,更不应该是高高举起、轻轻放下。依法追究年满12周岁行凶者的刑事责任,充分展现刑法相关法条的威严,也是向所有未成年人开展的沉重而深刻的法治课:没有法律不能管的'小霸王',未成年人也必须敬畏法律。"可见,

---

[1] 陈家兴. 新闻评论的舆论引导刍议[J]. 新闻记者,2009(7):12-16.
[2] 覃芹. 新闻评论、价值坚守与舆论引导[J]. 重庆社会科学,2014(3):93-99.

央视新闻在保护未成年人和依法追究未成年人刑事责任中倾向于后者,而在这篇热评的评论区中,可以看到不少网友也在积极评论和点赞,受众逐渐从关注到底如何判刑转而关注未成年人法治教育问题、家庭教育问题。可见新闻评论只有鲜明显示自身的倾向,才能发挥出真正的传播力,并能将传播力作用于引领正确的舆论导向。

此外,早在3月17日央视新闻就有关情况作出报道后,评论区便出现了清一色要求凶手承担刑事责任的论调。基于这样的舆论声浪,央视新闻不论是邀请专家学者探讨嫌犯不满14周岁是否担刑责问题,还是从最高人民检察院处获悉对未成年人实施故意杀人等严重犯罪要依法追究刑事责任,抑或发布热评,都在积极反映着人民群众的呼声和诉求,体现了其对马克思主义新闻观人民中心原则的深入贯彻落实。舆论引导是媒体与公众在"质疑-回应"中不断对话的过程。如果媒体无视人民的利益和质疑,顾左右而言他,再优秀的报道也不会有受众群体,再精细的舆论引导策划也结不出胜利的果实。只有尊重公众议程,将媒体议程与公众议程结合起来,才能在舆论引导这场持久战中拥有话语权,把握主动权。

(六)上述案例总结

舆论是意识形态的重要组成部分,会对社会产生广泛而深远的影响。面对世界百年未有之大变局,我们面临着更为激烈的矛盾、冲突和意识形态斗争,只有坚持正确的舆论导向,才能够促进社会良性循环和有序发展。因此,在面对各种各样的舆论事件时,主流媒体要勇于承担"高举旗帜、引领导向,围绕中心、服务大局,团结人民、鼓舞士气,成风化人、凝心聚力,澄清谬误、明辨是非,联接中外、沟通世界"的职责和使命,要有坚持正确舆论导向的定力、敢于发声的魄力和善于发声的能力,在纷繁复杂的舆论生态环境中发挥一锤定音的作用,充分认识到把握舆论引导主动权的重要意义,久久为功,挺立潮头,扮演好瞭望哨和守护者的角色,做马克思主义新闻观的坚定信仰者和生动实践者。

1. 央视新闻新媒体实践的可取之处

在上述案例中,央视新闻能够在第一时间发布权威信息,挖掘事实真相,同时很好地把握了"时度效"原则。"时度效是检验新闻舆论工作水平与效果的标尺。不管是主题宣传、典型宣传、成就宣传,还是突发事件报道、热点报道、舆论监督,都要从时度效着力,体现时度效要求。"①时是指时机和节奏,度是指力度和分寸,效是指效

---

① 中共中央宣传部. 习近平新闻思想讲义(2018年版)[M]. 北京:人民出版社,学习出版社,2018:90.

果和实效。央视新闻能够很好地把握报道时机,在官方对案件相关情况通报后跟进报道,实现了"速度"与"真实"的统一;在案件后续调查和处理结果的报道过程中,能够冷静客观地就事论事,引导受众回归对问题的讨论,既有力度,又有分寸,将问题的着眼点放置于整个社会环境和制度体系中,致力于对社会问题的解决;在整个事件的发生发展过程中,央视新闻能够牢牢坚持正确的舆论导向,其相关报道被多家主流媒体转载,切实提高了新闻舆论工作的传播力、引导力、影响力和公信力,特别是在抖音、微博等社交媒体平台上,点赞、转发、评论量纷纷突破百万,舆论引导真正取得了实效。

人民群众是历史的主人,要尊重受众主体地位,人人参与和服务人民是马克思主义新闻观的核心要义。央视新闻抛弃单向的宣教式引导思维,将受众的反馈纳入舆论引导的环节之中,积极反映人民的呼声和诉求,在决策者、媒体、公众之间实现良性的互动。央视新闻对"河北邯郸初中生被害事件"的报道想群众所想,满足了社会公众的合理期待,是对马克思主义新闻观人民中心原则的遵循。

习近平总书记强调,新闻工作者"要转作风改文风,俯下身、沉下心,察实情、说实话、动真情,努力推出有思想、有温度、有品质的作品"。在本次"河北邯郸初中生被害事件"中,央视新闻记者通过实地走访调研,先后采访多位权威人士,引导受众进行话题讨论。舆论引导的主体除央视新闻自身外,还有河北省人民检察院、邯郸市肥乡区公安局、最高人民检察院、高校教授、河北邯郸市肥乡区联合工作组等,央视新闻构建了多部门、多平台、多途径的舆论引导联动体系,巧妙设置议题并将其付诸笔头,以脚力为基础、眼力为关键、脑力为核心、笔力为落点,为社会全体成员上了一堂沉重而深刻的法治课。

2. 央视新闻新媒体实践的不足之处

总体来看,央视新闻对"河北邯郸初中生被害事件"的报道还存在传播内容略显单一、形态不够丰富、互动不足等问题。央视新闻在各个社交平台的内容相对同质化,内容相对简单,更多流于对案件事实的简要阐述,缺少对深度事实和深度评论的呈现;形式上主要以文字、视频、图片为主,且短视频多以图片的形式呈现,内容形态丰富性有待提升;互动不足主要是指主流媒体与受众之间的互动,央视新闻虽然在各大平台都设有评论区,但评论大多为受众之间的互动,在评论区针对公众关注的焦点问题的回应和引导等方面还需加强。

四、重要报道评析

让依法追究"极恶少年"刑责,成为法治的必然[①]

(2024年4月9日　央视新闻客户端　作者　沈彬)

牵动人心的"河北邯郸初中生被害事件"有了新的进展。经最高人民检察院审查,依法决定对3名未成年犯罪嫌疑人核准追诉,3名未成年人将为自己的暴力行为承担刑事责任。

在这起未成年人伤害未成年人的个案中,青春因暴力行为而戛然而止,令人感到心痛和愤怒。生命的教育、法治的教育不应该是滞后的,更不应该是高高举起、轻轻放下。依法追究年满12周岁行凶者的刑事责任,充分展现刑法相关法条的威严,也是向所有未成年人开展的沉重而深刻的法治课:没有法律不能管的"小霸王",未成年人也必须敬畏法律。

早先,刑法一直沿用1979年的规定,将最小的刑事责任年龄划定为14周岁。随着未成年人身体发育、智力成熟的提前,低龄未成年人实施严重犯罪的案件时有发生,引发关注。2021年3月1日起施行的《中华人民共和国刑法修正案(十一)》对刑事责任年龄作出下调:已满12周岁不满14周岁的人,犯故意杀人、故意伤害罪,致人死亡或者以特别残忍手段致人重伤造成严重残疾,情节恶劣,经最高人民检察院核准追诉的,应当负刑事责任。

这一修改有精准指向,同时充分考虑到这一年龄段不同个体的心智发展水平以及个案差别,没有"一刀切",而是要求由最高人民检察院作出个案甄别,决定是否需要追究刑事责任,这体现了对未成年人的慎刑原则。

社会的安全感,特别是未成年人的安全感需要用法律兜底。最高检对3名未成年犯罪嫌疑人核准追诉,坚持对侵害未成年人犯罪"零容忍",回应了公众对正义的期待,织密了法制运行之网。

治理未成年人犯罪,还必须贯彻"教育、感化、挽救"方针,应积极协调推动"专门学校"建设,加大教育矫治力度。同时,也要划定一条红线,让依法追究未成年人严重犯罪的刑责,成为法治的必然。

[①] 沈彬.让依法追究"极恶少年"刑责,成为法治的必然[EB/OL].(2024-04-09)[2024-05-02]. https://mp.weixin.qq.com/s/7gB0n7isp7feVew63PeyOQ.

评析

这篇评论首先对"河北邯郸初中生被害事件"的一些情况做了说明,告知公众欲知应知而未知的事情,并重申了此次判决的意义——展现刑法相关法条的威严,也是向所有未成年人开展的沉重而深刻的法治课;其次,文章作者对相关法条的修改原因做了阐释;最后,就整个事件的社会影响和未来防范做了简要的总结。这篇评论总体简洁明了,在内容上能够把要点讲清理顺,在形式上又能够满足受众碎片化的阅读习惯,在传播上也取得了不错的点赞、转发和评论量,具有一定的传播力和影响力。

此外,文章具有鲜明的倾向性,在保护未成年人合法权益和依法追究未成年人刑事责任中偏向于后者,但是这种倾向性是基于事实和伦理道德的立场。年龄不是脱罪的挡箭牌,法永远不会向不法低头,央视新闻站在真理和正义的立场上,鲜明地显示了自身的倾向,发挥出了真正的传播力。此外,这种倾向性也是央视新闻坚持人民中心原则的体现。作为主流媒体,央视能够敏锐捕捉社会情绪,并与社会公众一同推动矛盾的解决,推动社会的进步,具备极强的社会责任意识,真正做到了贴近实际、贴近生活、贴近群众。

不可否认的是,仅有这一篇热评远远不够,社会和公众还需要更多针对此次事件的深度报道和调查报道来对抗非理性化、情绪化的声音,剖析事件背后所潜藏的沉疴旧疾。具体而言,以下几点也应该成为舆论引导的聚焦点:如何在保护未成年人合法权益和打击犯罪之间寻求平衡;还原受害人和犯罪嫌疑人成长过程,关注留守儿童问题与犯罪成因的关联性;校园欺凌为何屡禁不止,应当出台何种规章制度,让"小霸王们"不敢肆意妄为等。只有不断延伸对案件的反思,才能推动一些深层次社会问题得到解决,才能确保整个社会向上向善发展。

邯郸杀人案凶手被核准追诉,12岁以下的小恶魔又该怎么办?[①]

(2024年4月9日　红辣椒评论　作者　张湛苹)

今天邯郸初中生杀人案的3个凶手被最高检核准追诉,评论区一片叫好声,真是民心所向,众望所归。自2021年6月《中华人民共和国刑法修正案(十一)》施行近三年以来,这是第二例未满14周岁未成年人犯重罪被最高检核准追诉,也说明国家对这些小恶魔不再心慈手软,开始动真格了。

---

① 张湛苹.邯郸杀人案凶手被核准追诉,12岁以下的小恶魔又该怎么办?[EB/OL].(2024-04-09)[2024-05-06].https://mp.weixin.qq.com/s/zQV9Vy8L4J3_okwBGbMIlg.

但是欣喜之余，人们的心情恐怕还是不能放松。邯郸杀人案的3个凶手恰恰在12周岁到14周岁这个区间，符合《中华人民共和国刑法修正案（十一）》的规定，才可能承担刑事责任，快慰人心。但是低于12周岁的一些未成年人的恶性犯罪，年龄仍然是免刑金牌。

2023年8月30日，湖北荆州一个未满12岁的男孩哄骗邻居家4岁半的小女孩出去玩，将其在粪缸中溺死，事后还镇定自若，欺瞒众人。究其原因，竟然是小男孩的妹妹和死者在玩耍的时候经常吵架。因为不满12岁，如今杀人的男孩只是进入矫正学校3年，徒留小女孩的家人整天以泪洗面。

像上述案件未满12周岁，又实施了严重的暴力犯罪的孩子，目前我国法律上存在一定空白，实践当中也存在着困惑。劳教制度废止前，这类孩子可以适用收容教养制度，被送到劳教场所。但2013年劳教制度废止后，这些孩子的处境就非常尴尬。目前实行的措施就是将其送至矫正学校或专门学校（即之前的工读学校）。但是矫治教育、专门教育这些措施，需要专业人员实施，其中非常重要的就是青少年司法社工。但目前从全国范围来看，这一专业力量总体不足、分布不均。此外，全国依然有7个省份没有一所专门学校，有10个省份只有1~2所专门学校，这种现状肯定无法满足现实需要。而且，我国法律目前只有《中华人民共和国预防未成年人犯罪法》和《中华人民共和国刑法修正案（十一）》中有相关规定，对于专门矫治教育的适用情形、决定程序、执行场所、执行方式、场地配备、矫治方式等都缺乏更加明确的规定。

面对12岁以下未成年人的严重犯罪，网友呼吁刑责年龄继续下调的声音此起彼伏，但是呼吁归呼吁，现实中存在种种问题：一是《中华人民共和国刑法修正案（十一）》已经将刑责年龄下调2岁，短期内不可能再次下调；二是一味降低刑责年龄恐怕也不是解决问题的良方。由此我们不妨听听北京师范大学法学院教授、中国刑事诉讼法学研究会理事彭新林教授的意见。

彭教授认为，我国未成年人刑事责任年龄立法，尤其是对刑事责任年龄下限采取"一刀切"式的刚性标准，难以适应低龄未成年人犯罪有效治理的现实需要。他认为，针对惩治严重的未成年人犯罪，可借鉴域外国家刑事责任年龄下限的法治经验。例如美国等英美法系国家对于低龄未成年人实施犯罪是否具有刑事责任能力的判断，一般遵循"恶意补足年龄"的规则，即如果有证据证明未达到刑事责任年龄下限的低龄未成年人，实施犯罪时出于恶意，能够辨别是非善恶，则应推定其具有刑事责任能力，以对其追究刑事责任。

当然，彭教授的观点只是一家之言，解决不满12周岁的未成年人的恶性犯罪问题,既不是他一个人的责任,也不是他一个人能力所及。但愿以他的发声为引子,社会各界、广大公民都来关心这个棘手的问题,建言献策,集思广益,用共同的努力让那些让人心痛的新闻少些再少些。

评析

这篇文章就广大公众最为关切的问题进行了讨论,即低于12周岁的一些未成年人的恶性犯罪,年龄可能仍然是免刑金牌。针对此问题,我国目前法律上还存在一定空白,实践中也存在困惑,尽管不少网友呼吁刑责年龄继续下调,但在真正执行层面还是面临不少现实障碍。接着,文章作者便请出相关专家对此问题进行讲解,并呼吁社会各界积极建言献策,集思广益,推动问题的解决。文章作者的关注点在于12周岁以下的未成年人构成恶性犯罪应当怎么办,整体论调冷静客观,能够引导受众理性参与问题的讨论和解决。

邯郸初中生遇害案:"成绩较好"不等于"不会杀人"[①]

(2024年3月20日 《新京报》评论 作者 王言虎)

发生在河北邯郸的初中生杀人埋尸案,仍在被全网密切追踪。针对该事件进展,央广网记者深入到案发地,并对受害人家属和学校进行了采访。在采访该校校长时,这名校长所说的一句话再次引发争议。

他说,"这3名犯罪嫌疑人中的马某某在班里的成绩排名是十多名,成绩比较好,能做出如此恶性的事情,完全出乎意料"。

相信,在3名学生铸下的弥天大错面前,校长无意为之辩护,但说者无心、听者有意,在一起残忍的凶杀案面前,校长的"深感意外",实在令人有些尴尬。

校长的这番话,其实隐含了这样一种观念:成绩好就等于品行好,品行好就不太会去干坏事。反过来理解就是,干坏事是"差生"的专属。在越来越多人认同"成绩不等于人品"的今天,这话注定会招致批评与嘲讽。

得承认,很长一段时间以来,学习成绩好是可以"赢家通吃"的。尤其在校园中,成绩好的学生犹如拿了"尚方宝剑",成为老师们的"心头肉",犯了错误,也往往会"从轻发落"。

但显然,成绩不等于人品,这是一目了然的道理。学习成绩好只代表某个学生理解能力强、知识消化吸收快,属于广义上的智商范畴。而道德、品行、三观则是一个人的心

[①] 王言虎. 邯郸初中生遇害案:"成绩较好"不等于"不会杀人"[EB/OL]. (2024-03-20)[2024-03-25]. https://mp.weixin.qq.com/s/iP9alDjFdde2fjUpUkqGow.

理特征,与智商完全是两个体系的事。将其强行挂钩、等量齐观,都是无视科学与事实。

揆诸校园教育,破除这种"唯成绩论"尤为必要。知识的传授与普及,当然是学校教育的重要使命,但也绝不只是为了培养单纯会考试、会拿分的人。西汉董仲舒说,"善为师者,既美其道,有慎其行",知识的授予与品行的教化,是学校教育的车之两辙、鸟之两翼,不可失其一端。

实际上,我们已经看到了太多成绩优异但品行恶劣的案例。弑母的吴谢宇、投毒的林森浩,还有将女朋友逼上死路的牟林翰。他们无一不成绩优异,勤奋好学,但品行又堕落到洞穿社会底线。

在邯郸这起恶性事件中,这名校长口中的马某某"成绩比较好",此前也没有发现霸凌迹象,这当然不是袒护,但有没有一种可能:恰恰是因为老师觉得他成绩不错,就放松了对其日常行为的观察,最终没能在其酿成大错之前,阻止悲剧发生。

这起极端个案,是又一个深刻的社会教训。尽管校园暴力的成因是复杂的,譬如学校失职、家庭失管、个案处置失之于软,但之于此案,综合各方信息以及此次校长的发言,可以看出当事学校在日常管理与教育理念上,是存在诸多不足的。

这就给校园教育提了个醒:日常教育中,必须及早剥离"分数至上""唯成绩论"等过时的评价方法,更加重视学生的人格教育、心理教育,也不能因为某个学生成绩优异而降低对其道德品行的要求。素质教育的终极目标,就是培养有知识、尊德性的人。这对所有阶段的学校教育一体适用。

评析

这篇文章指出,揆诸现实,破除学校教育的"唯成绩论"尤为必要,成绩不等于人品,学校教育除了要传授知识,还要正向培养学生的道德、品行和三观,毕竟,"素质教育的终极目标,就是培养有知识、尊德性的人"。这篇文章的着眼点在于受害人所在学校校长的一句话:"这3名犯罪嫌疑人中的马某某在班里的成绩排名是十多名,成绩比较好,能做出如此恶性的事情,完全出乎意料。"尽管这只是校长随口说出的一句话,但《新京报》记者敏锐地捕捉到了其中的评论价值,当社会大众忙于讨论判决结果时,以这种角度剖析问题的评论文章实属一股清流,让人眼前一亮,同时也让人们对素质教育的意义有了新的思考。

五、思考题

1. 在移动传播时代,主流媒体如何平衡好真实性与及时性?
2. 针对"河北邯郸初中生被害事件"有哪些其他的优秀舆论引导案例?

六、案例使用说明

(一) 适用理论

1. 马克思主义新闻观是新闻舆论工作的"定盘星"

根据马克思主义新闻观,新闻媒体既要报道客观事实,也要发挥舆论与意识形态的引导作用。由此可见,马克思主义新闻观不仅是科学的新闻传播原理,而且实现了与中国特色社会主义事业的深度融合,能适应新时代网络舆论引导的客观需求[①]。

此外,将马克思主义新闻观作为行动指南,能够增强新闻工作者服务受众的能力,增强其社会责任意识,引导社会风气,形成正确舆论导向。历史和现实一次次证明,正确的舆论导向是新闻宣传的生命线,更是实现中华民族伟大复兴的重要前提之一。所以,我们必须用马克思主义新闻观来指导新闻舆论工作。

2. 从"三贴近"到"走转改"

"三贴近",即贴近实际、贴近生活、贴近群众。贴近实际就是要坚持实事求是,一切从实际出发;贴近生活就是要把现实生活作为新闻工作的源泉,强调新闻工作者要深入人民的生活中;贴近群众就是新闻工作者要扎根于群众之中,一切从广大人民群众的需要出发,把实现好、维护好、发展好最广大人民群众的根本利益作为新闻工作的出发点和落脚点。"三贴近"原则是新闻工作者牢固占领舆论阵地的重要法宝,也为更好开展舆论引导工作提供了重要启示。

"走转改"是为了促进新闻媒体真正把"三贴近"落到实处而提出的。"走"是指走基层,广大新闻工作者要深入群众,了解掌握真实情况。"走"是"走转改"的关键,新闻工作者只有时刻同人民群众想在一起,待在一起,才能报道出实实在在的"干货",只有时刻保持"一头汗两腿泥"的状态,才能写出好新闻。"转"是指转作风,即俯下身、弯下腰、沉下心来贴近百姓,踏踏实实、认认真真做好每一篇报道,而不是坐在电脑前闭门造车,要从实际出发,不搞形式主义的"花架子"。"改"是指改文风,要用人民群众喜闻乐见的方式说话,这样的报道才能让群众爱读爱听爱看,"文风体现党风、反映作风,改文风是提升新闻报道吸引力的必然要求"[②]。"走转改"体现了以人民为中心的新闻理念,人民群众满不满意才是检验报道传播效果的标尺。"走转改"能够让新闻工作者更好倾听群众呼声,而这样的工作作风也必然能为新闻舆论引导工作带来强大势能。

---

① 冷琳. 以马克思主义新闻观引导网络舆论[J]. 人民论坛,2019(10):120-121.
② 林溪声. 从"走转改"看马克思主义新闻观的践行[J]. 当代传播,2016(6):11-12,14.

3. 新闻舆论"四力"

习近平总书记在全国宣传思想工作会议上强调,要把握正确舆论导向,提高新闻舆论传播力、引导力、影响力、公信力,巩固壮大主流思想舆论。在新闻实践中,新闻舆论"四力"是相辅相成的。传播力是基础,即实现有效传播的能力;引导力是根本,即引导受众坚持正确的舆论导向的能力;影响力是效果,即新闻舆论影响目标受众的能力;公信力是保障,即被社会公众所信赖的能力①。只有不断提升新闻舆论"四力",主流媒体才能牢牢守住舆论引导主阵地。同时,新闻舆论"四力"的发展,也是新时代党在新闻舆论工作中取得的新成就,未来,强化和提升新闻舆论"四力"仍然是主流媒体所要肩负的时代使命。

4. 新闻舆论工作的"时度效"

2013年,习近平总书记在全国宣传思想工作会议上发表重要讲话,指出:"我们正在进行具有许多新的历史特点的伟大斗争,面临的挑战和困难前所未有,必须坚持巩固壮大主流思想舆论,弘扬主旋律,传播正能量,激发全社会团结奋进的强大力量。关键是要提高质量和水平,把握好时、度、效,增强吸引力和感染力,让群众爱听爱看、产生共鸣,充分发挥正面宣传鼓舞人、激励人的作用。"此后,习近平总书记多次在重要场合对"时度效"问题做了全面概括和总结。"时"是指舆论引导的时机和节奏。新闻舆论工作要先声夺人,掌握主动权和话语权,因此,要在确保真实性的前提下,第一时间介入、第一时间发布权威信息,满足受众的知情权。"度"是指火候、力度、分寸等,例如主题的高度、报道的准确度、内容的深度广度等。新闻工作者需明确掌握好什么问题要突出报道,什么问题要淡化报道,因时因地因事制宜,精准研判舆情,巧妙引导舆论。"效"是指效果,要把满足受众需求和教育引导受众结合起来,以人民群众喜闻乐见的方式呈现报道,确保舆论引导入脑入心,实现传播效果的最大化。

(二)要点分析

1. 与时俱进,勇担职责与使命,做好"瞭望哨"和"守护者"

根据马克思主义新闻观,新闻工作者要在舆论引导的过程中承担起社会责任,只有具有强烈社会责任意识的新闻工作者才能更好地服务人民。在新媒体环境下,舆论引导面临的挑战比以往任何时候都更为严峻,社会公众自我意识的觉醒和自我表达欲望的强化让新闻工作者承担的社会责任也越来越大。各种社会热点事件层

---

① 屈芳. 提升全媒体时代地方党媒的新闻舆论"四力"[J]. 新闻爱好者,2023(9):47-49.

出不穷,面对受众的质疑,新闻工作者舆论引导的触角也应当尽可能延伸到社会生活的方方面面,要尽可能做到事事有回应。

以此次央视新闻对"河北邯郸初中生被害事件"的报道为例,央视新闻能够及时了解掌握事态发展的动向,并在第一时间将掌握的事实传达给受众,最大程度地满足了受众的知情权。同时,为避免受众的情绪极端化,能巧妙地将受众注意力从探讨针对犯罪嫌疑人的量刑转向探讨法治教育,探讨年龄不该成为违法犯罪的保护伞,探讨遭遇校园暴力时我们应当怎样做等问题。央视新闻对于自己的角色定位有着清晰的认知,其不仅仅是真相的报道者,还是解决问题的推动者、社会矛盾的化解者和社会进步的引领者。因此在此次负面热点舆情事件中,央视新闻积极承担起社会责任,深层次挖掘事件真相,积极寻求佐证材料,努力克服负面舆情事件所带来的不良社会效应。

2. 以人民为中心,做好"传声筒"和沟通连接的"桥梁纽带"

马克思主义新闻观强调人民群众是实践的主体,是历史的创造者,新闻舆论工作的顺利开展必须依赖人民群众,全心全意为人民服务是新闻舆论工作的宗旨。

在"河北邯郸初中生被害事件"的报道中,央视新闻能够第一时间向受众传达事实真相,满足了受众的知情权;在案件处理结果出来之前采访多个专家学者,预测判决结果,预测事件走向。就传播渠道而言,央视新闻能够根据不同平台受众的不同特点制作不同形态的传播内容,适应分众化的传播需求,传播内容简洁明了,适应受众碎片化的阅读习惯。此外,央视新闻在案件结果公布后的第一时间便发布热评,牢牢掌握了舆论引导的话语权,同时依据相关法条和专家解读为受众答疑解惑。央视新闻在此次"河北邯郸初中生被害事件"中的表现真正做到了把人民群众放在中心地位,始终心系人民、服务人民。

3. 把握时代发展的脉搏,做引领时代的"弄潮儿"和社会进步的"助推器"

根据马克思主义新闻观,新闻舆论工作和新闻宣传工作紧密配合是时代发展的需要,要不断创新舆论引导的途径,扩大舆论引导的辐射范围,并将其与中国特色社会主义伟大事业的现实需求结合起来。

在本案例中,央视新闻的舆论引导思维极具前瞻性,懂得在社交媒体时代灵活运用各大传播平台,有效扩大了优质内容的传播范围,增强了新闻舆论工作的传播力。在报道负面热点事件时,其能够从大局着眼,审时度势,掌握好报道的火候和分寸,既维护了向上向善、积极进取的主流社会氛围,又能探寻出潜藏的社会问题,通过塑造正确的舆论价值导向,为维护社会稳定、推动社会进步贡献了媒体力量。

第二节 "重庆山火救援事件"舆论引导报道分析

一、摘要及关键词

摘要：2022年8月，重庆多地突发山火，一周之内，扑救山火的相关话题连续占据多个网络平台的热搜榜。在新媒体时代，网络空间舆论风向不定，如何做出让民众认同的正面报道，让新闻报道充满力量，让主流声音更响亮，是主流媒体需要思考的事情。聚焦本次重庆山火的新闻报道，以《人民日报》《重庆日报》为代表的新型主流媒体，在充分认识互联网传播规律的基础上，自觉运用党的创新理论，坚持守正创新、强化内容生产，以小切口映射大背景，以情感共振带来舆论共鸣，扛起主流舆论大旗。尤其围绕平民英雄、城市精神形成了全民共振的正能量舆论场，引导网友共同构筑了山火下的"精神共同体"，彰显了中国人民面对灾难不折不屈、团结一致的精神。

关键词：重庆山火；舆论引导；社交媒体；短视频；精神共同体

二、案例背景介绍

2022年8月17日起，由于极端高温干旱使林草可燃物含水量降低，重庆多地先后发生森林火灾。8月17日18时28分许、20时30分许，涪陵区荔枝街道、江北街道辖区山林突发山火；8月18日10时26分许、13时37分许，南川区神童镇、三泉镇辖区山林也发生山火。此次山火散点多发，屡扑不灭，一些山火在被扑灭的同时，又伴随着新的山火发生，且火点愈加分散、着火面积明显扩大，火情更为猛烈。

山火发生后，重庆市委、市政府高度重视扑救工作，并在第一时间做出安排部署，迅速成立扑救指挥部，调配市应急航空救援总队和市区两级专业应急救援、森林消防人员及设备，组织当地武警消防官兵等3000余人开展科学扑救作业。应急管理部调度甘肃、四川、云南森林消防人员等赶赴现场支援，调度挖掘机、消防车、洒水车等70余辆（架），水泵等装备160余台，出动直升机71架次，洒水1110吨，其中大载量无人机首次投入灭火实战。在天灾面前，社会救援力量同样发挥了关键的作用，各个地方的党政干部、民兵以及志愿者，均投入到重庆森林灭火战斗中。截至8月26日8时30分，重庆森林火灾各处明火已全部扑灭，全面转入清理阶段。

在与山火的肉搏中，重庆的摩托车大军收获了广大网友的高度赞誉。摩托车骑手们灵敏地穿梭在山间道路之中，摩托车成了山火救援时最高效快捷的交通工具，有效地避免了消防和物资车进驻的堵塞。几乎所有的物资,都离不开摩托车的运送,骑手们或背上背篓,或载着志愿者,带着灭火器、头灯和冰块往山上奔驰。从航拍图上看,发生在重庆缙云山的大火,更像是一个人类与自然灾害抗争的浪漫化隐喻:数千名重庆志愿者和一线的消防救援官兵们在仅用时三天就挖出的隔离带上,组成了一道长约一公里的人体长城。他们所戴的头灯在夜幕中闪烁耀动,与隔离带西侧的肆虐火线对垒抗争,从夜空中望去,像是一道星光银河。

没有人愿意经历灾难,但在灾难来临之时,中国人民从未退缩。危难时刻,消防官兵义无反顾地赴汤蹈火与普通民众的真情流露,是我们能够团结一心、勇往直前、共抗灾情的力量源泉。在危难关头和紧急时刻,每一个普通人内心迸发出的家国情怀,是中国人最朴素而深沉、最广泛而强大的情感,以此构成了我们代代传承、不曾断绝的精神传统。

三、案例分析

天灾无情人有情,山火背后,展现的是中国式英雄主义,它是流淌于人民血脉之中的"家国情怀"。三地支援,四方来驰,人们在没有路的地方踏出了路,在没有灯的地方点亮头灯,用实际行动对保卫家园作出最纯朴、最实在的解释。在对重庆山火的相关报道中,主流媒体从舆论引导的价值、内容、方式三重维度出发,对具体的人和真实的事进行新闻叙事,从而实现对山火救援中的英勇无畏、军民团结、保卫家园等宝贵精神的宣扬与歌颂,以下将具体分析。

(一)导向、引领、关怀:网络舆论引导的价值之维

当前,蓬勃发展的互联网日益成为信息集散地、舆论策源地和思想交锋主阵地。在新媒体传播环境中,传播主体广泛分布,不同观点的相互激荡令舆论中的声音愈加多元,舆论格局日趋扁平化。媒介赋权之下,人人拥有"麦克风",网络人际传播中更容易形成强大的声浪。信息发布的低门槛化使得数量庞大的网民群体易创造出汹涌无垠的舆论海洋,而舆论发布者差异化的素质结构、态度立场与发布动机,使得无数良莠不齐的舆论信息漂浮其间,最终导致舆论内容的繁杂。

当川渝人民面临持续高温、大面积干旱、断电、山火等一系列困难险情之际,网络空间不断出现"火盆还是红油锅底""四川重庆与退烧无缘""夏天的心脏在川渝"等热门词条。一些网友自以为是对这场酷热高温下的极端天气现象的"形象比喻",但其调侃与戏说心态,却是身处其中的民众难以接受的,也与严肃的救灾语境不符。在急如星火的救灾情势面前,这种意味轻佻的词条、这些"隔岸观火"的表达,很容易自带节奏,与灾害本身形成疏离感,从而消解救灾减灾的社会氛围。

对此,主流媒体积极关注社交平台上川渝地区网友对这种"灾难娱乐化"的反感。以《人民日报》等为代表的主流媒体及时发表新闻评论,批评这种拿灾害开玩笑的做法,认为这是一种低幼化的表达,拉低了公共灾害事件的严肃性,强调在灾害事件面前,每个人都理应拿出严肃的态度,学会"好好说话"。语言上的轻佻,反映的恰恰是社会思考能力的退化,正如《新京报》社论《川渝人民的灾情,不该拿来调侃》中的表达:"面对灾害事件,每个人固然可以表达不同观点,但都应契合事件本质。高温干旱、山火四起,这是危及川渝群众生命安全的严肃事件,不应当被娱乐化看待。对这场灾害多一些同理心,多传递善意和关怀,才能提振信心,凝聚救援力量。"铿锵有力的话语是对舆论走偏的积极引导。作为党和人民的喉舌,主流媒体应在舆论引导过程中以积极主动的态度发挥巨大作用,也只有在充分发挥媒体所具有的各项功能的基础上,主流媒体才能实现其价值,并最终赢得全社会的尊重和信赖①。

(二)及时、真实、吸引:网络舆论引导的内容之维

以正面宣传为主、高扬时代主旋律,既是党媒必须履行的神圣职责,也是党媒必须坚持的重要原则。要做好新闻舆论引导工作,必须正确理解和把握正面报道的内涵②。正面报道是指在新闻工作中从上而下对先进人物和事件进行的正面宣传,多是一些主旋律且积极向上的新闻报道。新闻工作者要发现和报道社会生活中能激励公众向上和向前的人和事,源源不断地传递正能量,增强社会成员的凝聚力。在社交媒体时代,主流媒体需积极利用各类新闻资源,加大宣传力度,对正面内容进行积极的报道,不断提高正面宣传的质量,发挥舆论导向的积极引导作用。

重庆山火的突发及救援不仅成为网络平台的热点话题,也成为各大新闻媒体报道的重点。自8月17日山火发生后,央视新闻、《人民日报》、《重庆日报》、澎湃新闻、《新京报》、凤凰网等多家媒体第一时间派出记者前往现场,为人们提供及时、准确的森林火灾相关信息。各家媒体先后对涪陵、南川、江津等地区山火火势进行报道,帮助人民群众了解事实真相,随后又对区政府迅速组织应急力量、调动各项社会资源紧急扑救以及各省驰援力量陆续抵达起火现场做出详细报道,并对火情基本得到控制且无人员伤亡做出及时说明,减少民众恐慌。之后,主流媒体集体转向对"摩托骑士""星光长城""志愿者精神"的宣传与歌颂,瞬间在全网引发热烈反响和情感共振,

---

① 高贵武,卜晨光.新媒体环境下国家主流媒体的功能与责任:评中央广播电视总台在疫情防控中的快速反应与舆论引导[J].中国广播,2020(4):13-18.
② 彭化义,吴超.准确把握"正面报道"内涵 切实体现"舆论引导"要求[J].军事记者,2002(5):52-53.

由此构建了此次战胜山火的"精神共同体"。

具体来看,重庆广电集团制作的纪录片,将"与山火决战的最后8小时"浓缩至8分27秒。微纪录片《与山火决战的最后8小时》主要以时间线串联整个灭火行动,真实记录消防战士、后勤供给人员、指挥调度人员等众志成城决战山火的过程。《人民日报》通过延时摄影,记录重庆缙云山"以火灭火"全过程,50秒的视频里,从白天到黑夜,一边是浓烟滚滚,另一边是消防员与志愿者共同铸起的璀璨的"星光长城",以恢宏视角致敬那些感动全国、守护山城的热血英雄们。凤凰网则将镜头对准了"重庆骑士"这一救火行动中的特殊群体,从骑手龙杰、小宇成立的"重庆山火救援队"视角、经历出发,记录与山火对抗的"决战时刻",以及这些摩托车骑手们的真诚和勇气。各大媒体迅速推出精品力作,将困难面前无数普通人众志成城挺身向前、守护万家灯火的热心与勇敢谱写成一曲感动所有人的主旋律,对这种义不容辞、挺身而出的担当和蕴含于人民之中的打不垮、压不倒的英雄气概进行了升华。

(三)立体、多维、分众:网络舆论引导的方式之维

习近平总书记在党的新闻舆论工作座谈会上提出了48字的"党的新闻舆论工作的职责和使命",要尊重新闻传播规律,创新方法手段,切实提高党的新闻舆论传播力、引导力、影响力、公信力。围绕"党媒姓党"原则和人民中心观念,新型主流媒体需坚持守正创新,不断丰富和发展融合传播。"新型"就是"新",就是要树立新理念、掌握新方法、运用新技术,始终掌握宣传思想工作的主动权;"主流"就是"正",就是要巩固壮大主流思想舆论,传播主流价值观①。在众声喧哗、舆论场日益复杂的当下,主流媒体在通过正面宣传进行舆论引导的过程中更要注意手段方式的创新,要用人民群众喜闻乐见的方式将党和政府的立场、方针政策传得更广更深远。

围绕重庆山火的相关报道,少即是多的短视频叙事带给人们许多震撼与感动。火情发生后,《重庆日报》的摄影记者第一时间奔赴第一现场抢抓新闻线索,短短几天,新媒体团队就生产了70多条原创短视频。在抖音平台中,仅《人民日报》发布的20个"重庆山火"短视频中,破百万点赞的视频就达15个,优质的内容得到了广大网民热情的回应,构建了"重庆山火"的正能量传播环境。由于在针对山火报道的初期,难以产生深度专访类稿件,因此短视频可以通过碎片化传播发挥巨大的"用武之

---

① 沈正赋.新型主流媒体舆论引导的策略传承、手段创新及其效度量化:基于新媒体内容治理为中心的考察[J].江淮论坛,2022(1):149-156.

地"。媒体借助不同的视角聚焦,为受众构造更大的想象空间,可以起到见微知著的传播效果,在正向价值的舆论场中能引发强烈的情感共振。除了专业媒体机构,一些自媒体也纷纷加入短视频的创作和传播中。短视频降低了媒介内容生产、获取的门槛,用户进行内容生产的积极性被进一步激发,一个眼见为实的用视频记录的"影像社会"铺陈开来①。

除了运用短视频新媒体手段,主流媒体还通过对典型人物的塑造与报道,使舆论引导的效果更上一层楼。"烈火骑士"龙杰(外号龙麻子)是重庆山火发生后冲上山头的摩托车骑手,他连续奋战三天三夜,因过度疲劳而快要在摩托车上睡着,当他试图用矿泉水浇醒自己时,这感人的一幕被《人民日报》记者捕捉到,其短视频也迅速"火爆"全网,得到民众的点赞和敬佩。之后,《重庆日报》《成都商报》《长江日报》等诸多媒体纷纷对该短视频进行转发,红星新闻还在山火救援结束后对其进行深度采访。被央媒点名表扬的救火英雄"龙麻子"作为摩托车骑手中极具代表性和示范作用的典型人物,他无私奉献和顽强勇敢的精神通过新闻媒体的全方面报道,成为传播社会正能量、鼓舞人们团结奋战精神力量的象征。正如习近平总书记在全国宣传思想工作会议上指出,"要广泛开展先进模范学习宣传活动,营造崇尚英雄、学习英雄、捍卫英雄、关爱英雄的浓厚氛围"②。可以说,新闻媒体通过对"龙麻子"等人物的塑造,使得全网舆论走向更为积极向上的一面。

四、重要报道评析

重庆山火扑救,你最难忘的是哪一个瞬间?③

(2022年8月30日 《人民日报》 特约评论员 常碧罗)

过去一周多,重庆山火成为全网焦点,牵动着全国人民的心。在各方的共同努力下,重庆森林火灾各处明火已全部扑灭,其中有些瞬间也将永远铭刻在人们记忆中。

回想这样的场景,仍让人心潮澎湃。各路而来的救援团队,重庆市民自发组织的志愿者,摩托车小伙支援山火救援……各行各业的人们加入到这场保卫家园的"战斗"中。面对肆虐的山火,不仅有冲在一线、昼夜鏖战的消防员、武警官兵等救援人员,也有向险而行、逆火而行的普通人,还有从云南、甘肃等地赶赴而来的救援力

---

① 黄敏.短视频传播热点事件的舆论激发及引导策略[J].传媒,2020(22):72-74.
② 班凡.习近平英雄情怀的丰富内涵和时代价值[J].黑龙江工程学院学报,2021,35(4):63-68.
③ 重庆山火扑救,你最难忘的是哪一个瞬间?[EB/OL].(2022-08-30)[2023-03-07].https://mp.weixin.qq.com/s/cLlTdTb7GdVNI3NH3TVPMQ.

量。一次次爱心传递、一场场连续奋战、一趟趟运送物资，汇聚起赴汤蹈火护家园的磅礴力量，构筑成万众一心战天灾的牢固防线。

如果问起，在扑灭山火的过程中，哪些镜头最难忘，"摩托车骑士"会立刻跃入脑海。重庆山林茂密，山间的林道狭窄崎岖，摩托车发挥着无可替代的作用。40多摄氏度的高温下，重庆的一队队越野摩托车骑手自发组成志愿服务队，赶赴一线支援，跟大火抢时间。其中，"龙麻子"让广大网友直呼"心疼"——累了困了，往头顶浇上一瓶水；中暑呕吐，扭头又跨上摩托一溜烟骑走。许多像他这样的外卖骑手，在面对山火时，变身成为"骑士"。没有从天而降的英雄，只有挺身而出的凡人。从这些"娃儿"身上，人们看到顽强的意志、不服输的血性，看到保卫家园的赤子情怀。

微小的灯光汇聚，铸就抗击火灾的长城——这是此次灭火战斗中具有象征意义的一幕。25日，当夜晚来临，北碚区缙云山展开灭火决战，山体一侧救援人员与熊熊燃烧的烈火搏斗，山体另一侧志愿者们在专业救援力量的带领和指挥下，以接龙的方式往山上运送灭火器、水等物资。从航拍的画面来看，志愿者头灯组成的光链也似乎在与蜿蜒的火舌对决。一束微光唤起另一束微光，汇聚成照亮黑夜的星河。在救援现场，随时能看到100多辆摩托车在飞奔，最多时有2000名志愿者同时在场；在距离救火现场较近的西南大学，师生主动上山挖起隔离带；"在路上，马上到""还有8分钟，等我"，在微信群里，消息闪烁，更多微光被点亮……每个人的热心和勇敢，都是守护身后万家灯火不可或缺的力量。困难面前无数普通人众志成城挺身向前，带给我们最多的感动。

"你守护山城，我守护你。"爱与奉献的双向奔赴，同样令人动容。云南省森林消防总队昆明支队石林中队指导员赵明奇说，这次来重庆参与灭火"长了见识"："第一次在救火现场吃到冰糕。不仅有冰糕，还有冰水、冰块，物资补给得很豪放。"大火被扑灭后，重庆当地群众自发相送千里驰援的灭火英雄们。敬礼致意、夹道送别、硬核投喂，甚至不开车门拿东西就不让走，网友调侃道："没端出火锅是重庆人民最后的克制"……崇尚英雄、争做英雄，向英雄致敬并身体力行英雄般的壮举，共同完成了一次对山城人民"英雄气"的生动刻写。有人说，在这样团结而温暖、充满英雄气概的地方，有什么困难不可战胜？

"这是我的家，我不能不管。"在危难关头和紧急时刻，每一个普通人内心迸发出的家国情怀，是中国人最朴素而深沉、最广泛而强大的情感，构成了我们代代传承、不曾断绝的精神传统。有"00后"消防员直言，自己紧张也害怕，但"怎么退嘛，背后就是一个养鸡场，还有几栋民房，里面有几百只鸡，还有几个居民"。这种义不逃责、挺身而出的担当和蕴含于人民之中的打不垮、压不倒的英雄气概,也正是我们战胜一切艰难险阻的底气所在。

"开春一起去种树吧!"大火扑灭后,有人刚灭火归来就立即加入到严防旱涝急转的工作中,志愿者们继续上山清理垃圾,为植树做准备。青山重现,指日可待。

评析

该篇报道是对重庆山火救援中动人画面与感人时刻所折射的勇敢与坚强精神的宣扬和歌颂。通过对物资运送、连续奋战、爱心传递等所有令人心潮澎湃的救援场景的描述与再现,读者再次感受到在这场赴汤蹈火守护家园行动中所体现的万众一心战胜天灾的磅礴力量。

其中,尤为令人难忘的镜头当属"摩托车骑士"。当一个个年轻小伙毫不犹豫地自发组成志愿服务队,于茂密山林和崎岖山路之中跟山火争抢时间,协助消防员、武警官兵等专业救援人员一起昼夜鏖战,他们身上满是顽强的意志和不服输的血性以及保卫家园的赤子情怀,他们是真正的英雄。

此外,此次灭火战斗中极具象征意义的一幕是由微小灯光汇聚的"星光长城"。在25日晚北碚区缙云山展开的灭火决战中,山体一侧是熊熊烈火,一侧是志愿者头灯组成的光链,蜿蜒的灯光汇聚成照亮黑夜的星河。每一个闪烁的微光都是无数普通人众志成城挺身向前的热心和勇敢,这种守护身后万家安宁的精神令人无比感动。

感动不仅发生在救援中,也发生在分别时。大火扑灭后山城人民自发送别各地驰援的灭火英雄们,上演了一场热情盛大的欢送仪式。除了夹道相送和敬礼致意,更有硬核投喂,引得网友调侃"没端出火锅是重庆人民最后的克制"。不开门拿东西就不让走,不仅是人与人之间投桃报李的爱与奉献,也是全国人民永远团结一心的体现与彰显。

习近平总书记在2019年春节团拜会上的讲话中强调:"我们要在全社会大力弘扬家国情怀,培育和践行社会主义核心价值观,弘扬爱国主义、集体主义、社会主义精神,提倡爱家爱国相统一,让每个人、每个家庭都为中华民族大家庭作出贡献。"在此次救援中,每个平凡人在危难关头和紧急时刻迸发出的家国情怀,是中国人最朴素而深沉、最广泛而强大的情感,并构成我们代代传承的精神宝藏。

"烈火骑士"龙麻子:一个"坏孩子"的英雄路①

(2022年10月3日 红星新闻 记者 李毅达 闫沫琛 杜玉全 官莉 郭庄)

在人生的前22年,命运总是在和龙杰开玩笑:先是给了他一个穷到买不起米的家庭,接着是母亲离家出走。后来,他的父亲——唯一的亲人也离开了人世。16岁的时候,初中辍学打工的龙杰爱上了骑越野摩托,攒了几个月工资,花3000元买了辆二手摩托。他说:"骑摩托的时候我是快乐的,没有烦恼,下了车,烦恼就来了。"但因为没钱换好车,也没有大把的时间练习,职业车手对龙杰来说,只能是埋在心底的梦想。

虽然龙杰不知道在救火现场会面临什么危险,但他知道重庆是他的家乡,家乡"有难",需要他骑着摩托去山上运送物资。8月21日晚,还在送外卖的龙杰听说北碚歇马街道起了山火,他立刻就想去现场救火,但当时没有找到招募志愿者的联系方式,也不知道怎么过去。到了22日中午,车队里的队友在群里喊了一句,需要越野摩托车去送物资,龙杰第一时间报名,背上背包,骑上自己的"26号战车"赶赴火场。8月23日凌晨,龙杰发了一条朋友圈,他说自己这次真的当了一次勇士,但结果还是中暑了。谈到这个决定,龙杰说他并没有想太多,也没有害怕,最大的阻碍反而是钱。"当时决定要去运送物资,需要自己带背包,骑自己的摩托车,我当时身上只有15元,加不起油。我想了半天,还是找队友借了500元,留300元加油,剩下200元吃饭。"找队友借钱加油后,龙杰背上水、饭、灭火器、水泵等灭火补给品,在浓烟滚滚的山上来回辗转上百趟,从中午12点一直干到凌晨。

在网上,多数人通过一个视频认识了龙杰。视频里,龙杰穿着绿色上衣,跨坐在他的"26号战车"上,困到连睁开眼睛都变成一件难事,晒得通红的脸上写满疲惫。他先是倚靠在车上呕吐,然后又拧开一瓶矿泉水,举过头顶,浇了下去。龙杰第一次得知自己"红"了,是在山上。车队队友们都在叫他,告诉他央视新闻和《人民日报》点名表扬了"龙麻子",这时他才去网上搜了自己的名字,也看见了数千万网友对他如潮水般涌来的赞扬。"刚开始的时候我其实挺紧张的,怎么突然就火了,这么多人关注我,我还是一个普通人,也是志愿者,就是做了一件非常有意义的事情罢了。"龙杰说,"但是看了那些评论都在夸我,说我'好样的',也挺开心。"

他骑着车在山火现场一次一次地奔波跋涉,运送物资,成为被《人民日报》点名表扬的救火英雄"龙麻子"。但龙杰没有把这次爆火看作命运的馈赠,他觉得,这可

---

① 李毅达,闫沫琛,杜玉全,等."烈火骑士"龙麻子:一个"坏孩子"的英雄路[EB/OL].(2022-10-02)[2023-04-17]. https://mp.weixin.qq.com/s/TQQ2yupXzMtJPLOuP5cp_g.

能是命运给他开的又一个玩笑。打小就穷苦的他,伸手就能拿到可能送几十年外卖才能赚到的钱,可以很轻松地在县城里买房买车,但他知道,要付出的代价可能是名声和形象的崩塌。"说实话,赚钱对我的诱惑力很大,我不是傻子,况且我家里条件也不好。我也想赚钱,所以我心里面非常纠结。一边是钱,一边是荣誉,两个都重要,就看自己怎么选择。"在采访中,龙杰掰着手指头,很认真地算了一笔账。以他送外卖的收入,1个月5000元,1年6万元,10年不吃不喝才能赚60万元,而那时候他动动手指发个视频,就能带来数倍于此的收入。这是一个艰难的选择,龙杰思考了很久,做了一个郑重的决定:为了"龙麻子",他决定不开直播带货、不签合同、不赚钱,只做公益,传递正能量。"这对我来说是很大的煎熬啊,我不想毁掉网友给我的'英雄'称号。我很害怕被骂,比起钱的话,我还是在意别人的看法,我想把好的一面给别人。"

"龙麻子"被网友当成英雄,但按照龙杰的理解,"英雄是不能赚钱的"。于是,在被《人民日报》点名表扬一个月后,除了一个300万粉丝的账号,和时不时的合影邀约,龙杰的口袋里又只剩下150元钱。

评析 1

参与山火救援的志愿者们是危难时刻的英雄,也是平凡时刻的普通人,摘掉英雄"标签",回归他们原本的身份,并从他们的视角出发看待这次山火救援中的危险挑战和感人精神,或许更具说服力和感染力。"烈火骑士"龙杰——"龙麻子",作为志愿者队伍中普通又特殊的一员,他是无数志愿者的缩影和正能量的象征。不幸的家庭和穷苦的生活让龙杰的人生充满艰辛和不易,但苦难并没有击败龙杰,反而让他成为一个善良勇敢的人。得知家乡有难,他毫不犹豫冲到现场,参与山火救援,即使面对捉襟见肘的经济现状,他仍然选择加入志愿者队伍。龙杰的所作所为正是集体主义、社会主义核心价值观的生动体现。

面对酷暑盛夏的超强山火,以龙杰为代表的"摩托车骑士"骑着自己的"战车"一趟趟地运送冰块、矿泉水、油锯等物资。这种救援在人多力量大的朴素真理下产生了实际效果,也使我们不得不思考在如今科技日益发达的今天,并非一切都在进步,面对熊熊山火,我们依然要选择"人力运输"这种传统而低效的救援方式。但一份份救火物资的传送和储存就等于把每个人保卫家园的信念和热情叠加起来用以对抗山火。一个个"龙麻子"正在向人们表明,不是所有的行为都可以用理性和精确来衡量其意义,人类情感有时候之所以显得伟大,恰恰是这种不明智的壮举带来的冲击。这种精神引领也是此次志愿者救援行为对全社会起到的积极导向作用,且经过媒体的报道和催化逐渐在全体人民心中引发强烈共鸣。

评析 2

　　毋庸讳言,移动互联网让每个人都可能拥有"高光时刻"。"龙麻子"没有想到当他用矿泉水试图浇醒疲惫不堪的自己时,这一幕不仅被拍了下来,而且经由短视频平台迅速火爆全网。之后,赞扬声不绝如缕,粉丝数日见陡增,各种邀约与合作接踵而至,甚至有公司开出上千万元的价格要和他签约合作。一夜之间,龙杰从无名之辈成为家喻户晓的"烈火骑士"。

　　面对突然的爆火以及诱人的赚钱机会,龙杰仿佛站在了另一个十字路口,他需要清醒地思考和选择。其实,即使龙杰选择趁着爆火多赚一些钱以改善生活,公众也是可以理解并祝福的,但龙杰依然做出了令人们再次敬佩的决定——他决定不直播带货、不签合同、不赚钱,只做公益,传递正能量。就像龙杰很认真地告诉记者:"这对我来说是很大的煎熬啊,我不想毁掉网友给我的'英雄'称号。"

　　能坚守内心原则,能在功利浮躁的境况里保持定力,能凭借一颗真诚的心抵制拜金主义社会思潮,龙杰的身上再次闪烁出踏实、质朴的精神品格。就此而言,"龙麻子"已不再是具体的人,而是一种精神,一种君子有所为亦有所不为的高贵品质和一种精神荣誉大于物质享受的高尚追求。龙杰的选择,也给整个社会带来了启示和追问,即我们崇尚英雄,也鼓舞人们争做英雄,而更重要的是成为英雄之后能不忘初心,守住英雄称号,这也是对英雄本色的考验。

重庆的"英雄气"为何引发强烈共鸣?[①]

(2022 年 8 月 29 日 《环球时报》 责编 赵建东)

　　重庆本轮山火终于全部扑灭了。根据最新通报,重庆各处森林火灾全面转入清理看守阶段,"无人员伤亡和重要设施损失"。在持续的极端高温和干旱环境下,扑灭山火面临了难以想象的艰难险阻,但从第一起山火爆发到各处山火全部扑灭,只用了不到 10 天的时间,这很不容易。在这个过程中,"英雄气"是在社交平台上最火的关键词。

　　重庆是一个山城,山与人连在一起,没有明显的界限。因此山火对重庆人来说,是一场迫在眉睫的危机,激发了保护家园的众志成城。在这场"十八路英雄"扑灭山火的行动里,冲在一线的是消防员、武警官兵、解放军、医护人员,他们身后,是志愿者自发组成的坚实后盾——有插着五星红旗送物资的"摩托崽儿",有扛着油锯开辟

[①] 重庆的"英雄气"为何引发强烈共鸣?[EB/OL].(2022-08-26)[2022-12-14]. https://mp.weixin.qq.com/s/SOl0St4P1wRvdWNT4bb-DA.

隔离带的父子,有拿着喇叭协调物资的女孩,还有送外卖的、做饭的、递水的、开挖掘机的……在那些奋不顾身的逆行身影中,有军人、有党员,有来自各行各业、不同年龄的普通人。在肆虐的山火面前,他们牢牢拧成了一股绳。

这种"英雄气"既是重庆的,更是中国的。网友口中这场"史诗般的救火",来自全国的托举之力。由于火灾形势严峻紧迫,从国家部委到甘肃、云南等兄弟省份,都对重庆进行了大力支援,为快速扑灭明火提供了至关重要的帮助。与此同时,在互联网上,"重庆雄起"的加油打气此起彼伏,无数令人动容的细节场景在社交媒体上持续刷屏。的确,如果没有一点"英雄气",这些是根本不可能通过"摆拍"而实现的。真正引发共鸣的,正是在这些普通又勇敢的人们身上闪耀着的、中国人面对灾难或外敌时所共有的血性、意志和团结。

耐人寻味的是,西方一些媒体对这次重庆遭遇灾害的观察视角,与国内舆论场截然不同。向来拿着放大镜观察中国的他们,对高温、限电、疫情带来的不便大书特书,甚至冷嘲热讽,刻意放大社会在应对灾害时出现的细节矛盾和分歧,反而对引起中国社会最大共鸣的"团结灭火"只字不提,这本身就是不厚道甚至不人道的。他们不是没看到,而是不愿相信、不肯承认,在应对灾难方面,中国就是做得挺不错的。

美国也是饱受山火之苦的国家,不仅加州大火年年烧,大面积干旱也正在成为愈发突出的问题。然而那些山火烧出的,是资源只向富人开放的严重贫富差距,是"不交钱就不灭火"的冰冷"规则",是灾后物价疯涨、恶性案件频发的趁火打劫。然而在这次重庆山火里,人们看到的是志愿者肩挑背扛把冰水送给一线消防员,是摩托车店主免费外借价格不菲的越野摩托车用于救灾,是加油站免费为"摩托大军"加油……同时,尽管多重灾害并发,但一切依然是有序的。

过去几十年里,西方有不少人研究中国,自认为很了解中国。但他们做出的预测和判断,往往被现实证明是完全错误的。其中有很大的原因就是他们对中国人侠肝义胆、保家卫国的性格不够了解,对中国社会守望相助、同舟共济的传统不够熟悉,从而导致一厢情愿、屡屡误判。尤其是最近这些年,西方舆论更加倾向于用意识形态来解释"中国为什么能",试图营造一种"即使你做到了也不光彩"的妖魔化氛围。不得不说,这不仅仅是傲慢,更是一种思想上的堕落。但他们怎么也解释不了,为何美国、澳大利亚等国的山火一烧就是几个月,为何美国的住宅楼坍塌却遭遇了荒诞的"考古式救援"。

家国情怀,是中国人最朴素、最深沉、最广泛,也是最强大的情感。无论是渡江战役中老百姓划着小舢板冒着枪林弹雨将解放军送过长江,还是汶川地震后15位空降兵在5000米高空的生死"盲跳",抑或这次重庆山火中志愿者头灯组成的"星光长城",在每一个危难关头和紧急时刻,每当国家和人民需要的时候,总有千千万万的人自发地站出来。这就是了不起的中国人,这就是中国的"基本盘"。

评析

亨利·基辛格在《论中国》一书中写道:"中国人总是被他们之中最勇敢的人保护得很好。"没有从天而降的英雄,只有挺身而出的凡人。那些平凡的党员干部、公安民警、普通民众总是在危急时刻自告奋勇、舍己为人,用大爱支撑起守护他人的坚实屏障。面对酷热的天气和陡峭的山势,任何人都会产生一种绝望感——这火怎么才能灭?志愿者给出了答案:"用背来的水浇吧,我们再找人背。"冷静理性地想,这种不计成本的灭火简直是开国际玩笑,任何一阵大风引发的复燃都会让浇水灭火显得毫无意义。可当前赴后继的村民和志愿者不停地把水、冰块、食物以及灭火器械背上山送到一个个消防站点,我们不难想象为什么在有些国家发生山火,有时并不选择强力救援,而是视情况等着燃烧完或下雨,因为救援的成本在那些国家远远超过了收益。

但在中国,这里有无数坚韧的老百姓,他们不遗余力一个一个将物资用原始人力输送到每个山坡。客观地说,这种传送方式的效率谈不上高,尤其对于经济学家来说,这应该不是最优解。但从山顶俯瞰那些在漫天浮灰和暴晒下,人们像蚂蚁般坚挺地传送,每个人都会感受到意志和信念的存在,"人如蝼蚁"的接龙运送物资场景带给人们的震撼,已经远远超过了救援山火本身的意义所在。回想发生在我们国家历史上的一场场重大战役,能影响和左右它的不是冰冷的数字和沙盘上的推演,而是平日里默默无闻的普通百姓,在关键时刻迸发出的顽强力量。历史,是所有强有力的生命的总和。

比较重庆山火十日内被扑灭和国外山火连烧数月之间的差异,我们看到了中国人民的"英雄气",但也同样要看到我们在国际舞台上仍然面临"说了没人听、听了没人信"的局面。如何做好国际传播,将全面、立体、真实的中国形象呈现在国际舞台上,这仍是摆在我们面前的一道现实难题。习近平总书记指出:"只有坚持以人民为中心的发展思想,坚持发展为了人民、发展依靠人民、发展成果由人民共享,才会有正确的发展观、现代化观。"因此,讲述中国故事,弘扬中国精神,民间力量或许仍然可以大有可为。只有坚持以人民为中心的发展思想,将人民视作党执政兴国的最大底气,我们才会更快更好地实现中华民族伟大复兴梦。

五、思考题

1."小人物"撬动"大流量"对新闻舆论引导工作有何启示?
2.在国际传播视域下,主流媒体应如何报道此次重庆山火救援事件?

六、案例使用说明

(一) 适用理论

本案例旨在说明新闻舆论工作的重要性以及舆论引导的导向性、互动性和艺术性。因此,首先需要明确何为舆论。舆论是指在特定的时空里,公众对于特定的社会公共事务公开表达的基本一致的意见或态度。舆论作为公众意见(公共意见),是社会评价的一种,是社会心理的反映,它以公共利益为基础,以公共事务为指向,并因此具备许多独有的个性,如:公开性——舆论在公开讨论中形成,并在公开的情境中以实施干预,自始至终它都是在社会公共领域内产生并发生作用的;公共性——包括舆论指向的公共性和作用目标的公共性,要吸引公众参与,形成广泛的社会讨论,最终整合形成一致意见,那么这一意见指向的事物必然涉及公共利益;急迫性——舆论涉及的都是近在眼前而且迫切需要解决的问题,公众形成舆论的目的就在于让事件的进展能尽量、尽快顺应公众共同的意愿;广泛性——舆论具有存在范围的广泛性和影响范围的广泛性,其原因主要在于舆论主体的广阔性;评价性——舆论是一种意见,它不是一般的客观陈述,而是对事物做出的判断,带有明显的主观倾向。只有对舆论的内涵及其特征有了清晰的认识,才能在实践中对舆论的形成过程及作用机制做出体察和判断。

其次,舆论引导作为新闻媒体劝服大众尊重、遵循国家的法规、社会公德及政府的方针、政策,从而达成社会共识,形成共同行动的有力手段,既有鲜明的导向性、调控性、互动性和艺术性特征,也在国家发展和社会运转中发挥着倡导(舆论引导者需要做到"下达",将政策、方针等传递给人民群众)、抑制(针对负面的思想、错误的言论,舆论引导者应该进行抨击)、协调沟通(舆论引导者应当在形成健康向上的新闻舆论过程中,正确引导人民群众)的重大作用。当下,新媒体蓬勃发展引发话语权的博弈,社会转型导致不同阶层利益交锋加剧,而波谲云诡的国际局势又给意识形态安全带来了更大的挑战。就此而言,舆论引导更加紧迫,党和政府以及新闻媒体必须高度重视舆论引导工作,且须在方式方法上不断创新以取得良好效果。概言之,完善舆论引导工作机制,提升舆论引导工作的治理能力和治理效能,对于增强全党全国各族人民的凝聚力和向心力,维护国家意识形态安全和政治安全,具有十分重要的意义[①]。

---

① 江大伟.完善坚持正确导向的舆论引导工作机制[J].思想教育研究,2020(1):25-29.

(二)要点分析

马克思主义新闻观是站在马克思主义立场上,用马克思主义观点、方法而形成的关于新闻的看法。认识、理解、把握和实践马克思主义新闻观,对中国新闻事业乃至整个中国社会主义建设事业都是至关重要的事情,具有重大而长远的战略意义[①]。但理论和理念难免充满抽象的色彩,只有将其和具体的现实事件和生活实践联系起来,才会让人民群众对其产生深刻的认知和认同。

通过对本案例的梳理和分析,一方面能够清楚山火突发及其救援行动的时间脉络和过程,另一方面也能够了解到各新闻媒体及新闻工作者如何因时而变地调整报道方针,并生产出符合事实且贴合情感的新闻报道。这对于新闻工作者来说,是认识新闻客观性和报道倾向性的有益实践。同时,要认识新闻媒体的喉舌功能,谨记宣传思想工作是做人的工作的,重中之重是要以坚定的理想信念筑牢精神之基,坚定马克思主义信仰,坚定社会主义和共产主义信仰。从一篇篇新闻报道中,我们得以感受到新闻人内心的坚定信仰。

在未来的工作中,新闻工作者应将所学化作所用,在内容和形式两个方面进行创新,形成新的话语表达体系,从人民群众的视角出发,做出真正有故事、讲情怀的新闻报道,从而达到良好的宣传效果,力求在新的时代背景下,更多地把马克思主义新闻观落实到有成效的实践指导层面。

---

① 杨保军.当前我国马克思主义新闻观的核心观念及其基本关系[J].新闻大学,2017(4):18-25,40.

第五章

国际传播篇

第一节 "云南大象北迁事件"国际传播报道分析

一、摘要及关键词

摘要:2021年4月,15头云南大象自普洱市墨江哈尼族自治县(以下简称墨江县)开始北迁,历经三个多月,行进1300多公里,途经玉溪、红河、昆明3个市(州)的8个县(市、区),于8月初成功"回家"。云南野象北迁引发了国内外网友的普遍关注,全球多家媒体争相报道。此次"云南大象北迁事件"的国际传播,总体上产生了积极的反响,展现了中国大象的憨态可掬、中国人的热情与友善以及中国政府对于生态保护所付出的努力。毫无疑问,本次国际传播是成功的,它为讲好中国故事、传播好中国声音铺桥搭路,为我国今后的国际传播提供了有效借鉴。

关键词:云南大象北迁;国际传播;中国形象

二、案例背景介绍

国际传播有广义和狭义之分。广义的国际传播是指国家之间的信息交流活动,即一国政府、组织、媒体、个人针对本国及其他国家进行的新闻信息、文化信息、数据资料信息的传播。狭义的国际传播是指以大众传播为支柱的国与国之间的信息传播,特指一国的大众媒体针对其他国家政府及人民进行的新闻信息的传播活动[1]。

"落后就要挨打,贫穷就要挨饿,失语就要挨骂。"在实现中华民族伟大复兴的历史进程中,"挨骂"问题成为这条道路上的一大障碍,加强国际传播能力建设成为国人的核心关切[2]。这不仅影响中国的国际话语权、国家软实力,还深刻影响中国的战略导向、政策环境和社会发展。

2021年"云南大象北迁事件"引起了国内外受众的普遍关注,入选2021年度全国"对外传播十大优秀案例",对展现可亲、可爱、可敬的中国形象做出了积极的推动与宣传。

2020年3月,"短鼻家族"共计16头野象从西双版纳国家级自然保护区进入普洱市,之后便缓慢北上。7月,象群在普洱市思茅区南屏镇大开河村造成1人死亡。8月,象群到达倚象镇。12月,象群在普洱境内生下一头象宝宝,数量变为17头。之后迁移至墨江县。

---

[1] 严功军.全球化转型:国际传播与能力建设再思考[J].新闻界,2018(8):84-92.
[2] 李彬.中国道路新闻学(四):挨打、挨饿、挨骂[J].当代传播,2018(4):4-6,23.

2021年4月16日,17头亚洲象正式开始北上旅途,从普洱市墨江县进入玉溪市元江哈尼族彝族傣族自治县(以下简称元江县),从此"火爆"全球。4月24日两头大象不愿意北上,就离队返回普洱市墨江县,于是象群数量变为15头。5月16日凌晨,15头亚洲象进入红河哈尼族彝族自治州石屏县宝秀镇。5月24日,一头小亚洲象因"贪杯"吃下100斤酒糟醉倒在龙武镇大练庄村,导致落单,其余14头大象行至玉溪市峨山彝族自治县(以下简称峨山县)大维堵村一带。5月25日,落单小象跟上队伍。5月30日,15头象迁徙至玉溪市红塔区洛河彝族乡大湾村尖山哨坡附近,距昆明市晋宁区边缘仅有20公里。6月2日,象群一路向北,进入昆明市晋宁区双河乡。7月27日,象群从石屏县经玉溪市新平彝族傣族自治县扬武镇进入元江县境内。8月7日,象群在玉溪市元江县甘庄街道附近林地内活动。8月8日晚,云南北移亚洲象群已跨越元江大桥,平安返回栖息地。

北移亚洲象群"穷游"110多天,共行进1300多公里,途径玉溪、红河、昆明3个市(州)的8个县(市、区),15头亚洲象全部安全南返。此次象群迁徙,云南省共出动警力和工作人员2.5万余人次沿途"接待迎接",还有973架次无人机为其"摄影拍照",布控应急车辆1.5万多台次为其"疏导交通",疏散转移群众15万多人次,投放食物近180吨。另外,因受象群迁徙而造成的损失申报案件1501件,评估损失512.52万元。

自云南野生亚洲象群向北迁移以来,引发了全球的广泛关注,海外社交媒体上遍布云南野生亚洲象群的照片和视频,美国有线电视新闻网、《泰晤士报》、英国广播公司、《华盛顿邮报》、美联社、《卫报》、天空新闻台、路透社、《纽约时报》等西方主流媒体都进行了跟踪报道,使得云南野生亚洲象群成为"国际网红",国际民众对中国政府及民众在此次事件中的反应及采取的措施给予了高度评价。中国政府和民众对云南野生亚洲象群保护的努力,向世界展示了真实、立体和全面的中国。

三、案例分析

云南亚洲象北迁自2021年4月中旬开始,至8月初结束,历时数月,共行进1300多公里。大象迁移事件最初由云南卫视、《春城晚报》报道,之后多家地方媒体和中央媒体介入,各类网络媒体、对外媒体、海外社交媒体也广泛关注。一路吃吃喝喝、连玩带睡的亚洲象"天团"不但每天吸引着中国网友们追剧般的热情关注,还成为世界级的明星旅行团。大象原地休整的睡颜和沿路觅食等罕见画面,引发了中外网友的极大关注。网友们对中国好评不断,称赞中国人善良耐心,中国政府与专家的专业引导以及背后折射出的动物保护意识亦颇受好评。2021年末,习近平总书记通过中央广播电视总台和互联网发表了2022年新年贺词,贺词中亦提到了云南大象的北归之旅。毫无疑问,这次对外传播的影响力巨大。

当前,中国的综合国力及国际地位不断提升,进一步提升国际传播的能力,有利于营造与中国的大国地位相匹配的国际传播话语权。习近平总书记在党的二十大报告中对"增强中华文明传播力影响力"作出重要部署,强调要"坚守中华文化立场,提炼展示中华文明的精神标识和文化精髓,加快构建中国话语和中国叙事体系,讲好中国故事、传播好中国声音,展现可信、可爱、可敬的中国形象"。在这次"象往"的旅行中,海内外超过3000家媒体对云南北上南归的大象给予报道关注,大象"出圈",云南"出圈",吸引了世界目光。

深入挖掘与分析"云南大象北迁事件"这一国际传播的成功案例,有益于积累成功经验,不断提高国际传播的技巧与能力。云南亚洲象在国际上的走红,打开了国际传播中一扇崭新的门,为讲好中国故事提供了广阔的思考空间。针对2021年我国新闻媒体在国际传播中所发布的相关媒体稿件,在本节,笔者拟从以下三个方面进行分析。

(一)传播内容要"软":传递保护环境的共识思维

在我国既往的国际传播中,媒体的报道多从宏观的政治、经济、社会等维度进行报道,所表达的内容较为"生硬",在国际上所引起的反响平平,难以引起共鸣。在当今时代,环境问题逐渐成为全球性的问题,如何保护环境已成为国际热点议题。云南亚洲象北迁报道虽然仅仅聚焦本土大象迁移这一微观事件,但其中所蕴含的保护环境、爱护自然的思想与精神却具有世界的共性,能够成为连接人类共同情感的纽带与桥梁。

云南亚洲象北迁的报道,以可爱的云南大象为切入点,展现了中国人亲切的形象以及中国政府负责任的形象。中国国际电视台在新闻报道中称此次云南野象的北迁为"冒险",将大象拟人化,契合了部分热爱冒险受众的兴趣点,亦使一些西方受众颇有兴趣地持续关注大象的"冒险"旅行。在相关视频报道中,编辑多采用对比的表现手法,将大象与体型较为矮小的家禽放在同一画面中,突出体型差,并且重点聚焦于象宝宝在北迁途中的可爱行为与表现,抓住了海内外观众的眼球。视频中的大象状态良好,面对居民也毫不露怯,随意踏进农田、居民家中,对居民的生活造成了困扰,但面对大象的"打扰",视频中的村民表现得非常大度与宽容,展现了中国人的亲切与友善。在有关云南亚洲象北迁的新闻报道中,中国政府在某种程度上是"缺席"的,在新闻报道中较少见到对政府官员的直接采访与报道,但中国政府又时时刻刻"在场",大象在北迁过程中一路顺利,人与象相处温馨和谐,这一切产生的积极效果背后都是中国政府在出力,侧面展现出了中国政府勇担责任、爱护环境的负责形象。

"云南大象北迁事件"相关报道在情感共通性的基础上实现了去意识形态化,传递出我国保护自然的态度,因此更易于被海外受众所接受。运用"云南大象"这个传播载体和窗口,用柔性的表达讲出大象背后的故事,既能满足人民群众的精神文化需求,也能让海外受众通过云南大象,更加真实、全面、立体地认识云南、了解中国,增进了世界人民与中国人民的相互了解。

(二)传播形式求"新":以视觉传播不断推陈出新

此次"云南大象北迁事件"的新闻报道形式多样,相比于传统的文字报道形式,短视频报道占据了主流,在海外传播中获得了较好的传播效果。相关短视频作品减少了言语讲解,大部分内容多为图片呈现,抑或为无人机拍摄,真实直接地展现了云南野生大象的自然可爱行为。相较于长篇幅的文字讲解,海外受众更易理解简单轻快的图像表达。其中《南华早报》在 YouTube 平台上所发布的短视频《小象小憩》在该平台上受到极大关注①。该视频全程以直接拍摄的象群图像为主,配以少量的文字讲解,视频全程采用轻松愉快的纯音乐伴奏。舒适休闲的视频氛围获得了 414 万的观看量(截至 2022 年 11 月)。对于海外受众来说,大量的图片与视觉符号在一定程度上降低了传播隔阂,减少了传播障碍,能够跨越文化与国别的界限,使他们能更好地理解新闻报道中所传达的含义,从而进一步引起了共鸣,增加了共通的意义空间。

此外,"云南大象北迁事件"相关报道的视觉传播形式具有创新性。报道团队运用数字媒体,根据大象本身所具有的独特可爱形象制作手绘与 3D 动画,将大象迁徙的路线制作成立体的卡通动画,直观地描绘了大象的运动轨迹。受众能够清晰直白地了解大象的迁徙路线与迁徙轨迹,可爱的 3D 动画亦激发了受众的观看兴趣②。

在"云南大象北迁事件"中,央视频和中国国际电视台进行了视频直播,采用慢直播的形式直接呈现大象的迁徙状态,未掺杂任何主观评判。中国国际电视台利用天网技术对云南象群展开马拉松式的全景跟踪播报,推出的"大象北游"天网直播,引发全球网民"观象"热潮,不仅为云南带来了国际曝光度,而且向海外民众展现了中国政府保护动物与生物多样性所做出的努力。

---

① 朱莉,徐可意.中国大象在国际社交媒体平台的跨文化接受研究:基于 YouTube 短视频评论的分析[J].传媒,2022(14):56-59.

② 郭迪帆,潘政治.我国主流媒体国际传播的实践经验及可行路径:以云南大象迁徙视频海外传播为例[J].当代电视,2022(5):7,53-56.

在新时代讲好中国故事,不仅要在内容上下功夫、动心思,也需要进行适度的"包装",在技术手段上,要不断与时俱进,善用虚拟现实、增强现实、直播、动画等形式,让新闻报道"活"起来、"动"起来。

(三)国际传播渠道"广":借船出海多维发声

"云南大象北迁事件"的报道最早由云南发布,《春城晚报》等云南地方媒体率先进行报道,之后多家地方媒体和中央媒体介入,引起各类网络媒体、国际媒体、海外社交媒体广泛关注。在传播主体多元化的全球传播时代,多元主体共同传播能起到事半功倍的效果。

在国际传播的舞台上,此次事件的报道由多个平台、多个渠道发出,我国的对外宣传媒体在 Facebook、Twitter 等社交平台上积极发布新闻作品,并与国外网友积极互动。同时还顺应西方受众的信息接收习惯,在短视频平台上也发布了多则云南大象北迁的视频报道,符合现代受众"短、平、快"的观看习惯。

在本次报道中,中国的普通民众及外国民众也功不可没。在视频网站 YouTube 上,七成左右的云南大象北迁视频来自非官方机构类账号。账号所属地域主要涉及英国、美国、澳大利亚、印度及中东地区[①],所涉猎的范围颇广,发表的数量甚多,所达到的传播效果也是十分可观的。在进行国际传播时,民众个人的力量也是不可忽视的,通过社交媒体的链式传播,涓涓细流最终会汇成汪洋大海,达到积极良好的国际传播效果。

国外部分受众对于中国官方的宣传持质疑态度,对于中国的形象带有消极的刻板印象,对中国官方媒体所发布的内容亦持有怀疑态度[②]。2021 年,两位新疆姑娘在 Twitter 上开创了"古丽讲新疆"的账号,展现新疆的风土人情,获得了大量的粉丝,但在 2021 年 6 月其账号被无故封禁。可见,我国国际传播受到了外国社交平台的掣肘与限制,在国际传播平台上,我国媒体所发布的新闻内容时常遭遇无故限流、封禁、删除、屏蔽等操作,中国声音被"禁音",正常的信息交流与互通被不断阻挠。现如今,我国的国际传播活动多依靠国外数字平台,一身"武艺"难以施展。搭建独属于中国的国际传播渠道,从"借船出海"到"造船出海"是未来讲好中国故事、传播好中国声音的新路径。

---

① 王玲宁,李靓.“云南大象迁徙”事件对加强我国国际传播能力建设的启示[J].传媒,2021(22):32-34.
② 虞向军.如何改变西方对中国“刻板印象”下的敌意[N].新华书目报,2019-05-30(5).

四、重要报道评析

一路向北！云南15头野生亚洲象正迁移[①]

(2021年5月30日　中国国际电视台)

15头野生亚洲象的"奇幻冒险"

近期,有关云南15头野生亚洲象"奇幻冒险"的视频和直播,火遍了新媒体平台。这些大象从普洱的深山幽谷出发,罕见地一路向北迁移,连续40天至今仍未停止"向北"。

5月27日,它们进入玉溪市峨山县、红塔区以及昆明市晋宁区交界处。当地采取了投食引导、无人机监测、疏散沿线群众等方式避免人象冲突。

5月28日上午,象群出现在了峨山县峨峰山林地；昨晚,象群北移已进入玉溪市红塔区境内,目前离昆明城区已不到100公里。

野象为何离开保护区？

这只是近年来越来越多野象走出保护区的缩影。

北京师范大学生态学教授、国际自然保护联盟物种生存委员会亚洲象专家组成员张立认为,这次的15头野生亚洲象向北游荡很有可能是为了寻找新的栖息地。

他指出,我国在过去的30年里一直致力于野生动物保护,野生亚洲象种群正逐渐恢复。但是,目前的研究数据显示,在过去20年间,适宜野生亚洲象生存的栖息地减少了约40%。为了生存,野生亚洲象不得不向新的领域游荡,这可能也是造成种群向外扩散的原因之一。

来自云南省林业和草原局的统计显示,由于保护力度不断加大,森林郁闭度大幅度提高,西双版纳国家级自然保护区森林覆盖率由1983年的88.90%增至到2016年的97.02%,导致亚洲象主要食物野芭蕉、棕叶芦等林下植物逐步演替为不可食用的木本植物。亚洲象的可食植物日益减少,逼迫象群逐步活动到保护区外取食。

如何防止象群继续北迁？

目前,玉溪市红塔区提前布局,积极做好相关防控工作,各级有关部门(单位)通力合作,采取多种措施加强监测、防控,以确保人民群众生命安全。

[①] 一路向北！云南15头野生亚洲象正迁移[EB/OL].(2021-05-30)[2023-07-12]. https://mp.weixin.qq.com/s/R9-lXS184KYP47yaJSnnpg.

为防止象群继续北迁,造成更大威胁,云南省林业和草原局成立亚洲象北迁安全防范工作领导小组和7个专项工作组,进一步加强现场指导。云南省林业和草原局提出,未来将采取多种措施防止象群北迁,引导其逐步返回普洱或西双版纳原栖息地,切实保障人民群众生命安全,同时有效保护亚洲象群。

专家提醒:在亚洲象出没的地区从事生产活动及出行都比较危险,极易造成人身伤害,须密切关注监测员的监测信息并听从统一指挥,合理安排劳作、出行时间,避免与亚洲象的正面冲突;若在野外相遇,应尽快避让。

评析 1

此次象群迁徙,不论是途径范围,还是大象数量都超过常规,是不折不扣的自然事件。云南野生亚洲象数量的增加,契合了当下全球环境治理中的生物多样性保护等议题,展示了我国生物多样性保护的实践成果。这一点能够越过政治的藩篱,脱离意识形态的束缚,引起全球的关心和讨论。8月初,这些亚洲象缓缓消失在云南元江南岸的丛林中。两个多月以来,全球媒体和网民"追剧"一样地关注象群行踪,不断围观和关注"象群为何迁徙""如何处理好人与自然和谐共生"等生态问题,而这些问题也将全球的目光聚焦到了中国政府对于这一事件的应对方式上来。此次事件中,国内媒体持续跟踪象群,巧妙呈现政府、城市、公众等国家形象塑造主体,结合大量一手独家图片与视频,积极参与议程设置,较好地实现了中国国家形象的"自塑"。

评析 2

人对动物的好奇和爱护引发全球"共情"。野生动物有其特有的栖息地,对于人类来说,很难窥探其自然状态下的真实生活。而对象群北上的全程跟踪和拍摄,使得大家在网上展开了一场即时的"围观",得以窥见其生活习性以及各种趣事,满足了人对动物世界的猎奇之心。生活在不同国家的人长期以来因地理环境隔离、风俗习惯、宗教观念、意识形态、行为方式和社会制度等方面的差异,容易产生敌视、偏见与误解,但是在面对野生大象的迁徙时,全球民众达成了默契一致的共通情感,这是人类希望与动物、与自然和谐相处的本真反映。

全球"吸象"①

(2021年6月9日 中国国际电视台)

细数近日互联网上的"大势流量",依然在云南漫游的15头北迁亚洲象要占一席之地。周一晚间,仅"云南北迁象群睡觉休息画面"一个话题,就在微博上收获了近2000万的阅读量。

随着旅程的行进,象群中的大象数量发生了变化——一头公象离开了队伍。

据云南省北迁亚洲象群安全防范工作省级指挥部消息,北迁象群于6月8日23时15分进入玉溪市易门县十街乡,省级专家组已转场易门现场指挥部。截至6月9日11时,象群在玉溪市易门县十街乡休息。离群独象目前位于昆明安宁市的林地内,距离象群直线距离12公里。目前,人象平安。

中国野象的迁徙已经成为国际关注的焦点,包括朝日电视台、英国广播公司和《纽约时报》在内的多国媒体都报道了这些巨兽的旅程,并试图分析迁徙背后的可能原因。

美联社更是发文称,红遍中国国内的野生象群已经成为"国际明星"。

同时,美联社在文章中肯定了中国为保护野生亚洲象做出的努力。

而象群围在一起休憩的画面,也同样"萌化"了大量海外网友。

让这群大象离开它们原来的栖息地并向北迁徙的原因仍不确定。有专家认为,可能是该地区的环保进程为亚洲象提供了良好的生存环境,使种群数量增加。亚洲象是中国国家一级保护动物,在国际自然保护联盟濒危物种红色名录中被列为濒危物种。近年来,中国野生亚洲象的数量一直在上升。

评析

在国际传播视域下,"吸象"这种富有温情的软新闻降低了跨文化传播理解的门槛,避免了文化折扣,更容易激发海外受众的共识、共鸣、共振以及对可信、可爱、可敬的中国形象的认同感。在"吸象"背后展示的是中国人对生态环境和生物多样性保护的努力,以及中国政府对环境保护责任的担当。大象本身就是和谐谦逊的符号,与熊猫类似。"吸象"打破了海外媒体对中国的妖魔化"他塑",展示了真实、立体的大国形"象",提升了中国形象的亲和力。

---

① 全球"吸象"[EB/OL].(2021-06-19)[2023-11-15]. https://mp.weixin.qq.com/s/n_j_M1Zb5VgYhRTrrXmjOQ.

一路"象"北,已达昆明,象群会调头吗?[①]

(2021年6月3日 中国国际电视台)

总台央视记者从前方指挥部了解到,6月2日21时55分,北迁象群沿玉溪市红塔区春和街道老光箐村北侧前进,进入昆明市晋宁区双河乡。从西双版纳到省会昆明,一个由15头野生亚洲象组成的象群,为什么会一路向北迁移?不改方向,不断加速,象群为什么会一路北上?人类干预如何才能奏效呢?

大象进入昆明,指导专家组做了哪些准备?

中国野生动物保护协会教授级高级工程师严旬表示,在一些规定的路段设置路障,当发现这个象群要进入人类比较密集的活动区域的时候,会通过这些路障的设置,让它们改变方向,或者是投喂一些食物,用食物引导的方式,让大象到它们比较合适的区域,这样可保证大象在迁移的过程当中不会伤害到人。在人员稀少的地区也采取了一系列的措施,让人员提早疏散。玉溪、昆明两地,一共出动了62辆应急车辆,以及12架无人机,还为这些大象准备了10吨的食物,还有一些工作人员在密切监测着这些大象的活动范围。

大象为何一路向北?

"这一群大象在将近一年中的大部分时间里还是在它们原来的栖息地附近活动,比如西双版纳和普洱市范围内。进入5月份突然长距离向北,这就很不正常。也有很多科学家提出了不同的看法,更倾向是由于象的首领不了解它们北上的路线和一路上所要遇到的困难,所以是属于迷路带领家族群在北上,所以这是很危险、很艰难的北上路线。"严旬说。

大象会掉头回去吗?

据严旬分析,从象群结构来看,15头象有6头是母象,3头是公象,还有6头是幼年象,其中有3头年龄很小。所以就感觉到这群象在没有做好准备的情况下,就匆忙北上,因此这个象群的首领实际上是出了问题的。它们原来生活的地方是西双版纳和普洱,海拔大约600米,昆明海拔已经接近晋宁,估计在1300米到1500米,到昆明市中心有1800米左右,而且已经属于亚热带和中亚热带,和原来生存的南亚热带和热带地区已经是截然不同的地理气候和海拔,所以判断象群行进到一定的时候,会向南,会调转方向。往北走有两个因素,一个是海拔,一个是植被和食物,因为从

[①] 一路"象"北,已达昆明,象群会调头吗?[EB/OL].(2021-06-03)[2023-07-12]. https://me.mbd. baidu.com/r/1yDzXqTEB56?f=cp&rs=4242767645&ruk=JCaiW1VF99y9rFKdP2RX6Q&u=66dd6961f77 fdd94&urlext=%7B%22cuid%22%3A%22gavb8_89Sigqiv8OY826fg8C2i_WuHakgaSM80OHStKu0qqSB%22%7D.

这几天观测的情况来看,大部分时间象群还是走在林子里边,但是林子里边的植物,会不会是它们原来熟悉的食物,现在不好说,现在食物更多的是人类给它们投喂的粮食作物。

为什么主动进行人工干预?

严旬解释说:"主要是防止人象冲突。从前线了解到,我们有工作组和专家团队研究了几次方案,最担心的就是人象冲突。多年来人象冲突在云南已经是一个比较严重的问题。大象经常把老百姓的庄稼损害了,甚至威胁老百姓的人身安全,所以我们最担心的还是人象冲突问题。"

未来会不会有更多的野象闯入人类的生活?

严旬总结说:"我们这么多年的保护工作取得了很大的成就,象的种群数量在快速增加,所以必然就引起象要向外扩散(的现象)。我们国家亚洲象的分布区域处于整个亚洲象分布区域的最北边,所以一般它们往南去比较容易,向北扩散就相对比较难,这主要由于海拔和气候的原因造成的。我们希望当地政府能够给它们提供更多的栖息环境和食物来源,因为保护区里适应大象采食的区域越来越小,希望给大象营造一种'食堂',或者是栖息的草场,让它们能够获得更多的野外食物而不是人工投喂。"

评析

当前,西方国家在意识形态领域对我国敌意甚大,在此背景下,"云南大象北迁事件"的国际传播却带来了意想不到的效果。此次"云南大象北迁事件"涉及的环境生态问题是一个全球性议题,牵动着人类对动物保护、生态保护、森林砍伐等关系自身生存的问题的关注。这背后反映出的是人类与自然和谐相处的理念,这是超越了文化和意识形态差异的共识。与泰国、印度、非洲等地野生象被猎杀的生存状况相比,"云南大象北迁事件"无疑让全世界得以看到中国政府对保护野生动物所做出的努力。

还记得云南大象去哪了吗?[①]

(2021年8月9日 中国国际电视台)

据云南省公安厅交通警察总队高速公路交巡警支队消息,8月8日20时,昆磨高速(G8511)甘庄至元江路段有野生象群活动,为保护象群安全及行车安全,采取上

---

① 还记得云南大象去哪了吗? [EB/OL]. (2021-08-09)[2023-02-02]. https://mp.weixin.qq.com/s/uhqzcDr0UNcgT97cfyGImQ.

行线大凤垭口隧道入口全车型管制,南溪、红光、元江收费站禁止车辆入站,下行线青龙厂立交全车型管制,红龙厂、青龙厂、甘庄收费站禁止车辆入站的措施。预计管制时间一个半小时。上述信息显示,至 8 日 20 时左右,备受关注的云南北上野象群仍在玉溪元江,尚未回到栖息地。后续,现场指挥部将继续科学引导,全力保障象群安全,帮助其尽快回归原栖息地。

人象互相包容,命运共同体

中国野生动物保护协会教授级高级工程师严旬表示,在一些规定的路段设置路障,当发现象群要进入人类比较密集的活动区域的时候,会通过这些路障的设置,让它们改变方向,或者是投喂一些食物,用食物引导的方式,让大象到比较合适它们的区域里,这样可保证大象在迁移的过程当中不会伤害人。在人员稀少的地区也采取了一系列的措施,让人员进行提早疏散。玉溪、昆明两地,一共出动了 62 辆应急车辆,以及 12 架无人机,还为这些大象准备了 10 吨的食物,还有一些工作人员在密切监测着这些大象的活动范围。

大象去哪儿?全球来围观

此轮大象家族出游"公路片",引起了各国媒体同行和网友的热烈围观。

中国专家行动小组及时对象群迁移做出应急准备,英国广播公司用 a big effort(一项巨大的努力)给予了肯定。

《华盛顿邮报》描述了当地居民和象群自然和谐相处的一面,居民们铲起象群的粪便,为自家农田做肥料。

象群的每一步,都有数十万双眼睛注视着。大象萌萌哒的睡姿在微博上阅读量超 2.1 亿次。——《南华早报》

网友们也纷纷送上了他们的欣赏与祝福。

评析

本篇报道以象群的去向为由头展开报道,并引用了西方主流媒体的相关报道内容,整体而言客观真实,能够解答受众对于象群走到哪里的疑问,在描写中国政府及民众的通力合作中,展现了一个真实、立体、全面的中国。2021 年 5 月 31 日,习近平总书记在中共中央政治局进行第三十次集体学习时强调:"讲好中国故事,传播好中国声音,展示真实、立体、全面的中国,是加强我国国际传播能力建设的重要任务。"而此次事件可以说是对真实、立体、全面中国形象的生动展示。例如,英国《卫报》、美国有线电视新闻网等欧美多家主流媒体纷纷注意到:为了应对看似可爱、实则有一定危险性的野生象群迁移,保证人象安全,中国政府调集应急处理团队,动用无人机和红外摄像机跟踪象群动向,及时疏散居民。

一群憨态可掬的野生大象从西双版纳一路北上,长途跋涉1300多公里,最终顺利回家。象群所到之处,迎接它们的是充满爱心、追求人与自然和谐相处的普通民众,专业高效的应急处理团队和负责任的各地政府。因为大象,外国网友看到了警察和村民之间的互相信任、村民的善良等。中国人对动物保护的态度、中国政府对动物保护所做出的努力,不加修饰地、自然地呈现在受众面前。象群的迁徙活动,吸引了3000多家国内外媒体关注,让世人看到了一个疆域辽阔、生物多样、资源丰富、文明友善的中国。

给人类的一封信[①]

(2021年8月10日　云南发布　作者　匆匆过客)

立秋了,妈妈说该回家了。于是,8月8日,选择奥运会闭幕这个十分吉祥的日子,我们继续南归,渡过元江,踏上了回家的路。那是在春光明媚的4月,抱着"世界这么大,我想去看看"的想法,我们一家一路向北,开始了说走就走的旅程。

一直听说我们生活的地方叫云南,我们也一直以为我们脚下这片雨林就是云南,不料这一趟出去,走了100多天,1000多公里路,还在云南,云南比我们想象中的要大得多。

云南这么大,确实值得看。这次旅行,收获满满。原来,在我们栖息的家园之外,不仅有我们熟悉的森林、草地、溪流,还有高楼、村庄,以及那些一天到晚都在路上跑着的机械动物,着实让我们开了眼界,长了见识。

出门时,我们曾担心走出林子后,会不会经受日晒雨淋、风吹雨打,出来后发现,沿途也都有花花草草、参天大树。有时饿了,我们就走进玉米地里大吃大喝,主人家不但不打骂,反而看见我们喜欢吃,又一个劲儿送了许多。

云南这么美,确实值得看。沿途的村庄一个比一个漂亮,我们随便走进几户人家,拧开水龙头就喝,感觉和林子里的水一样清澈甘甜。外面的世界果然很精彩!当然,这次旅行也有小遗憾,比如,传说中的过桥米线没有吃着,你们还是习惯给我们提供玉米和香蕉,没有考虑过我们也想换换口味,不尝尝,怎么知道不可以?比

[①] 给人类的一封信[EB/OL]. (2021-08-29)[2022-11-17]. https://mp.weixin.qq.com/s/oB1hp5Nr0sjNqqCNTpqW7w.

如,原本听说联合国《生物多样性公约》缔约方大会第十五次会议要在昆明一个叫国际会展中心的地方举办,打算去逛逛,结果没去成。比如,远远地看了一眼传说中的"五百里滇池",本打算拜访一下驰名中外的"睡美人",又想不要打扰美人的美梦,最终打消了这个念头。

借此机会,我特别想说一说的是你们人类。你们是善良的,一路给我们吃,为我们让路,还用那些高科技的天上飞来飞去的东西给我们做导航,导哪走哪,让我们少走了许多弯路。

但你们也是坏坏的,我们睡觉时的样子、家里的一点小纠纷,还有几个小孩子戏水、打闹、走路颤颤巍巍、摔跟头等私生活,甚至是"私密照",竟也被你们放到了互联网上,不但中国人看见了,据说许多外国人也看见了,这让我们有点惴惴不安,怪不好意思的。

当然,我们也一路走,一路发朋友圈,滇金丝猴、绿孔雀、黑颈鹤都表示很羡慕,希望也来看看。远在非洲的亲戚也很关注,艳羡不已。

不过,我们终究还是要感谢你们。这一路走来,无论是北移,还是南归,我们都十分开心,是一次观光游、美食游、安心游。更为重要的是,我们对你们有了更多的认识、更深的了解。你们的友善,让我们越来越体会到,原来我们是完全可以和睦相处的,地球本就是我们共同的家园,让我们像对待妈妈一样,共同呵护好她!这次出来很仓促,没做好攻略,给你们也添了不少麻烦,有些不周到的地方,只有下次再注意了。

再次感谢!祝我们共同的家园越来越好!

一群开心回家的亚洲象
2021年8月8日

评析

由匆匆过客以北移亚洲象第一视角原创,"云南发布"所发布的《给人类的一封信》引发全网关注和广泛转载。亚洲象奇幻的旅程,温暖了全球,也让世界看到了云南始终与亚洲象同行的故事。本篇报道的亮点在于以大象的口吻进行叙述,总结这段时间以来大象的所见所闻,言语间吐露着童趣,读来让人忍俊不禁。在本篇报道中,一些政治性话术、政府性行为描述的"生硬感"被"萌萌的"话语表达方式所软化,让人在不知不觉中接受。毫无疑问,云南交出了一份保护亚洲象的优异答卷,也交出了一篇值得称赞的新闻作品。

五、思考题

1.云南大象在全球"爆火"之后,后续如何持续发力,让全球民众通过这一切口更好地了解真实的中国?

2.中国自主搭建国际传播渠道有哪些困难?当前有何可行措施?

六、案例使用说明

(一)适用理论

1. 国际传播"五力"

2021年5月31日,习近平总书记在主持中共中央政治局第三十次集体学习时指出:"必须加强顶层设计和研究布局,构建具有鲜明中国特色的战略传播体系,着力提高国际传播影响力、中华文化感召力、中国形象亲和力、中国话语说服力、国际舆论引导力。"①"五力"论述的提出为加强国际传播能力建设指明了正确方向,提出了具体要求。

2. 转文化传播

转文化传播是对跨文化传播的发展和超越,其以多元文化交流与互鉴为特征,是适用于中国文化对外传播的一种新兴理念,从"跨"到"转"的理论升维,为中国文化走出去提供了理论支撑。学者史安斌指出,当下的这个"新全球化时代"与前两波全球化浪潮不同,它不是要把全世界变得像中国一样,而是要以"人类命运共同体"为核心理念,以"赋权"的方式带动世界各国共同发展,促进文明的平等交流与互鉴,因此原来的跨文化传播也要转型升级为转文化传播。

(二)要点分析

1. 我国主流媒体如何提升国际传播影响力

主流媒体应深化对国际新闻的报道力度,提高对国际重大事件和热点问题的独立性判断和深度分析能力,从而发出更加具有话语权的中国声音。在内容制作上,应注重提升内容的创新性和质量,通过市场调研和数据分析,了解国外受众的需求和兴趣,使传播内容更加贴近国外受众的需求和兴趣,提高内容的针对性和吸引力。

---

① 金山,侯瑞,金花.全面提升"五力"建设是加强中国国际传播能力的核心要素[J].新闻论坛,2022,36(3):97-100.

主流媒体应积极拓展海外传播渠道和平台,通过在国际主流社交媒体和新闻网站上开设账号,扩大海外受众的覆盖范围。加强与国外媒体的合作,开展跨国交流,学习和借鉴优秀的传播经验和技术手段,推动对外传播事业的发展和提升。推进媒体国际化战略,加大资金投入,国内主流媒体可在国外收购或设立分支机构,建设海外传媒平台,以更好地服务海外受众,并扩大对外传播的影响力。

主流媒体应充分利用新技术手段,如人工智能、大数据分析等,提升传播的精准度,使信息更具有时效性和互动性,满足受众多样化的需求;同时要加强内部管理,推动媒体改革,提高新闻报道和制作的质量和效率,通过技术创新和管理创新,提升媒体的传播力和竞争力。要培养更多具备跨文化交流能力和专业素养的外语人才,为国际传播提供有力的人才保障。

2. 树立交流理念,共筑主体间性

巴赫金的"对话理论"的观点是,只有言者与听者在平等交流的基础上相互理解,才能取得较好的传播效果。在国际传播中同样如此,各国只有在相互尊重的基础上,才能做到彼此认同。

第二节 卡塔尔世界杯国际传播报道分析

一、摘要及关键词

摘要： 第22届国际足联世界杯于2022年11月20日至12月18日在卡塔尔盛大举行，这不仅是全球足球爱好者的盛宴，更是一次中国元素大放异彩的盛会。在这场世界级的体育盛事中，中国元素无处不在，无论是场馆建设中的先进科技应用，还是赛事运营中的高效组织，都充分展示了中国强大的科技实力。这不仅是对中国科技实力的一次集中展现，更是中国向国际社会展示自身发展成果的重要窗口。通过这次世界杯，中国声音得到了广泛传播，国际社会对中国的了解也更加深入。中国元素的闪耀，不仅让全球观众感受到了中国文化的魅力，也为中国在国际舞台上树立了良好的形象，为加深中外交流与合作奠定了坚实的基础。

关键词： 卡塔尔世界杯；国际传播；国家形象

二、案例背景介绍

足球世界杯，这一举世瞩目的体育盛事，不仅是一场场激动人心的竞技对决，更是科技与文化的交融舞台。在这个舞台上，各国选手在展现球技的同时，也展示了各国的文化魅力。而在卡塔尔世界杯这场盛宴中，来自中国的元素更是大放异彩，为这场国际足球盛会增添了一抹别样的风采。当提及卡塔尔世界杯的硬件设施时，人们无不为之赞叹。其中，最为引人注目的便是主场馆——卢赛尔体育场。这座雄伟的建筑由中国铁建股份有限公司与卡塔尔HBK公司组成联合体总包承建，它是中资企业以设计施工总承包方身份承建的首个世界杯体育场项目，打破了欧美国家在行业内的垄断地位，展现了中国建筑业的雄厚实力。这座球场的建成，不仅为世界杯提供了优质的比赛场地，更成为卡塔尔乃至整个中东地区的地标性建筑，为中国赢得了极高的国际声誉。除了硬件设施，中国裁判马宁，助理裁判施翔、曹奕也执法了卡塔尔世界杯比赛，他们的专业水准和公正执法得到了广泛认可，为中国足球裁判在国际舞台上赢得了尊重。在制造业方面，中国更是展现了强大的制造能力。与卡塔尔世界杯相关的马克杯、抱枕、玩偶等文创产品，约有70%产自中国义乌。这些精致可爱的商品不仅深受球迷们的喜爱，也向世界展示了中国制造业的精湛技艺和无限创意。此外，在赛事期间，纯电动客车作为接送官员、媒体工作人员的交通工具，也全部由中国制造。这些客车在赛场上穿梭，不仅为赛事提供了便捷的交通服务，更向世界展示了中国在新能源技术领域的领先地位。这些新能源车辆的投入使用,不仅减少了赛事期间的碳排放,也为推动全球绿色出行、应对气候变化做出了积极贡献。世界杯足球场的草坪灌溉设施,由中国宁夏大学提供技术支持。这项技术的应用,确保了球场用草的健康生长,为球员们提供了良好的比赛环境。同时,这也展现了中国在农业科技领域的创新实力,为世界各国的草坪管理提供了宝贵的经验。卡塔尔世界杯中隐藏的"中国制造"元素不胜枚举,这些元素不仅展示了中国在体育设施建设、裁判执法、制造业、新能源技术和农业科技等方面的卓越成就,更为中国媒体和外交官提供了国际传播的良好契机。时任外交部部长助理、新闻司司长的华春莹在海外社交媒体上多次发文称赞"中国制造",向世界传递了中国在世界杯中的积极贡献和影响力。卡塔尔主流报纸等媒体也积极报道世界杯中的中国元素,进一步提升了中国在国际舞台上的形象和地位。

中国以一种特殊而重要的方式参与到了世界杯当中,为举办一场成功、精彩的世界足球盛会贡献了自己的力量。这不仅是中国体育事业发展的里程碑,也是中国走向世界、展示综合国力的重要窗口。

三、案例分析

(一)中国元素的生产与表达

在全媒体时代,网络空间充斥着大量信息,信息呈现爆炸式增长,但受众的注意力是有限的,随着受众媒介素养的不断提升,受众需求也越来越多元化、个性化,能否吸引受众注意力成了影响传统媒体和新媒体生存发展的重要因素。依托图片、视频、音频等多元符码形式,可以形成强烈的视听冲击,这是呈现"中国队"这一客体的重要符号载体。央视网客户端发布了一部 3 分钟左右的短视频《卡塔尔世界杯有哪些"中国元素"?》,该视频用简洁的语言介绍了卡塔尔世界杯期间的中国元素,包括卢赛尔体育场、超大 LED 屏、蓄水池、新能源客车、大熊猫等。视听符号的编码方式符合当下用户碎片化的阅读习惯,因而迅速抓住了用户注意力,方便用户解码。视频报道传达出虽然中国足球队无缘参加卡塔尔世界杯,但是中国仍然通过工程建造、电子信息科技、旅游业等方面参与了这届世界杯。这些参与都离不开国家强大的实力,因此该短视频也传递出中国综合国力雄厚的良好国家形象。外交部发言人办公室订阅号发布的推文《外交部点赞"中国制造""中国建造"》综合运用了过去向度、现在向度。《北京青年报》记者提问外交部发言人如何看待中国 12 家制造商上榜"2022 全球工程机械制造商 50 强"榜单,赵立坚引用了中国企业参与卡塔尔世界杯体育场、光伏电力以及用水安全保障等项目的建设给予回答,并回顾和总结了迄今为止中国对 190 多个国家和地区进行对外投资和工程承包事项的历程,说明"中国队"可以为各国人民带去实实在在的好处。卢赛尔体育场是世界上系统最复杂、规模最大、最先进的专业足球场馆之一。中国企业参与了设计施工,这也是中国企业首次承建世界杯体育场项目。长期以来,西方国家的企业垄断着世界杯体育场的承建工作,但在卡塔尔世界杯主体育场建设项目中,中国企业成为主承包商,打破了西方国家企业的垄断,实现零的突破。《人民日报》针对该项目发布文章《"国足,我们先走一步!"就在前天,一支中国队提前入围世界杯》。符号表征能指是"中国队",所指为卡塔尔世界杯中的"中国元素",实际意指则是深化改革开放的中国,正从过去的"中国制造"迈向"中国建造",暗示粗制滥造、技术含量低、价格低廉的"中国制造"国家形象,正在演变为高质量对外投资、有担当的发展中大国的"中国建造"国家形象。

(二)文化认同与国家品牌的话语建构

习近平主席创造性地提出了构建"人类命运共同体"的理念,以应对当今时代复杂的世界经济形势和严峻的全球性问题,追求共同的利益和可持续发展。新中国成立以来,我国一直重视对良好国家形象的塑造,切实维护了国家利益。新时期给我国塑造良好的国家形象提供了新的机遇,应该综合利用各种政治、经济、文化和传媒资源塑造良好的国家形象。以美国为代表的西方国家,来自其政府和非政府"唱衰"中国的声音一直存在。进行中国国家形象传播时,可以尝试聚焦全球性问题的解决,减少传统政治宣传,致力于建构文化认同话语,消除与各国的文化观念区隔,开展广泛的国际交流。卡塔尔曾承诺第 22 届世界杯坚持绿色低碳,争取达到"碳中和"的标准,其中光伏是该届世界杯绿色转型的关键。《中国日报》(China Daily)的报道《中国光伏发电技术点亮绿色世界杯》称:为卡塔尔世界杯提供强劲绿色能源的是阿尔卡萨光伏电站,而这个光伏电站便由中国公司承建。中国企业承建的光伏电站为实现"碳中和"世界杯贡献了自己的力量。这响应了"人类命运共同体"理念中的可持续发展观、全球治理观,得到了世界范围内的广泛肯定。对国际大型体育赛事活动的举办,不论是对主办方国家,还是对参与国家来说,都预示着可以给国家带来极其重要的发展机遇。对于主办方国家来说,卡塔尔花费了 2290 亿美元举办本次世界杯,这是上届俄罗斯世界杯花费的近 20 倍。这些花费大部分用于国内基础设施建设,例如无人驾驶地铁系统、哈马德国际机场、7 座全新的体育场以及这些球场里巨大的中央空调。为办好这届世界杯,卡塔尔花费巨额资金创造条件,完善基础设施,背后体现了卡塔尔的国家发展战略。世界杯的举办将是卡塔尔调整国家产业结构,增加国民就业机会,提升综合实力的绝佳机遇。举办世界杯涉及方方面面,只靠卡塔尔一国之力显然无法完成,联合承建和赞助是必要的,中国在其中的表现尤其亮眼。"中国建造"无处不在,中国企业成为最大赞助"金主"。"中国队"打响了"中国建造""中国制造"这些具有全球共识性和价值共同性的国家品牌,塑造了中国实力雄厚、快速发展的大国形象,为以后中国在国家之间的政治经贸往来等国际合作打造了可靠的国家品牌。

四、重要报道评析

"无处不在"! 华春莹连发8推,图文并叙盘点卡塔尔世界杯"中国元素"[①]

(2022年11月20日　环球网　作者　张晓雅)

"四年一度的足球嘉年华开始了!中国元素在2022卡塔尔世界杯上无处不在。"卡塔尔世界杯开幕在即,中国外交部部长助理华春莹20日连发8推,盘点本届世界杯随处可见的"中国元素"。

这8条Twitter图文并叙,体现出卡塔尔世界杯期间,中国制造、中国建造深受认可和欢迎。

(1)中国承建的卢赛尔体育场

卡塔尔世界杯的中心场馆出现在卡塔尔10里亚尔纸币(约合人民币20元)和世界杯纪念钞上(见图5-2-1)。

图5-2-1　Twitter(1)

---

① 张晓雅."无处不在"! 华春莹连发8推,图文并叙盘点卡塔尔世界杯"中国元素"[EB/OL].(2022-11-20)[2023-03-06]. https://baijiahao.baidu.com/s?id=1750020539300609244&wfr=spider&for=pc.

(2)大熊猫

"四海"和"京京"是中东地区迎来的首对大熊猫(见图5-2-2)。

图5-2-2 Twitter(2)

(3)中国裁判

中国裁判马宁,助理裁判施翔、曹奕(参与)执法世界杯比赛(见图5-2-3)。

图5-2-3 Twitter(3)

(4) 中国制造的商品

从口哨到主题马克杯、抱枕，约70％的卡塔尔世界杯周边商品产自义乌（见图5-2-4）。

图5-2-4 Twitter(4)

(5) 国产电动客车

赛事期间，中国制造的纯电动客车将作为接送官员、媒体工作人员和球迷往返场馆的班车（见图5-2-5）。

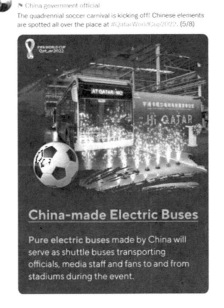

图5-2-5 Twitter(5)

(6)技术支持

足球场草坪的灌溉与养护,由中国宁夏大学提供技术支持(见图5-2-6)。

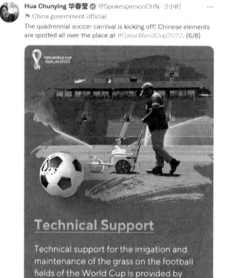

图5-2-6　Twitter(6)

(7)中国承建的太阳能光伏电站

中国承建的阿尔卡萨800兆瓦光伏电站是卡塔尔首座太阳能发电站,将为卡塔尔举办"碳中和"世界杯作出贡献(见图5-2-7)。

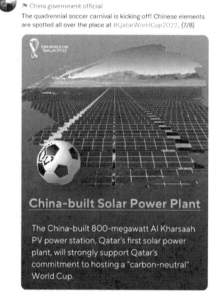

图5-2-7　Twitter(7)

(8) 中国企业赞助。

4家中国企业赞助本届世界杯,中国企业位居赞助商榜首(见图5-2-8)。

图5-2-8 Twitter(8)

2022年卡塔尔世界杯于2022年11月20日开幕,八座比赛球场已准备就绪。当地时间2022年11月20日19时(北京时间2022年11月21日凌晨0时),东道主卡塔尔队在揭幕战中对阵厄瓜多尔队。

评析

这篇新闻报道源自外交部工作人员的海外社交媒体平台,具有深厚的官方背景,其真实性和权威性不容置疑。官方的发声渠道为我们提供了一个了解国家立场和观点的独特视角。在这篇报道中,外交部工作人员通过精心撰写的推文,详细介绍了卡塔尔世界杯中的"中国元素",充分展示了中国在全球舞台上的影响力。推文中,不仅提到了中国在世界杯场馆建设、基础设施建设等方面所作出的巨大贡献,还深入探讨了中国在科技、文化、教育等多个领域所展现出的实力。这些"中国元素"的融入,不仅丰富了世界杯的内涵,也向世界传递了中国积极参与国际事务、推动构建"人类命运共同体"的坚定决心。通过这篇报道,我们可以看到中国在世界杯这一全球盛事中所扮演的重要角色。中国不仅为世界杯提供了技术支持,还通过文化交流、教育合作等方式,为世界人民搭建了一个了解中国、认识中国的桥梁。这种贡献不仅提升了中国在国际舞台上的形象,也增加了世界人民对中国的认同和了解。

总体来说,这篇源自外交部工作人员海外社交媒体的新闻报道,以其官方背景、权威观点和立场,为我们呈现了一个全面、立体的中国形象。它让我们更加深刻地认识到,中国正以一个开放、包容、进取的姿态,积极参与全球事务,为构建"人类命运共同体"贡献着自己的力量。

FIFA World Cup: A new stage for "Made in China" enters intelligent manufacturing①

(2022年11月26日 CGTN)

Editor's note: Ruqiya Anwar, a PhD scholar of media and communication studies from Pakistan, is a researcher and socio-political analyst. The article reflects the author's opinions and not necessarily the views of CGTN.

As the world's focus swings to Qatar for the 2022 FIFA World Cup, the world's most renowned corporations have entered a commercial race in which Chinese corporations are among the leading players. China Railway Construction Corporation developed and built the Lusail Stadium, which will host the final game. The athletes' lodgings are energy-efficient mobile homes manufactured by a Chinese firm.

Through their sponsorships of the World Cup, several Chinese enterprises have made their international debut. Wanda Group, Vivo, Mengniu Dairy, and Hisense are the four Chinese companies listed on the official sponsor list for this year. Vivo, a major Chinese phone manufacturer, is the exclusive smartphone sponsor of the 2022 FIFA World Cup. For the previous 28 years, Dongguan Wagon Giftware in Guangdong Province has been authorized to distribute and manufacture official goods for the FIFA World Cups, including replicas of the trophies for this year's tournament.

Zhou Jian, Chinese ambassador in Qatar, praised his country's contributions in the 2022 World Cup. He added that "Chinese elements are extremely prominent" and that "The Lusail Stadium has become an iconic landmark in the World Cup." "Made in China" can be found everywhere in Qatar, from the infrastructure to the telecommunications, from the 1,500 new energy buses to the solar power plants, and

---

① CGTN. FIFA World Cup: A new stage for "Made in China" enters intelligent manufacturing[EB/OL]. (2022-11-26)[2023-10-17]. https://news.cgtn.com/news/2022-11-26/FIFA-World-Cup-Made-in-China-enters-intelligent-manufacturing-1ffuorsbXgI/index.html.

from the match supplies to the souvenirs. Furthermore, the huge Qatar Stadium 974 was built with the help of China's container giant China International Marine Containers. It is the first fully demountable stadium in the history of the FIFA World Cup.

Notably, the FIFA World Cup has marked the first time that new-energy buses served as the primary means of transportation. It will also be the first time that Chinese new-energy buses play an essential role at a major international sporting event. Additionally, buses, stadiums, air conditioners, and other items made in China are prominently displayed at the event, making it a great platform to highlight Chinese manufacturing. According to experts, this reflects China's crucial role in the global manufacturing industrial chain and its resistance to the effects of the pandemic.

Chinese companies contribute more sponsorship revenue to the 2022 World Cup than any other country's businesses($1.4 billion from Chinese companies vs $1.1 billion from United States firms). Qatar's new 10-Riyal ($2.75) banknote features the Lusail Stadium, the first World Cup venue ever built by a Chinese company. Almost 70 percent of all the items used in Qatar are manufactured in Yiwu, including flags from the 32 participating countries, cheering trumpets and whistles, soccer balls, shirts, scarves, and World Cup decorations.

"Made in China" is playing a more and more important role on the global stage. Recently, the first Chinese-made high-speed trains debuted on the Jakarta-Bandung bullet train route. Many international markets have shown great interest in Chinese heating products, such as cold-resistant clothes, small gadgets, and electric blankets. Information gathered from the China Association of Automobile Manufacturers shows that the exports of new energy cars from China have surged by more than 100 percent year-over-year through the first three quarters of this year. In addition, wind power equipment, petascale supercomputers, and other Chinese items have risen to the forefront of technology.

Intelligent manufacturing is trending in China's industrial sector. Moreover, through various laws and financial incentives, the Chinese government also assists manufacturers in promoting intelligent manufacturing. Consequently, China's manufacturing sector is expanding, impacting the global industrial chain and the supply chain's stability.

China's manufacturing sector is accelerating its greening and intellectualization, which has played a crucial part in smart manufacturing under the China's Belt and Road Initiative. Additionally, Beijing plans to establish "little giants" in the realm of industrial technology, including small and medium-sized companies that specialize in a particular field and are competitive on a global scale. It also seeks to lessen its reliance on foreign corporations.

Chinese firms export products and services packed with cutting-edge technology, laying the groundwork for Chinese manufacturing to reach the global high-end product market. It will boost faith in Chinese manufacturing. The United States and other countries have also emphasized advanced manufacturing, but the development is relative slow. With the rapid integration of digital technology and production, Chinese companies will ascend the high-end value chain, transforming "Made in China" into "intelligent manufacturing."

评析

这篇新闻作品对中国在2022年卡塔尔世界杯中做出的贡献进行了全面而深入的报道，展示了中国企业在基础设施建设、赞助、商品制造等多个方面的突出表现，凸显了中国在全球制造业产业链中的重要作用。首先，文章通过列举一系列数据和实例，生动地展示了中国企业对世界杯的广泛参与和重要影响。例如，中国铁建股份有限公司参与建造了决赛场馆卢赛尔体育场，这不仅是该届世界杯的标志性建筑，还成为卡塔尔新发行纸币的特色图案。此外，中国企业还参与建造了运动员的住所、新能源公交车、太阳能发电厂等基础设施，并生产了纪念品等，充分展示了中国制造业的实力。其次，文章通过引用中国驻卡塔尔大使和专家的观点，进一步强调了中国在世界杯中的贡献和中国制造业的全球影响力。大使周剑的赞扬和专家的分析，不仅增强了中国企业的自信心，也提升了中国制造业在全球市场的形象和地位。此外，文章还关注了中国制造业的发展趋势，并展望未来。通过介绍智能制造、绿色化和智能化等发展趋势，以及中国政府在促进智能制造方面的激励措施，展示了中国制造业的广阔前景和巨大潜力。同时，文章也提到了中国制造业在"一带一路"倡议中的作用，以及国家在工业技术领域设立的"小巨人"计划，这些举措将进一步推动中国制造业的发展和创新。最后，文章通过对比美国和其他国家在先进制造业方面的发展情况，强调了中国制造业的快速发展和竞争优势。文章指出，随着数字技术和生产的快速融合，中国企业将登上高端价值链，将"中国制造"转变为"智能制造",这将进一步提升中国制造业在全球市场的地位和影响力。这篇新闻作品是一篇全面、深入、客观报道中国在2022年卡塔尔世界杯中所做出贡献的佳作。它不仅展示了中国企业在世界杯中的广泛参与和重要影响,还关注了中国制造业的发展趋势,为读者提供了丰富的信息。

五、思考题

1. 卡塔尔世界杯后,在国际传播视域下,如何让中国制造被更多外国友人知晓?
2. 我国主流媒体在国际传播中有哪些需要注意的问题?

六、案例使用说明

(一)适用理论

1. 新闻的真实性和客观性

新闻真实性是指在新闻报道中的每一个具体事实必须合乎客观实际,即表现在新闻报道中的时间、地点、人物、起因、经过和结果能够经得起核对。新闻报道的真与假只有一个标准:是否符合客观存在。真实是新闻的生命,坚持新闻真实性是对新闻工作的起码要求,是新闻工作的第一信条。在我国,坚持新闻真实性具有极端重要性。只有坚持真实,才有助于人民正确认识客观世界,更好地改造客观世界。只有坚持真实,才能坚持真理,宣传报道才会有力量,人民才会跟着党走;才能切实加强党和人民的联系;才能使我们的新闻事业取信于民,树立权威,赢得公信力;才能让中国了解世界,让世界了解中国,营造有利于中国发展的国际氛围。

新闻客观性是指新闻报道必须以客观实际为本源,按照事物的本来面目反映事物。新闻客观性是新闻报道的基本特征之一,它是新闻传播关系赖以建立的基本条件,也是影响新闻媒介信誉的重要因素。新闻客观性有两层含义:第一,内容必须真实,即新闻报道所描述的客观对象必须具有客观真实性,不能无中生有、凭空捏造;第二,表述必须客观,报道者主要"用事实说话"。客观性不是客观主义,它是对新闻事实的见解,主要通过客观的叙述形式,凭借事实本身的逻辑表现出来。

2. 人民性原则

人民性原则有三点内涵:一是做好新闻舆论工作,必须依靠人民;二是全心全意为人民服务是新闻舆论工作的宗旨;三是党媒以及党领导的各类媒体,在具体的新闻舆论工作中,必须始终坚持"以人为本"的工作理念。

3. 正确的舆论观

新闻报道能够引发、代表、影响舆论,因此必须正确引导舆论,以正面宣传为主,坚持团结鼓劲,平衡负面报道。在后真相时代,情绪掩盖事实引发的舆论失焦、新闻反转现象时有出现。因此,新闻媒体要坚持树立正确的舆论导向,维护社会稳定,防范负面舆论分裂社会群体。

4. 新闻工作者的"四力"

(1) 脚力:奔走探寻,获取新闻

新闻工作者要深入现场,获取一手新闻。新闻报道以事实为依据,这就要求新闻工作者要具备"脚力",深入一线、深入生活、深入群众获取新闻线索,发现具有价值的新闻。

(2) 眼力:保持敏感,发现新闻

眼力是新闻记者的发现力。新闻工作者需在鱼龙混杂的新闻信息中,敏感地捕捉已经发生或正在发生的新近事实,选择引起社会公众关注且具有价值的新闻信息,从细微变化之中敏锐地判断事物的潜在意义。新闻工作者要时刻保持新闻敏感,透过现象看到本质,挖掘新闻背后的新闻,并展现新闻价值。

(3) 脑力:冷静分析,把握方向

脑力是指新闻工作者的思考力和判断力。新闻工作者要能拨云见日,把握"时效度",不仅要善于保持头脑清醒,全面研判分析,对新闻事实做出选择,还要把握新闻工作的政治方向,确保导向正确,时刻保持思想的灵活性和思维的敏锐性,认识新事物并摸索新规律。

(4) 笔力:日积月累,写好新闻

笔力是指新闻工作者的表达力。新闻工作者要具备娴熟的文字写作能力及各种文学艺术表现能力,创作出有思想、有温度、有品质的新闻作品。新闻工作者平日里要通过大量的阅读、写作来提升自己的写作水平,在新闻报道中,通俗简洁的语言更能体现新闻工作者的文字功底。

(二)要点分析

通过本案例,笔者深入分析了我国部分媒体和个人进行国际传播的策略和方式,以此提出问题并得出结论,从而引发读者思考如何更好地将中国元素进行国际传播。

第六章

建设性新闻篇

第一节　老年人再就业相关报道分析

一、摘要及关键词

摘要：目前,我国人口老龄化形势日益严峻,在此背景之下,"老年人再就业"成为一个新的趋势。2022年8月24日,中国老年人才网正式上线,让老年人再就业的议题走进公众视野,但是,相关法律、制度保障的暂时缺位致使"老年人再就业"过程面临诸多困难。在本节,将探讨建设性新闻在社会热点议题中的相关运用。

关键词：老年人再就业;建设性新闻;党性和人民性相统一的原则

二、案例背景介绍

2021年5月11日10时,第七次全国人口普查主要数据结果正式公布。据国家统计局数据显示,我国60岁及以上人口为26402万人,约占总人口的18.70%。与第六次全国人口普查相比,60岁及以上人口的比重上升5.44%(见表6-1-1)[①]。

表6-1-1　全国人口年龄构成

年龄	比重/%
0～14岁	17.95
15～59岁	63.35
60岁及以上	18.70
其中:65岁及以上	13.50

与人口老龄化程度逐步加深相伴的问题是:在未来一段时期内,我国将持续面临人口结构失衡的巨大压力。与此同时,靠人口红利来带动经济快速增长的时代已经结束,老龄化的伴生问题明显,但我国劳动力市场供给结构并没有及时随之作出应对[②]。人口老龄化的持续走高为我国养老、公共医疗带来巨大负担与压力。目前,我国已出台一系列关于调整个人养老金、延迟退休方案等相关政策。

[①] 国家统计局.第七次全国人口普查主要数据情况[EB/OL].(2021-05-11)[2023-08-02]. https://www.stats.gov.cn/sj/zxfb/202302/t20230203_1901080.html.

[②] 杨淞麟.人口老龄化背景下老年人就业权的保护困境与实现路径:基于1159份裁判文书的分析[J].南海法学,2022,6(4):87-99.

根据《2020年度国家老龄事业发展公报》显示,目前我国人口老龄化存在人口规模庞大、老龄化进程明显加快、老龄化水平城乡差异明显、老年人口素质不断提高、低龄老年人口占老年人口比重过半的特点[①]。该公报显示,在60周岁及以上老年人口中,60～69周岁的低龄老年人口为14740万人,占比为55.83%,这意味着老年市场蕴藏着巨大的再就业潜力。此外,在60周岁及以上老年人口中拥有高中及以上文化程度的人口比重为13.90%,比2010年提高了4.98个百分点,这一部分的老年群体具有扎实的知识、丰富的工作经验、广泛的社会资源,同时也具有相对更加积极的再就业热情。

在此背景下,2022年8月24日,中国老年人才网正式上线运行。截至2022年12月,网站共有210条求职信息、77条招聘信息,供需极不平衡,且在求职页面中,不乏许多高学历、企事业单位退休的老人。

对于"老年人就业"这一趋势,许多媒体也进行了报道。在中国老年人才网上线当天,《新京报》率先刊登报道《中国老年人才网正式上线,老年人再就业提上日程》,获得4.9万的阅读量。其后,有多家媒体陆续跟进,包括《中国新闻周刊》的《60岁仍选择做"打工人":老年人找工作有多拼?》、凤凰网的《老年人再就业开始流行,才不是你们想象得那样悲催》、《中国商报》的《探索老年人就业新模式,助力实现"老有所为"》等。

三、案例分析

2022年8月24日,中国老年人才网正式上线运行,让"老年人就业"这一社会关切的民生问题再次浮现在社会公众面前——是什么原因促使老年人选择在本该含饴弄孙的年纪再进职场?企业为什么要放弃青壮劳动力而选择老年人?这一就业趋势是否会挤压青年人的就业空间?

2022年11月6日,《新京报》推出的视频《"老年再就业",我们准备好了吗?》对这些问题进行了阐释。在本节,笔者以此视频为研究对象,采用文本研究的方法,以建设性新闻为理论基础,主要从"角色转变""多元互动""叙事理念"三个方面进行分析,从中探索建设性新闻在中国的实践路径及发展的可行性。

(一)角色转变:以"介入"代替观察,体现"人民性"核心理念

在传统的新闻报道中,记者为保持新闻报道的客观中立性,常常选择当一个中

---

① 中华人民共和国国家卫生健康委员会老龄健康司.2020年度国家老龄事业发展公报[EB/OL].(2021-10-15)[2024-01-03].http://www.nhc.gov.cn/lljks/pqt/202110/c794a6b1a2084964a7ef45f69bef5423.shtml.

立的"观察者"。但是"观察者"的身份并不利于记者去深入了解情况,提出具有建设性的观点。为此,在具体新闻实践中,记者可选择以"参与者"代替"观察者",通过"介入"与受众建立更深的情感联系,针对现实困境提出解困的方案,从而避免客观性逐渐演变为新闻业的一种仪式性策略①。

在《"老年再就业",我们准备好了吗?》视频中,角色的转变体现得淋漓尽致。"作为一个年轻人,我们为什么要关注老年人再就业?"记者从年轻人的视角切入这一社会议题,强调"这是一期对年轻人而言未雨绸缪的节目",通过深入走访一线务工的老年人、采用微博投票方式收集年轻人对这一社会现象的看法、线上连线政府相关工作人员探讨原因及影响,用镜头语言将这些采访串联起来,同时辅以可视化手段解读数据,生成一则内容翔实的建设性新闻报道。

这种身份的转变,使记者成功地"介入"了新闻事件,将媒体与公众的情绪连接到一起——现在老年人面对的困境,就是30年后年轻人所面临的困境。"老年人再就业"并非遥不可及、无关痛痒的问题,其背后折射出的不仅仅是老年人生存保障状况,还包括国家当下养老金结余储备、法律制度保障等民众关心的问题。而这些问题在互联网中极易被误读。面对这种情况,本视频发挥了其作为建设性新闻积极疏导的一面,起到了情绪安抚作用。

马克思主义新闻观始终强调人民性的核心理念。建设性新闻虽是"舶来品",但是对"公共福祉"的追求与马克思主义新闻观中的"人民性"不谋而合。《"老年再就业",我们准备好了吗?》正是一篇立足于人民需求、解决人民困惑、旨在为人民提供参考方案的建设性新闻报道。无论是在内容选题上,还是在采访架构上,栏目组始终站在人民的角度提出问题、解答困惑。

可以说,正是因为记者角色的转变,才让新闻更加具有人文关怀,更能搭建起与公众内生的情感连接,从而更好地推进问题的解决。但是,角色的转变同时也对新闻工作者提出了更高的要求。在互联网时代,要求新闻工作者具备更高的专业性,一方面,新闻工作者需具备生产数字化新闻的能力,通过可视化手段降低新闻阅读准入门槛,利用VR、AR等技术加强情感注入,构建积极情感联系;另一方面,新闻工作者还需具备利用数字平台和数字技术传播扩散新闻的能力,以此提升新闻的影响力。

---

① 漆亚林,刘静静.建设性新闻的生成逻辑与现实困境[J].新闻与传播研究,2019,26(S1):106-113.

（二）多元互动：打破框架实现公民参与，舆论监督助推后续跟进

在传统西方新闻的叙事结构中，记者身为客观叙述者，公民作为被动接受者，二元的叙事结构使得公民的参与性较低。对于建设性新闻而言，它更强调"包容与多元"，在"传者-受者""官-民"的传统二元对立框架中，试图去接纳更多的声音来提出建议、调和冲突，强化公众同政府的共生协作机制，从而更好地推进社会治理。

以《"老年再就业"，我们准备好了吗？》为例，栏目组在构建框架时，不再采用传统的全知视角，而是通过叙事视角的多元融合，嵌入老年人、社会学专家、知名律师、全国人大代表、老年人才就业网创始人等不同视角。其中，老年人作为当事群体，他们的回答是探讨问题产生原因的有效佐证，为此，栏目组选择了10位背景各异的老年人，他们中既有企事业单位的退休职工，也有四处奔波劳碌的农民工。对于再就业的行为，退休职工的回答是"消遣时间、排解寂寞"，农民工的回答是"生活所迫、没有选择"，不同的视角让公众对于"老年人再就业"现状的认识更加深刻。

在此基础上，栏目组邀请了社会学专家，从政策的角度解读关于我国老年人养老金结余是否足够；对话全国人大代表，分析为什么要提出"建议放宽工伤保险年龄限制"的提案，指出目前我国高龄老年人工伤事故索赔实施艰难；连线知名律师，对老年人就业的法律保障进行了解读。三种不同的身份，从不同的角度提出了目前存在的困难，针对困难，参考邻国日本提出了三种不同的解决思路——出台相关法律保障就业权利、激发老年人就业意愿、提供能力的支撑。

多视角下的不同切入使得新闻报道内容更加丰富饱满。从创作者角度而言，这种通过内、外、全知等多元视角结合的方式使得新闻报道更具有人情味、建设性及实践意义，对缓解公众的信息焦虑，促进公众采取积极行动调节情绪有着重要作用。另一方面，传统二元框架的打破使得有更多公众的声音可以被听到，这极大激发了公民参与新闻生产、社会治理的热情。在此基础上，媒体可以通过设置具有开放性的建设性议题，利用新媒体平台，采取投票、评论等互动形式引导公众积极讨论、建言献策。

《"老年再就业"，我们准备好了吗？》栏目组曾在微博上先后发布了投票讨论"你觉得当你达到法定退休年龄后，还会继续工作吗""你认为老年人再就业的主要障碍是什么"两个相关问题，通过投票、评论、转发等方式来收集公众的反馈，再应用在新闻报道之中。这种良性互动，为后续公共事务的进一步推进打下了良好的基础，当公民参与成为新闻生产的一个环节、公民反馈成为新闻报道的一部分时，公民会有意识地保持对新闻事件后续发展的关注度，这在无形之中起到了舆论监督的作用，有利于公共事务的后续推进。

(三)叙事理念:小切口聚焦民生问题,微叙事传递人文关怀

不同于传统的新闻叙事方式,建设性新闻强调"积极情绪",倡导公共价值取向,这就使得它在创作时会更关注平凡世界中的普通人,以小切口进行微叙事。

在《"老年再就业",我们准备好了吗?》这期视频中,栏目组构筑了一个连贯的"问—答"圈层,通过随机街头采访10位老年人、重点采访2位老年就业者,梳理他们对再就业的倾向、选择再就业的原因和目前面临的困境。而在重点采访过程中,记者采访了63岁的装修工杨师傅,面对记者"您没想过退休吗"的提问,杨师傅给出了暂时无法退休的回答。对于杨师傅而言,退休现在是一种奢望,而这种奢望的背后是他本人经济状况的窘迫。另一位采访对象辛先生,61岁在北京身兼两份工作。

尽管两位被采访者的现实状况不尽如人意,但通过这两段视频,公众更能感同身受。这种用微叙事、小切口的叙事方式让过往关注"自身"的新闻工作者转移到关注"他者",将事件的"影响"置换为对事件的"解决",通过解决问题、展望未来可以有效减少公众面对新闻事件的焦虑,产生积极的情绪。

"无穷的远方,无数的人民,都和我有关",根据马克思主义新闻观,在新闻实践中要坚持党性与人民性相统一的原则。新闻媒体作为党和人民的喉舌,要充分贯彻和彻底实现无产阶级及其政党意志,切实代表广大人民群众的根本利益,真正做到"从群众中来,到群众中去"。《"老年再就业",我们准备好了吗?》正是一则从人民需求出发、体现媒体人文关怀底色的建设性新闻报道。

我国的新闻媒体在马克思主义新闻观的指导下,天然承担着社会责任,这与建设性新闻所强调的建设性、积极性不谋而合。因而,改变"旁观者"的角色,主动"介入"新闻事件,是建设性新闻本土化实践的必经之途。

四、重要报道评析

60岁仍选择做"打工人":老年人找工作有多拼[①]

(2022年9月2日 《中国新闻周刊》 作者 珠峰)

近日,一则挂在中国老年人才网首页的招聘广告火了。招聘需求来自北京一家麦当劳,招聘广告写到,年龄不限,学历要求为小学。

招聘人员包括全职、兼职、学生以及退休人员。其中,退休员工要求女50岁以上、男60岁以上。弹性工作制,每周上4~5天班,每天4~8小时,工资为1800~3500元/月。目前,这条广告已无法打开。

---

① 珠峰.60岁仍选择做"打工人":老年人找工作有多拼[EB/OL].(2022-09-02)[2022-12-13]. https://mp.weixin.qq.com/s/dB2KF0jZ-FcUjgYHCRMf6w.

据媒体报道,于8月24日上线的中国老年人才网曾一度释放了81个面向老年人的岗位。截至发稿,仍留在网站中的岗位为34个。

用工企业:老年人,正合适

据资料显示,中国老年人才网由中国老龄协会责成协会下设的老年人才信息中心具体负责。按照规划,2022年率先推出中国老年人才网。2023年还会上线移动应用,2024年重点完善、完成人才信息库、数据整合,2025年形成完善的国家级老年人才信息服务平台,在全国推广运营,为全国老年人才和用人单位提供服务。

纵览该网站,除了个人求职、企业招聘入口,还设有大小板块40余个,涵盖老年人关心的人才政策、调研报告、志愿公益、老年教育等方面内容。

网站上线伊始,中国老龄协会老年人才信息中心副主任苏辉在接受央视主持人白岩松采访时表示:"中国老年人才网上线两天时间,现在有注册企业100多家。这些企业是抱着要招聘的目标来的,现在感觉企业的积极性还是挺高的。求职的退休人员方面,我们最近接听的电话,包括网站的访问量、注册量,都是很快就上来了,比我们预想的也要热烈得多。"

针对媒体报道的81个岗位变成了34个岗位,中国老年人才网工作人员对《中国新闻周刊》表示,有很多岗位目前还在审核中,待审核后会进一步上线新的招聘信息。

从目前提供的34个岗位来看,绝大部分为兼职岗位,例如摄影师、书法老师等,也有个别全职岗位。用"灵活用工"方式招聘退休人员解决用工,成为越来越多企业的选择。毕竟,"弹性工时"让企业无须负担庞大的人力成本。

在中国老年人才网上提供兼职的某文化公司创始人李先生对《中国新闻周刊》表示,自己的企业在招聘的岗位是"红娘"。

"我们企业线下有10个兼职红娘,如今在线上渠道招聘,是希望有更多愿意发挥余热的老年人加入进来,越多越好。"在李先生看来,老年人在人生阅历、婚姻观念上都具备年轻人所没有的经验,自己希望有人事、人力资源背景的老人来从事该工作。

采访中,李先生表示,自己愿意将会员付费中的绝大部分拿出来作为红娘的佣金,来激发红娘们的工作动力。

除李先生外,浙江省一家景区企业也在中国老年人才网中发布了兼职招聘的要求:了解景区基础情况,为游客提供咨询引导服务;维护现场秩序,引导游客有序排队购票、入园、入场。

该公司人力资源代表洪女士对《中国新闻周刊》表示,无意间看到中国老年人才网上线的新闻,就注册登记了招聘信息。

"招聘退休人士的想法很简单。首先,我们认为现在退休老人还是比较年轻的,有些老人也并不一定愿意在家帮助儿女抚养第三代,还是有一些想发挥余热的想法。其次,我们可以提供的岗位是景区服务岗位,工作内容相对比较简单,有一定热情且有一定文化基础的老年人通过培训应该就可以胜任。"

据洪女士透露,发布岗位招聘信息仅仅2天,已经有3名已退休的求职者联系了企业,其中一人已经约定了面试时间。

此外,位于天津武清开发区的一家外资企业,发布了"设备经理"的岗位,该岗位要求负责人带领设备工程师团队解决日常设备运维和技术问题。

该企业的招聘负责人何女士对《中国新闻周刊》表示,"作为一家制造业企业,公司内绝大部分员工都是35岁以上的,不久前一位50岁的女员工刚刚办理了返聘,公司中还有接近60岁的员工每天乘坐班车前来上班"。

"制造业的岗位虽然有一定门槛,要求专业经历对口,但是只要履历和经验可以匹配,年龄相对而言是其次的考量。"何女士说。

老年人:我也觉得我合适

中国老年人才网不仅为用工企业提供了招聘的窗口,同样为求职的老年人提供了发布信息的平台。梳理网站可以看到,退休人员求职页面共有11页,以每页10人统计总计不到110人。这其中,绝大多数求职者年龄都超过50岁,最年长的超过70岁,还有个别30岁出头的求职者。

求职者的学历中,高中、中专、大专者居多,还有中央财经大学、上海交通大学、武汉大学、吉林大学等名校毕业者,甚至还有博士、教授。

对于退休后再就业,BOSS直聘分析师单恭对《中国新闻周刊》表示,老年人求职有3个方面的需求:继续养育子女的经济需求、继续发挥职业技能的价值需求和继续追求职业发展的精神需求。

很多行业,如会计、医疗、出版等岗位,所要求的职业技能和行业规划相对稳定,唯一的变量是岗位的熟练度,所以部分招聘企业愿意以更高的薪酬吸引退休人才。

60岁的包女士,退休前是一名会计。50岁到点退休的她接受了单位的返聘,又干了10年,60岁彻底退休后,如今还在通过一些资源承接一些兼职给企业客户管理账目的工作。

包女士对《中国新闻周刊》表示,会计这个行业,市场需求量很大,曾经的手工记账,如今都逐渐电子化了,对电脑操作不熟练的退休老人,是有考验的。

之所以在50岁退休后接受返聘,60岁后仍选择做一名"打工人",包女士坦言,是因为自己要孩子比较晚,孩子面临出国留学等计划,自己想要多给孩子攒点钱,返聘时父母年龄接近80岁,也要为他们的晚年多做打算。

"我很难接受50岁就彻底退休。"包女士说。

和包女士不同,卢大爷今年春节刚退休,退休前是一名媒体的摄影记者,如今,包括中国老年人才网在内的很多网站都在招聘兼职摄影师。一般按天计费,一天300元至1000元不等。卢大爷的心思也活动了。

"我虽然退休了,但相机不离手,毕竟干了一辈子媒体,还保持着接受新鲜事物的习惯,300元一天也好,3000元一天也罢,我就是想找个事情做,人不能闲着啥也不干。摄影这个事我从脑力体力来说都还能干,不愿意一退休就天天躺着。"卢大爷说。

至于引发舆情的那则麦当劳招聘信息,《中国新闻周刊》发现,在国内部分城市,早在三年前,麦当劳就曾经公开招聘退休人员,北京、杭州、上海等地的麦当劳餐厅至今仍有部分55岁以上的从业者。

得知有企业愿意招收退休老人后,不少网友在社交媒体中也表达了自己的观点。

"太好了,赶紧把我妈招走吧,身体一点毛病没有,就是管得太宽了,找个工作占住他们,我好解放一下。"

老年人找到工作以后

"60～69岁低龄老年人口占老年人口总量55.83%。"国家卫生健康委党组成员、全国老龄办常务副主任、中国老龄协会会长王建军在网站上线时提到这一数据。

单恭对《中国新闻周刊》分析称,自从全国第七次人口普查后,"银发经济"和老年人就业的热度就一直很高,虽然很多人并不看好老年人再就业的问题,但是数据不会骗人。

以BOSS直聘平台的数据为例,自2022年以来,活跃的55岁以上求职者数量同比上涨27%。岗位描述里明确"欢迎退休人员"的岗位同比上涨33%。

"我们也希望借助数据和算力,尽可能地为用户推荐岗位,帮助他们挖掘、定位和发展职业的第二春。"单恭说。

虽然从理论上来看,绝大多数50～70岁的退休老年人仍然思维活跃,身体健康,足以参与社会劳动并能发挥在各自行业中长期积累的优势,但老年人再就业,安全保障始终是人们最关心的问题。

包女士和卢大爷均对《中国新闻周刊》表示,自己退休后的兼职工作,按照国家规定,是没有社会保险的,对方单位和个人也从来没有给自己上过商业保险。

对此,北京京师律师事务所律师刘正航对《中国新闻周刊》表示,已退休的老年人是一个特殊的群体,他们进入劳动力市场,获得劳务报酬、工伤赔偿等方面还缺乏全面的保障。这是因为退休群体与用人单位之间的关系通常被界定为劳务关系而非劳动关系,很少签订正式、规范的劳动合同。这意味着,这些老年人在获得劳务报酬、工伤赔偿、责任事故等方面的权责不够清晰,容易产生风险。

在就业形势不好的大环境下,老年人大量入局,是否会挤压原本属于年轻人的岗位?

"老年人们的精神内耗治好了,我们年轻人的精神内耗怎么办?"

部分受访企业对《中国新闻周刊》表示,老年人和年轻人是两个群体,企业需求、提供的岗位和期待的薪资,都截然不同,双方并不互相构成竞争或者冲突的条件。老人和年轻人之争,不会是劳力层面,而是技术、经验、学问等多方面的因素。

当这届老年人还在遍投简历谋求焕发第二春的岗位时,不少年轻人已经在社交媒体上畅想着自己退休后的生活了。

"我打算在全国范围内旅旅游,顺便拍拍 Vlog,接点广告带个货。"

"想去开个小书店,自己一边看书一边卖。"

"等我退休了,就去原单位门口卖烤红薯,他们出来进去的也不好意思不买。"

评析

"老年人再就业"这一趋势反映了我国当下人口老龄化严重、就业形势严峻的现状。与案例所介绍的视频报道不同,文字报道在表现形式上更受束缚,但在情绪表达上却可以传递出更多温暖向上的力量。

本篇新闻报道同样采取了多元视角融合的方式,记者重点关注老年人与年轻人这两个年龄段的群体,同时从用人企业、官方代表、法律顾问三个角度对目前的状况、现有存在的问题进行分析,通过视角的交织来详细分析老年人就业的背景、原因、困境。

文章主体分为三个部分,即"用工企业:老年人,正合适""老年人:我也觉得我合适""老年人找到工作以后"。前两个部分着重讲述企业和老年人自身对于再就业的态度,最后一个部分则是重点关注再就业之后的个人权益保障。这三个部分层层递进,由中国老年人才网正式上线的这个表象出发,深入探讨老年人的想法。除此之外,记者也关注到年轻人的困惑——"在就业形势不好的大环境下,老年人大量入局,是否会挤压原本属于年轻人的岗位?"对于这一问题,记者通过采访用人单位,给出了让年轻人心安的答复,平复部分年轻人面对"老年人再就业"而害怕自己无业的紧张与焦灼。

值得一提的是,本节并没有针对"老年人再就业"这一问题提出完整的解决框架,它更多的是用一种平和、客观的语气来描述当下的现状。对于年轻人而言,老年人再就业并非遥不可及的问题,关注现在的老年人就业困境,推进老年人就业法律制度保障,就是在优化未来老年人的就业环境。

在文章最后,记者借年轻人对未来的畅想,用轻松的语调来描述一种对未来积极的希冀与期盼,传递给读者一种积极乐观的情绪。

五、思考题

1. 简述建设性新闻在实践中可能存在的问题?
2. 国内有哪些优秀的建设性新闻?它们的亮点在哪里?

六、案例使用说明

(一)适用理论

《"老年再就业",我们准备好了吗?》这则视频报道是较为典型的建设性新闻。建设性新闻作为一个舶来品,它的本土化离不开马克思主义新闻观,因而在分析本篇新闻报道时,主要采取了马克思主义新闻观中的"以人民为中心""坚持将党性和人民性相统一"及"舆论监督"等相关理论。

(二)要点分析

本案例的分析要点在于它的叙事框架和表现形式。

通过分析《"老年再就业",我们准备好了吗?》视频的框架与文本,可以大体归纳为"采访(提出问题)→可视化数据分析(背景介绍)→专家访谈→提出建议"的脉络。在这一脉络中,既有多元视角的嵌入,也有专家学者的权威背书,同时辅以邻国的经验加以参考借鉴,内容层层递进、逐渐深入。

另外,本视频的表现形式也具有一定的价值。从传统的文字报道转型为视频的形式,形成阅读准入门槛较低的视觉化读本。同时,对报道中较难以理解的数据、政策进行可视化设计,化繁为简,既克服了传统演播室单一访谈形式的缺陷,又克服了单一动画表现形式的不严肃、不庄重感,较好地中和了严肃与活泼。

因此,在分析本案例时,我们更应去思考,这篇报道对建设性新闻本土化路径实践有什么启示?它的表现形式有什么值得其他新闻媒体借鉴学习的地方?带着问题去研讨,汲取案例的精华之处。

第二节　乡村振兴相关报道分析

一、摘要及关键词

摘要：党的十八大以来，以习近平同志为核心的党中央从党和国家事业全局出发，着眼于实现"两个一百年"奋斗目标，坚持把解决好"三农"问题作为全党工作重中之重，全面打赢脱贫攻坚战，启动实施乡村振兴战略，粮食安全水平显著提升，乡村面貌焕然一新。目前我国脱贫攻坚战已取得全面胜利，乡村振兴的新起点已经开始，制度和架构已基本形成，接下来进入"施工期"。如何持续推动乡村产业、人才、文化、生态、组织全面振兴，是我国面临的重要问题。而此时媒体身兼重任，要自觉承担起引导群众、服务群众的责任，在乡村振兴过程中为广大人民群众答疑解惑，凝聚社会各界力量助力乡村振兴。

关键词：乡村振兴；马克思主义新闻观；建设性新闻

二、案例背景介绍

正在实施的乡村振兴战略作为党和国家的重点工作，是一篇时代大文章，面临的深度、广度、难度都不亚于脱贫攻坚。

2017年10月，党的十九大报告明确提出实施乡村振兴战略。农业农村农民问题是关系国计民生的根本性问题，必须始终把解决好"三农"问题作为全党工作重中之重。要坚持农业农村优先发展，按照产业兴旺、生态宜居、乡风文明、治理有效、生活富裕的总要求，建立健全城乡融合发展体制机制和政策体系，加快推进农业农村现代化①。

2017年12月，中央农村工作会议对如何推进乡村全面振兴进行了深入研究。会议首次提出走中国特色社会主义乡村振兴道路，让农业成为有奔头的产业，让农民成为有吸引力的职业，让农村成为安居乐业的美丽家园。会议明确了实施乡村振兴战略的目标任务：到2020年，乡村振兴取得重要进展，制度框架和政策体系基本形成；到2035年，乡村振兴取得决定性进展，农业农村现代化基本实现；到2050年，乡村全面振兴，农业强、农村美、农民富全面实现。对中国特色社会主义乡村振兴道

---

① 习近平:决胜全面建成小康社会 夺取新时代中国特色社会主义伟大胜利——在中国共产党第十九次全国代表大会上的报告[EB/OL].(2017-10-27)[2021-05-03]. https://www.rmzxb.com.cn/c/2017-10-27/1851777.shtml.

路怎么走?会议提出了七条"之路":必须重塑城乡关系,走城乡融合发展之路;必须巩固和完善农村基本经营制度,走共同富裕之路;必须深化农业供给侧结构性改革,走质量兴农之路;必须坚持人与自然和谐共生,走乡村绿色发展之路;必须传承发展提升农耕文明,走乡村文化兴盛之路;必须创新乡村治理体系,走乡村善治之路;必须打好精准脱贫攻坚战,走中国特色减贫之路①。

2021年,全国脱贫攻坚总结表彰大会在北京人民大会堂隆重举行。会上,习近平总书记发表重要讲话,庄严宣告:我国脱贫攻坚战取得了全面胜利。乡村振兴是实现中华民族伟大复兴的一项重大任务。要围绕立足新发展阶段、贯彻新发展理念、构建新发展格局带来的新形势、提出的新要求,坚持把解决好"三农"问题作为全党工作重中之重,坚持农业农村优先发展,走中国特色社会主义乡村振兴道路,持续缩小城乡区域发展差距,让低收入人口和欠发达地区共享发展成果,在现代化进程中不掉队、赶上来②。

2022年,党的二十大报告中对乡村振兴又提出新要求:坚持农业农村优先发展,坚持城乡融合发展,畅通城乡要素流动。加快建设农业强国,扎实推动乡村产业、人才、文化、生态、组织振兴。全方位夯实粮食安全根基,全面落实粮食安全党政同责,牢牢守住十八亿亩耕地红线③。

从党的十九大到二十大,五年时间里乡村振兴已取得重要进展,正在向着基本实现农业农村现代化的目标奋进。但实施乡村振兴战略也面临多重困难,从乡村振兴的多重维度来看,目前依旧存在农业现代化水平不高、农村难留人才、农耕文化传承断层、生态保护意识相对淡薄等问题。

这对媒体报道乡村振兴提出了更高的要求。乡村振兴是党和国家的重大战略,传统主流媒体对于此类话题的报道格外重视,但千篇一律的正面报道与宣传让受众产生了"审美疲劳",此时将建设性新闻的理念引入此类报道,以解决实际问题的视角为受众提供更多具有借鉴意义的方案可能比美化渲染成就更有价值。在本节,笔者以乡村振兴相关报道为例,具体分析如何在马克思主义新闻观的指

---

① 董峻,高敬,侯雪静,等.谱写新时代乡村全面振兴新篇章:2017年中央农村工作会议传递六大新信号[EB/OL].(2017-12-30)[2023-01-05].http://www.xinhuanet.com/politics/2017-12/30/c_1122188285.htm.
② 习近平.在全国脱贫攻坚总结表彰大会上的讲话[N/OL].(2021-02-26)[2021-02-27]. https://epaper.gmw.cn/gmrb/html/2021-02/26/nw.D110000gmrb_20210226_1-02.htm.
③ 习近平.高举中国特色社会主义伟大旗帜 为全面建设社会主义现代化国家而团结奋斗——在中国共产党第二十次全国代表大会上的报告[EB/OL].(2022-10-16)[2023-01-07].https://www.gov.cn/gongbao/content/2022/content_5722378.htm.

导下做好建设性新闻报道,以期在乡村振兴报道中,传统主流媒体能坚持基本方向不动摇,用更新的理念与技巧做好报道,引导与服务受众,取得良好的传播效果。

三、案例分析

随着脱贫攻坚战的圆满收官,乡村振兴接续脱贫攻坚成为今后全国农村工作的重要方向。对比脱贫攻坚,乡村振兴的范围更广、内涵更深,包括产业、人才、文化、生态、组织五大方面。对于乡村振兴这一概念,基层领导干部和群众还在积极探索中,开展具体工作时会面临各种各样的困难。

此时作为"社会公器"的新闻媒体要及时把握社会动向,积极的正面宣传必不可少,因为该类报道能鼓舞士气、提振信心,但吸引广大群众参与、积极探讨乡村振兴存在问题的解决方案,为群众指明努力方向的报道更为重要。因此新闻媒体应坚持在马克思主义新闻观的指导下,将以解决社会问题为目标导向、鼓励记者积极参与新闻事件的建设性新闻引入乡村振兴相关报道中。把坚持马克思主义党性原则、人民性原则,以及正确舆论导向同建设性新闻问题解决导向、面向未来的视野、赋权等六大核心理念适度融合,做好乡村振兴媒体报道这篇大文章,在国内为发展相对落后的乡村提供具有实践性、普适性的借鉴经验,在国外为其他渴望乡村发展的国家提供乡村振兴"中国方案"。

(一)移植栽培,适应滋养土壤——坚持党性原则不动摇

近年来,建设性新闻作为新兴的新闻报道理念引起了我国学者的广泛关注,在研究建设性新闻本土化发展相关问题时,我们应该厘清思路。建设性新闻作为一种被学术界所认可的定义或概念确实是由西方学者首先提出的,并且后续相关学术研究和新闻实践在欧美国家发展得也比较繁荣,但"建设性的新闻报道理念"并不是只为西方所独有。追溯中国新闻发展史,众多仁人志士都有关于做好建设性的新闻报道的论述。例如,邹韬奋先生就曾提出"以读者利益为中心,以社会改造为鹄的"的思想。刘少奇同志在对华北记者团的谈话中提出:"报纸办得好,就能引导人民向好的方向走,引导人民前进,引导人民团结,引导人民走向真理。"诸如此类要求新闻报道含有建设性意义的表述还有很多,可见中国的新闻报道理念早已有了建设性的内涵。

我国的新闻事业必须坚持以马克思主义新闻观为指导,建设性新闻移植到中国新闻实践的土壤,多少会存在水土不服的现象,但这片土壤自有适应其生长的优势。首先,从媒介环境视角来看,与西方商业主义至上而引发的冲突报道与负面报道横

行的现实不同,我国的新闻媒体始终坚持党的领导,坚持以马克思主义新闻观为指导,坚持以正面报道为主,坚持正确舆论导向,引导人民群众朝着正确的方向为实现中华民族伟大复兴而努力。其次,从中华传统文化视角来看,我们一直崇尚"仁德""和美",中国人民一直生长在传统美德浸润的社会环境中,在商业利益的冲击下价值观相对不易变形。《中庸》中有"博学之,审问之,慎思之,明辨之,笃行之",教导后人要广泛学习、详细询问、慎重思考、明辨是非、踏实实践,这也与倡导积极报道、解决现实问题的建设性新闻有共通之处。

党报姓党,宣传党的理论、方针、政策,不论任何新闻理念想要在中国生根发芽,必须坚持党性原则,这关乎国家政权和阶级性质问题。马克思主义新闻观党性原则内涵本身便与建设性新闻倡导的理念有相通之处,做好二者的融合运用对于中国新闻发展有益无害。

以《人民日报》对乡村振兴的报道为例,在党的二十大召开前夕,新闻工作者制作了"乡村振兴一线探访"系列报道,该系列共5篇,分别从产业、生态、文化、治理、脱贫五大方面展开,对应了党的十九大报告提出的乡村振兴总要求,紧跟党和国家的工作部署,党的二十大报告中又对乡村振兴做了明确的部署和规划,聚焦五大方面。可见《人民日报》的新闻工作者能敏锐捕捉党和国家要求的宣传重点,坚定不移做党和国家方针政策的宣传员,在思想上和行动上与党中央保持了高度一致。其在具体的报道中体现着建设性新闻的报道理念。例如,在《深化农业供给侧结构性改革,走质量兴农之路》一文中,讲述了四川省眉山市东坡区太和镇永丰村村支书当田长,成立耕地巡护队,严守耕地红线的举措;四川农业大学教授马均带领团队扎根四川20年,建成四川省规模最大的水稻新品种新技术中试基地,采用马均传授的稀植壮苗、水肥耦合等关键技术,村民种植稻谷增产10%以上[①]。这篇报道为种粮重点地区的乡村提供了有益的借鉴经验,体现了问题解决理念;通过政府、专家、村民的共同努力,提高了粮食产量,体现了包容与多元和赋权理念。又如,在《创新乡村治理体系,走乡村善治之路》一文中,讲述了安徽省芜湖市繁昌区荻港镇赭圻村村支书徐立青带着村干部挨家挨户走访,听诉求,解决村里排水沟淤塞的问题;讲述了江西省赣州市于都县梓山镇潭头村村民理事会成员挨家挨户登门开展沟通解释工作,成功

---

① 侯琳良,肖家鑫,强郁文.深化农业供给侧结构性改革,走质量兴农之路[N/OL].(2022-10-02)[2022-10-03].http://paper.people.com.cn/rmrb/html/2022-10/02/nw.D110000renmrb_20221002_4-01.htm.

拆迁一批空心房,完成人居环境整治任务①。这些举措为不知道如何做村民思想工作的村干部提供了解决办法,体现了问题解决和赋权理念。再如,在《希望的田野 耕耘的画卷》一文中,文章作者详细描述了各地各部门贯彻落实习近平总书记重要指示,扎实推进"三农"工作的情况。文章作者将习近平总书记的讲话与各地落实的成效相结合,分为推动农业高质高效发展、促进农民生活更加幸福、努力实现乡村宜居宜业三个部分,讲到陕西的苹果产业、宁夏西海固群众的脱贫生活、天津农村的环境治理等,作者在文末指出:"各地各部门加强'钱、地、人'要素支持。""面向未来,在以习近平同志为核心的党中央带领下,亿万中国人民团结一心、辛勤耕耘,全面推进乡村振兴,必将在希望的田野绘就更加壮美的画卷!"②这篇文章既抓住了当前乡村振兴工作的重点——"三农"工作,与党和国家的工作部署与宣传重点保持一致,又通过积极的、充满鼓励性的话语为当前产业、生态、文化等方面存在的问题提出了解决的借鉴范例,最后还对未来发展进行了积极预测,体现了解决问题、面向未来的理念。

(二)生根发芽,接受活水浸润——牢牢把握人民性原则

建设性新闻与马克思主义新闻观之间最具活力的连接点非"人民"二字莫属。新闻媒体作为"社会公器",服务的对象就是广大人民群众,建设性新闻倡导以积极心理策略,为人们提供建设性的问题解决方案,根本上都是为了人民群众。新闻媒体要广泛发动群众参与到新闻生产过程中来,新闻媒体制作的新闻产品也要精准服务群众需求,新闻工作者要争做群众的"解困者",这与建设性新闻赋权、问题解决等理念不谋而合。

2022年10月,在金秋送爽、喜迎丰收的季节,中国国际电视台西班牙语频道推出纪录片《我们的田野:拉美青年蹲点记》。三名拉美青年学者(西南科技大学研究员拉斐尔、西南交通大学研究生霍凯以及中国国际电视台西班牙语体育节目主持人大卫)走进中国四川北川羌族自治县田坝村的乡间田野,调研新时代中国乡村振兴模式。拉美青年选择调研中国乡村,是因为拉美国家也在探索乡村发展的捷径,希望吸取借鉴中国的成功经验。选择田坝村是因为在2008年汶川大地震中,该村遭受地震带来的强烈破坏,经过14年发展,村民从悲痛中渐渐走出来,带着逝去亲人朋友未完成的心愿,将家乡建设得更加美好。

---

① 颜珂,王锦涛,游仪.创新乡村治理体系,走乡村善治之路[N/OL].(2022-10-11)[2022-10-13]. http://paper.people.com.cn/rmrb/html/2022-10/11/nw.D110000renmrb_20221011_6-01.htm.

② 于文静,胡璐,黄垚,等.希望的田野 耕耘的画卷[N/OL].(2022-10-05)[2022-10-08] http://paper.people.com.cn/rmrb/html/2022-10/05/nw.D110000renmrb_20221005_2-01.htm.

在第一集《山似故乡来》中,北川地震遗址博物馆志愿者周俊刚和拉斐尔谈起地震中逝去的亲人朋友,他讲起曾经相处的趣事,表现出轻松和释怀,这体现了建设性新闻叙事的积极性。田坝村村支书陈福艳也放弃了餐馆生意,回家投入到乡村振兴的火热实践中,当谈到脱贫攻坚为何成效明显时,陈福艳提到了精准扶贫政策。政府在具体实践中针对农户致贫原因给予精准的政策扶持,比如因为大病导致贫困,农户可享受国家90%的医疗费用补贴。立足于问题讨论可行方案正体现了问题解决导向。谈到未来的发展规划,村民代表认为立足当地自然与文化资源,发展乡村旅游是未来发展的大趋势。他们有意将当地"九口缸"开发成旅游区,深刻挖掘九个狐仙的故事,通过旅游业将当地特产——茶叶、腊肉等销售到全国各地。对乡村未来发展的思考体现了建设性新闻面向未来的视野。

在第二集《遥远的茶韵》中,田坝村二组组长邝桂明非常苦恼,村委研究决定对茶田进行规模化管理经营,利用先进的仪器设备,提高生产效率,提高茶叶的附加值,延长产业链。但村民思想较为落后,老一辈村民都不同意将自己茶田的经营权统一上交政府,双方僵持不下。邝桂明与中国社会科学院前来调研的教授协商,为村民进行线上培训,他还找到当地炒茶非遗传承人进行直播,慢慢改变村民的顽固思想。问题的解决不是官民对立激发矛盾,而是村民、村干部、专家一起努力,共同研究创新方法。这体现了建设性新闻的包容多元与赋权理念。除此之外,霍凯与阿根廷驻华大使牛望道于乡间品茶,共同交流在田坝村调研茶产业的所思所想,渴望为家乡乡村产业发展提供有益方法,体现了建设性新闻的问题解决理念。整部纪录片将人民性原则与建设性新闻核心理念完美融合,让人在感性与理性的交织中对乡村振兴有了更深刻的感悟。

(三)开花结果,钟爱一枝独秀——正确舆论导向不能偏

诺依曼在沉默的螺旋理论中这样解释舆论:舆论在双重意义上是我们的"社会皮肤",它是个人感知社会"意见气候"的变化,调整自己的环境适应行为的"皮肤";不仅如此,它又在维持社会整合方面起着重要作用,就像作为"容器"的皮肤一样,防止由于意见过度分裂而引起社会解体。舆论不仅是个人感知周围变化的"晴雨表",更是维持社会和谐稳定的"黏合剂"。

正确的舆论导向对于人的塑造和发展尤为重要,在乡村振兴中,人才振兴是关键。乡村振兴是一个呼唤人才,同时造就人才的舞台,但由于政策、机制等外因和个人角色转换、适应能力等内因多重因素影响,乡村缺少能人志士的现象依旧非常普遍。有人害怕回乡之后一身才华无处施展,有人害怕未来子女教育、医疗无法保障,有人害怕无法与基层的农民打交道……在多重选择的十字路口,亟需媒体及时发声、精准引导,帮助已在乡村基层的青年重拾信心,引导徘徊犹豫的青年主动投身到乡村振兴的火热实践中去。

中国国际电视台微纪录片《田野上的青春 Pastures New|讲述中国乡村新青年的故事》讲述了全国不同地区的 10 位热血青年如何在乡村将仰望星空与脚踏实地相结合,谱写新时代乡村振兴的青春进行曲①。例如,从荷兰留学归来的高知青年徐丹,致力于中国现代农业建设。徐丹在北京郊区密云的一个山村里建起一座现代化玻璃温室大棚,用科技和数字化管理,种植蔬菜,几年来成效显著,不仅解决了附近七个村的农民就业问题,而且吸引了一大群志同道合热爱农业的年轻人来到这里,与徐丹一起为中国现代农业的发展做出自己的贡献。徐丹说:"我还是希望我们这一代人,'80 后''90 后'要做出一些'60 后''70 后'没有做出来的事情,我们要给农业带来一些新的变化,而且我们需要将这个变化让下一代人看见,让下一代人认识,让下一代人接受。最重要的一点,是让下一代人加入我们。"湖北省崇阳县大市村,曾是省级重点贫困村。2014 年,"90 后"姑娘程桔放弃广州的设计师工作回村,当选村支书。8 年来,她带领乡亲们摆脱了贫困,把一个"空心村"建成了美丽乡村,很多在外打工的年轻人陆续回到了村里,5 名村干部中有 4 名是"80 后""90 后"。如今的大市村正在乡村振兴的路上阔步前进。乡村不仅有物质的富裕,还有诗和远方。毕业于中国美术学院的"90 后"青年周燕,与先生刘休都在乡村长大。2015 年的一次回乡探亲让他们决定留在家乡,并用艺术改变乡村。他们创办了大元社艺术文化交流中心,免费为乡村儿童提供艺术教育。

纪录片紧跟党和国家的工作部署,坚持正确舆论方向不动摇,刻画了积极向上、勇于创新的新时代青年形象,体现了建设性新闻问题解决和面向未来的理念。不管条件如何艰苦,办法总比困难多,青年都能因地制宜,结合个人所学所想,投入到乡村振兴的各个领域。而且在乡村有部分青年"引路人"已经开疆拓土,干出了一番事业。越来越多的青年积极投身乡村,在就业形势严峻的时代,为青年就业提供了新的选择方向,干沙滩能变金沙滩,贫瘠的土地也能开出绚烂的花。

(四)在乡村振兴领域如何做好建设性新闻

1. 人才

亲临现场求真相,精益求精显专长。2022 年,时任宁夏回族自治区党委书记梁

---

① 田野上的青春 Pastures New|讲述中国乡村新青年的故事[EB/OL].(2022 - 10 - 05)[2023 - 02 - 08]. https://mp.weixin.qq.com/s/JbJcm_Y3b91PV0z1ak_fQ.

言顺在《致全区新闻工作者的信》中提到三个词:"沾泥土""带露珠""冒热气"。传媒茶话会原创文章《记者节|记者的底色是什么?》中有:"记者的底色是在现场。脚下沾有多少泥土,报道才有多少力量。"① 能作出建设性新闻报道的记者,需要比普通记者付出更为艰苦卓绝的努力。《新京报》记者陈杰四年九次探访悬崖村,将条件极其恶劣艰苦的偏远乡村展示给世人,首次上山徒步5个多小时,通过一步步谨慎地攀爬藤梯才得以窥见贫困村全貌。他的报道把政府、专家、自媒体网红等各个领域的热心人汇聚起来,一同推动悬崖村脱贫。除此之外,他还积极对接腾讯公益,为贫困学生提供资助②。没有调查,就没有发言权。脚力不到,笔力也无法触及事件核心。建设性新闻从本质来说更像是专业媒体的一场自救运动,此类报道对于新闻工作者的综合素质和专业能力要求更高。以中国国际电视台为例,2022年推出的纪录片《通向共同富裕之路》由罗伯特·库恩继续担任主持工作。库恩来自美国,是中国改革友谊奖章获得者、中国国际电视台《走近中国》栏目的主持人、美国知名社会活动家,也是研究中国多年的资深中国问题专家。由他担任主持人的纪录片《中国脱贫攻坚》曾在美国落地播出,并于国内国际均获得巨大成功。所以本次相同类型的纪录片依旧由他主持,保证了作品的质量。

2. 内容

立足当下看未来,细嗅蔷薇见温柔。目前涉及乡村振兴类型的建设性新闻报道存在同质化现象,大多数新闻报道重点围绕产业、人才等大热领域进行分析、提出问题解决方案。解决当下问题固然重要,但建设性新闻也要倡导面向未来。数字化、智能化发展在未来乡村建设中是大趋势,《新京报》抢抓机遇,2022年举办了以"数字经济看中国"为主题的夏季峰会。在数字乡村分论坛上,邀请全国数字乡村示范点浙江省湖州市德清县副县长王振权讲话,他围绕乡村产业数字化转型、城乡无差别服务、数字赋能乡村治理、数字服务乡村生活等内容分享经验,体现了数字给未来乡村发展注入新动能的发展趋势,也体现了面向未来的视野。建设性新闻的选题不仅可以是具有重大意义的议题,也可以是日常生活的微小细节。《人物》周刊讲到小六,一个为乡村老年人带来光的年轻人③。安徽宿州毛营子村没什么产业,年轻人大

---

① 记者节|记者的底色是什么?[EB/OL].(2022-11-08)[2023-01-05].https://mp.weixin.qq.com/s/AAtdpZWWQ8X4xzWyAWumEw.
② 悬崖村"发现者":四年九探,我看见了新闻的力量!|记者手记[EB/OL].(2020-09-08)[2022-12-15].https://mp.weixin.qq.com/s/BEhQfIYjZKbMk9_Iy3WuYw.
③ 我在乡村蹦野迪,和七八十岁的老人一起[EB/OL].(2022-08-26)[2023-05-03].https://mp.weixin.qq.com/s/vJ1FELbghJJ6mjhJazE_Wg.

多去外地工作,老人们很多留守在家,他们每天的生活,就是"干瞪眼",甚至就是"等死"。小六带领老年人一起唱歌、跳舞,跟他们一块做饭、聊天,在精神上给予他们慰藉,同时也让更多人关注到乡村振兴进程中的弱势群体。

3. 技术

紧跟潮流不落伍,深度融合见真章。科技迅猛发展为新闻报道提供了新助力,5G、AR、VR等新技术让新闻报道变得更加吸引人。元宇宙是新闻业热议的重点,中国国际电视台在拍摄《我们的田野:拉美青年蹲点记》时,尝试用元宇宙框架技术搭建纪录片拍摄地,在虚拟的游戏场景中,受众足不出户就能感受当地风土人情,还可与纪录片主人公拉斐尔、霍凯和大卫互动,集齐3枚羌族徽章,收获意想不到的惊喜。《解码十年》制作团队创新应用地理信息系统还原地形地貌,展示了贫困人口乔迁新居、输水管道建设等脱贫场景,用全新技术手段带来全新感受。

四、重要报道评析

全面推进乡村振兴迈出坚实步伐①

(2022年10月13日 《人民日报》 记者 顾仲阳 常钦)

秋色宜人,河南省安阳市滑县河西村玉米地里,收割机、拉粮车来回奔忙,村民杜印石喜上眉梢,"这些年可是赶上了好时候,好政策一个接一个,种粮越来越有奔头"。

笑声爽朗,四川省巴中市巴州区界牌村文化广场上,村民闫书兰和伙伴们开心地跳起广场舞,"家门口上班,挣钱顾家两不误,老人看病、孩子上学都方便,生活真的很安逸"。

田畴沃野尽丰景,乡村气象新,农民日子美,一个个田间村里的小故事,汇聚成乡村振兴这篇大文章。

习近平总书记指出:"从中华民族伟大复兴战略全局看,民族要复兴,乡村必振兴""举全党全社会之力推动乡村振兴,促进农业高质高效、乡村宜居宜业、农民富裕富足。"

党的十八大以来,以习近平同志为核心的党中央坚持把解决好"三农"问题作为全党工作的重中之重,打赢脱贫攻坚战,启动实施乡村振兴战略,推动农业农村发展取得历史性成就、发生历史性变革。党的十九大提出实施乡村振兴战略,并写入党章。我国举全党全社会之力全面推进乡村振兴,农业农村现代化阔步前行。

---

① 顾仲阳,常钦.全面推进乡村振兴迈出坚实步伐[EB/OL].(2022-10-13)[2024-02-03]. http://politics.people.com.cn/n1/2022/1013/c1001-32544072.html.

10年来,我国农业综合生产能力上了大台阶,粮食产量站稳1.3万亿斤新台阶;历史性解决绝对贫困问题,脱贫攻坚成果得到巩固拓展,乡村振兴实现良好开局;乡村发展、乡村建设、乡村治理全面推进,广袤乡村处处呈现山乡巨变、山河锦绣的时代画卷。

——生产绿起来,质量提起来,农业成为越来越有奔头的产业。

"我们成立合作社,发展'稻田养蟹''鸭稻共生'绿色生产,生态大米通过电商销往全国,每公斤卖到15元。"吉林省和龙市东城镇光东村村支书玄杰说,依托有机大米、民俗风情等特色优势资源,村里成为热门打卡地,年均接待游客30万人次。

党的十八大以来,吉林持续打造"吉林大米"品牌,促进产业提质增效,中高端大米年产量由11亿斤增长到20亿斤以上,全省水稻加工业产值由140亿元增加到260亿元。

"吉林大米"是个缩影。进入新时代,各地区各部门深入推进农业供给侧结构性改革,我国粮食和重要农产品供给稳定,品种更加丰富,品质持续提升,很好满足了人民群众从"有没有"到"好不好"的需求升级。

10年来,我国从农业大国向农业强国大步迈进,农业科技进步贡献率超过61%,农作物耕种收综合机械化率超过72%。全环节升级、全价值提升、全产业融合,现代农业高质量发展步履铿锵。10年来,我国农产品加工企业营业收入近25万亿元。

——基础设施强起来,公共服务优起来,美丽乡村成了农民安居乐业的幸福家园。

沿着山东省东营市龙居镇兴龙路西行,一个个美丽乡村在万亩生态林里次第显现,仿佛一幅水墨画。"硬化道路组组通,改水改厕环境美,日子越过越红火。"谈起现在的乡村生活,朱家村村民朱祖兵满脸笑容。龙居镇党委书记隋海伟介绍,镇里实施乡村建设行动,各村整治提升人居环境,党群服务中心文化广场、爱心食堂、儿童之家等一应俱全,大事小情乡亲们家门口就能办理。

党的十八大以来,各地区各部门聚焦群众的急难愁盼问题,加快补齐农村基础设施、公共服务短板,乡村面貌焕然一新。全国95%以上的村庄开展了清洁行动,基本实现干净整洁有序。全国有条件的建制村全部通硬化路、通客车、通邮路。县县通5G,村村通宽带,农村互联网普及率较10年前提升了33.9个百分点。农村民生事业不断取得新进展,乡亲们看病、上学、办事都更加方便。乡村宜居又宜业,吸引各类要素不断聚集,全国返乡入乡创业创新人员达1120万人。

——口袋鼓,脑袋富,农民生活芝麻开花节节高。

江西省吉安市吉州区长塘镇陈家村的精品油茶园里,乡亲们正忙着采摘油茶果。"高品质茶油每斤卖到了200元,今年油茶园亩均产值能超过1万元。"油茶园负责人晏满饮喜滋滋地说。家门口的油茶园,为附近村民提供了就业增收的机会。"管护、采摘,一年下来打工能挣个万把块钱。"陈家村脱贫户晏明开说。

希望的田野上,一个个农特产品做成富民产业,带动乡亲们就业创业、持续增收,全国农村居民人均可支配收入由2012年的7917元增加到2021年的18931元,翻了一番多,农民生活水平上了一个大台阶。

乡村振兴,既要塑形,也要铸魂。文化振兴为乡村发展注入新活力。

贵州省修文县龙场街道沙溪村村民吴光华家屋外,"星级文明户"标识格外显眼,"我家现在有9颗星,下一步我要把公益奉献星也拿到。"吴光华笑着说。修文县大力评选"星级文明户","小评比"促进乡风文明"大提升",现在乡亲们比卫生、讲文明,争相为乡村发展出力。

党的十八大以来,各地区各部门深入推进农村精神文明建设,扎实推进移风易俗,全国所有行政村都有了农家书屋、电子阅览室和文化活动室,广大农民精神文化生活日益丰富。各地通过先进评比、文明积分等方式弘扬时代新风,乡风文明不断焕发新气象。

乡村振兴,关键在人、关键在干。在习近平新时代中国特色社会主义思想指引下,亿万农民以更大的决心、更明确的目标、更有力的举措,在广袤田野绘就乡村振兴的壮美画卷,以实际行动迎接党的二十大胜利召开。

评析

2017年,中央农村工作会议提出走中国特色社会主义乡村振兴道路,让农业成为有奔头的产业,让农民成为有吸引力的职业,让农村成为安居乐业的美丽家园。农业有奔头,关键要坚持绿色发展,不断提质增效;农民有吸引力,关键要坚持真抓实干,不断转变思想;农村要美丽,关键要抓好基建,不断保障民生。如何做好乡村振兴这篇大文章,要在习近平总书记的相关讲话中找到方向、找到灵感,将"三农"工作做深做实。

乡村振兴中的"青春力量"[①]

(2022年4月28日 《新京报》 记者 陈琳)

进入4月份,江西省九江市新合镇党委副书记、镇长李洪亮异常忙碌。随着国内本土疫情出现反复,他每天都奔走在全镇疫情防控工作的第一线,同时还要惦记

---

① 陈琳. 乡村振兴中的"青春力量"[EB/OL]. (2022-04-28)[2024-02-02]. https://m.bjnews.com.cn/detail/165115573514794.html.

着春季的森林防火、河流防汛,几乎开启了"连轴转"模式。"基本上每天都要下村到部分卡点,了解值班值守、返乡人员摸排以及群众新冠疫苗加强针接种等情况。"李洪亮说。

2012年,李洪亮大学毕业后进入江西省九江市新合镇涌塘村,成为了江西省推行大学生村官招录政策以来,涌塘村的第一位大学生村官。

就在今年的全国两会上,李洪亮作为全国人大代表,在第二场代表通道上动情地讲述了自己从大学生成为一名村官,并带领乡亲们摆脱贫困的经历,希望激励更多青年选择乡村、扎根乡村,为新时代的乡村振兴贡献自己的青春力量。

他说:"农村这片广袤天地生机勃勃,我将在乡村振兴的道路上,用脚沾泥土的力度,传递情系民生的温度,把青春的汗水挥洒在希望的田野上。"

党的十八大以来,习近平总书记高度重视青年人到乡村一线建功立业,强调"乡村振兴,人才是关键",要求"通过第一书记、大学生村官、农村工作队等形式筑牢基层党组织"。

为做好大学生村官工作,中央组织部将其作为干部队伍建设和人才队伍建设的一项经常性工作抓实抓细抓好,指导各地积极选聘高校毕业生到村任职,不断完善相关规划、政策、体制、机制,推动大学生村官工作与选调生工作相衔接。

进入乡村的第一步:融入

今年33岁的李洪亮在农村长大,对乡村这片土地充满了感情。

2008年大学入学那年,江西省开始了第一批大学生村官招录,这与李洪亮心中回到农村工作的想法不谋而合:"我觉得这个政策非常好,让有志于回到农村的年轻人有机会深入农村,通过自己的所学,在农村的广阔天地中施展自己的理想抱负。"

时至今日,再次回忆最初来到涌塘村时的场景,李洪亮仍记忆犹新。"2012年,国家'精准扶贫'的概念还没有提出,农村发展仍相对滞后,可以说'欠账'比较多。不论是基础设施建设,还是群众的收入和生活水平,城乡之间还是有很大的差距。"

意气风发地走出校门,打算在农村干出一番事业,但真正进入农村工作,迎面而来的困境给这位新上任的大学生村官"泼了一盆冷水"。

"十年前,对农村来说,'大学生村官'还是一个新鲜事物,村民对这一群体并不了解。回到农村,首先面临的问题就是如何融入,以及百姓对自己的接纳问题。"乡亲们对自己信任不够,遇到实际问题还是选择求助当地的干部,一些质疑声音的出现,这些情况也曾让李洪亮感到委屈和苦恼。

"那时候我一直在想,怎么让老百姓和我们这些村干部凝聚在一起?因为只有大家达成共识之后,才能形成合力,各种困难才会迎刃而解。"李洪亮说。

李洪亮回忆道,刚到涌塘村,正值江西九江到湖北武汉的"武九"动车客运专线施工。客运专线施工造成了沿线沟渠不通,影响了百姓的耕种,村民与施工方在沟通过程中反映的诉求迟迟没有得到妥善解决。

他发现后,主动找到镇里的相关负责部门与施工方协调,在短时间内为大家疏通了沟渠,村民的损失也得到了相应补偿。这件事情的解决成为了百姓和李洪亮之间的"破冰"之举,村民说:"这个小伙子还不错,做事情很实在,是能够为大家做些事的。"

2015年6月,李洪亮同时担任了涌塘村村委会主任和村党支部书记,那时村里各项基础设施的建设工作也进入了高峰期。他带领村干部仅用一个月的时间就完成了村庄的环境整治,清除了60余吨杂物;修复了一条曾断流近20年的灌溉渠道,解决了近千亩水田的灌溉问题;完成了村民活动场所的改造。"做事勤勤恳恳,很认真。"这是村民对李洪亮的评价。

处处为村民着想,实实在在解民之所困,李洪亮也感受到了村民态度的转变。"现在老百姓有什么事情都愿意来跟我讲,主动来找我说自己的困难,这些转变让我非常高兴!"

寻找最优"新命题"

今天的涌塘村,实现了光纤全覆盖、自来水户户通、水泥路面户户通,主干道变成了平整的柏油马路,人行道铺上了大理石,在基础设施建设、新农村建设、整体环境提升等方面都有了极大转变,彻底摆脱了曾经"垃圾靠风刮,污水靠蒸发"的传统农村局面,乡村面貌焕然一新。

近年来,在国家大力支持下,涌塘村建立了千亩莲藕基地、千亩虾稻基地、优质稻基地,以及中药材、瓜果、生猪养殖等多个种养基地。在第一产业迅速发展的同时,通过服务于第一产业,紧抓第二产业发展契机,涌塘村建立了目前全区规模最大的"粮食产后服务中心"。

同时,涌塘村也搭建起自己的销售渠道,打造了优质大米品牌,朝着一、二、三产业齐头并进的方向发展。"2020年我离开涌塘村转岗到乡镇工作的时候,村集体经济年收益大概有50万元。其实农产品销售还没有完全做起来,如果能完全做起来,村集体经济年收益至少能达到百万量级。"李洪亮说。

当下,如何发展农村产业经济仍是李洪亮的心头大事。

在他看来,与十年前自己刚到涌塘村时所面临的情况不同,如今农村的产业发展已初具规模,村民发展产业的积极性更强,"如何提高农产品的附加值"成为了当下亟待寻找最优解的"新命题"。他坦言,这确实是一项非常艰难的工作,并不是一件能够一蹴而就的事情。"如今的成绩是在一届又一届基层干部、青年的努力推动下得来的。道阻且长,我们不能停留在粗放式的产业发展前端,还需要朝着品牌化、优质化、特色化等方向不断努力。"李洪亮说。

截至2020年底,全国累计选聘大学生村官53.7万名。他们发挥特长优势、甘于吃苦奉献、主动干事创业,在脱贫攻坚和乡村振兴中作出积极贡献。

同时,李洪亮认为,在新时代,如何创新乡村治理,提升基层服务管理水平,也是一个重难点问题。"基层治理是国家治理体系、治理能力建设的重要一环,随着国民素质提升,将会对基层干部依法行政水平与服务质量提出更高的要求。"李洪亮说。

乡村振兴的"接力棒"

习近平总书记曾勉励青年,"当代中国青年是与新时代同向同行、共同前进的一代,生逢盛世,肩负重任"。与李洪亮一样,越来越多的青年接续踏上农村的沃土,挥洒青春汗水,书写了一段段动人的乡村故事。

哈尔滨工业大学建筑与土木工程专业学生朱宁波,在2020年硕士研究生毕业后,来到了山东省东营市利津县慕家夹河村,担任党支部书记助理,成为一名新锐"95后"大学生村官。如今,慕家夹河村是朱宁波奋战了一年零七个月的"第二故乡"。

他告诉记者,毕业前夕,自己在一次偶然的机会中了解到选调生招录政策。通过信息收集,朱宁波发现选调生前两年会在农村第一线真正磨炼,这点燃了他心中的干劲儿和热情。

"在做这个选择时,我的舍友也给了我很大的支持和鼓励。他说了一句让我印象非常深刻的话:'如果能将个人发展融入整个社会或者国家的发展中,是一件非常光荣的事情',我非常认同。"

揣回到家乡、服务家乡的想法,朱宁波放弃了在上海的工作机会,希望利用在基层服务的两年时间,通过自己的所学所长为家乡带去一些实实在在的改变。

到村之后朱宁波了解到,慕家夹河村过去是典型的传统农业贫困村,基础设施十分落后,同时面临资金资源短缺的困境。2013年村党支部领办慕家嘴果蔬农民专业合作社,一改过去散户种植、经济效益低下的局面,慕家夹河村才逐渐摘掉了贫困村的帽子。

通过翻阅历任大学生村官留下的照片和文字资料,朱宁波重温了慕家夹河村近年来的发展历程,也切实感受到了村子发生的巨大改变。

他发现,过去村里的统一规划不够完善,通过开展美化、亮化、绿化等工程,不仅为村子安上了路灯,还实现了水泥路、柏油路户户通,消灭了过去"土路到户"的情况。同时,村子还统一为农户做了壁画,乡村的整体环境有了很大提升。"我能够真切地感受到产业富农、产业扶贫带来的变化,乡村真的实现了旧貌换新颜。"朱宁波说。

这些宝贵的资料为朱宁波后续工作的开展打下了扎实的基础。"我在此前的基础上继续推进一些工作,能够有所借鉴、有所依靠。当看到我的前辈做了大量的工作,我从心底觉得自己也应该努力,跑好我这一棒。"朱宁波说。

他协助村子和綦家嘴果蔬农民专业合作社,完成了山东省乡土名品村、山东省省级合作社典型案例、东营市乡村振兴专家服务基地、利津县先进基层党组织等项目及荣誉的申报工作,先后从上级部门申领项目扶持资金20余万元,助力合作社与村集体经济的发展。

带入乡村的"互联网+"

这位年轻村官在綦家夹河村农产品品牌塑造方面,也有自己的新思路。

朱宁波深知,打破传统农业发展壁垒,需要运用"互联网+传统农业"的现代化模式发展新型农业,促进村集体增收。去年8月,正值第八届綦家嘴乡村文化旅游节举办,面对严峻的疫情防控形势,他带领村民开创性地运用网络云直播,线上开展了第八届綦家嘴乡村文化旅游节,吸引了1.5万人次在线观看,大大提高了农产品的受众面与知名度。

"做一朵奔涌的浪花"

除了选派青年干部扎根乡村、服务乡村,党的十九大提出乡村振兴战略以来,高校也在创新校地合作机制,探索青年学生助力乡村振兴的新模式。

2017年底,清华大学建筑学院在全国高校首创"乡村振兴工作站"模式,在全国相对贫困地区针对性布点,设计改造闲置房屋,与地方政府共建实体工作站,打造公益性、开放性、长效性的服务平台。

2022年寒假,清华大学乡村振兴工作站50个支队、共计790人,分赴全国25个省(市、自治区)开展实践,实践队员来自超过110所高校,其中清华大学学生509人。

期待更多的"同行者"

今年全国两会前夕,李洪亮再次回到涌塘村,实地走访、调研,了解村民关注的热点问题与生产生活诉求。

他说,这一趟回到涌塘村,发现村子有了很大的变化,最为直观的感受是村容村貌的改变。"我记得最初来到涌塘村的时候,感觉村子还是有些杂乱。通过近几年乡村振兴的实践,现在的村庄变得更加整洁美观,真正朝着美丽乡村不断迈进。"

2022年2月22日,《中共中央 国务院关于做好2022年全面推进乡村振兴重点工作的意见》发布,即2022年中央一号文件。这是21世纪以来,中央连续出台的第19个指导"三农"工作的一号文件,充分体现了党中央、国务院驰而不息重农强农的坚强坚定决心。

如今,我国脱贫攻坚目标任务如期完成,"三农"工作重心早已历史性转向乡村振兴,实现乡村全面振兴迎来新的发展机遇。新时代、新阶段,越来越多的青年力量汇聚到实现乡村振兴的滚滚洪流中,踊跃奔赴在乡村振兴、扶贫助农工作的第一线。李洪亮希望通过自己的经历告诉更多的"同行者",踮起脚尖看世界,俯下身来扎实干,共同跑赢乡村振兴的"接力跑"。

评析

据红星新闻报道,自从在视频平台发布视频以后,在位于山西、陕西两省交界处的山西省永济市下寺村,默默无闻做了7年乡村建设的"蒲韩新青年"突然"火了"。

"蒲韩新青年"是一个公社,这里有一拨从城市来的年轻人,他们主要为"农村可持续发展青年人才培养计划"的学员提供实训,同时也开展大学生乡村游学项目,并与一些高校的农学团队合作进行生态种植、养殖技术实验。

近年来,随着乡村建设如火如荼地进行,越来越多学习了现代化知识的年轻人开始投入乡村建设,"蒲韩新青年"中的年轻人是其中的代表,而与他们类似的年轻人在全国各地也已经涌现了很多。

比如,据《新京报》报道,一批中国农业大学研究生就选择"进村读研",他们不仅要亲自种地育苗,还要学习一定的农业管理知识;与此同时,还有不少"80后""90后",甚至"00后",也选择参与北京的乡村建设,在乡村振兴之路上,挥斥方遒,施展才干。

年轻人络绎不绝投入乡村建设的背后,其实是基于一种自身理想的乡村实践。从报道可以看出,这群年轻人大部分没有官方背景,主要是来自民间组织的社会力量,因为怀抱对乡村美好未来的期待与憧憬,积极地投入到了乡村建设这个中国迈向现代化的宏大"母题"之中。

而经由社会和市场力量为乡村带来的年轻人,也不只是着眼于短期的经济效益,更长远去看,这股力量在为乡村建设注入蓬勃生命力的同时,也在深刻改变着乡村未来的精神面貌。

这些年轻人有一定的经济基础,具备丰富多元的知识和探索精神,因此更容易接纳不同的生活方式与思维,并将其融入乡村多样化的习俗和风土人情中。这些优势可以带动乡村在方方面面不断前行,创造新的"乡土中国"。

以"蒲韩新青年"为例,他们会根据市场变化引导农民种植新作物,会面向城市群体开展游学、培训项目,也会在互联网平台上开设账号,将乡村与世界联系起来,让乡村不再闭塞……某种程度上而言,他们不仅在参与建设乡村,也在"创造"乡村,一个联通了城市与互联网的现代乡村。

投入乡村建设的年轻人,正在利用社会和市场等各方力量,不断激发乡村振兴的内生动力,进而更好地帮助乡村实现经济、文化、社会以及生态等多层次的发展。

事实上,从梁漱溟、晏阳初等老一辈学者开始,中国人就在不断摸索乡村建设的可行路径。建设乡村,不只是富裕一方水土,更是将这一片广袤地域拉入现代化的进程,从而使其爆发出巨大潜力。这是几代中国人心心念念的理想,探索也从未止步。

现如今,接受过高等教育的年轻人运用所学到的知识,利用自己与城市空间的联系,将为乡村打开更大的发展空间。就此去看,年轻人参与乡村建设是个人目标与社会理想的共鸣与呼应。对于年轻人来说,乡村不再只是一个简单的生活与创业空间,也是一个承载梦想与社会理念的舞台。

当然,其中存在的难点也不可忽视,社会各界也需要共同努力,为年轻人参与乡村建设创造条件。例如从报道中就能看到,很多年轻人都面临着家人朋友的压力,他们无法理解年轻人的选择,而这种不理解相当程度上来自对农村生活条件的疑虑;再如此前也有媒体报道,投入乡村建设的年轻人遇到了与乡规民约之间的龃龉,年轻人参与乡村建设受到一些掣肘。这些问题都应当引起重视并加以解决,从而让社会力量和年轻人可以毫无顾虑地进入农村,在广阔乡村大展身手。

毫无疑问,乡村需要年轻人,很多年轻人也向往乡村。乡村振兴这个宏伟的任务,急需年轻人提供新动力。所以无论是年轻人,还是乡村,都要看到当前的历史机遇,从各自的所在共同奔赴、彼此成就,相信在乡村焕发蓬勃生机的同时,年轻人往后的人生也一定会结满累累硕果。

五、思考题

1. 建设性新闻与正面宣传有何不同?
2. 目前中国的建设性新闻实践存在哪些问题?

六、案例使用说明

(一)适用理论

1. 建设性新闻

随着公共传播时代的来临,建设性新闻应运而生。建设性新闻主要是指媒体着眼于解决社会问题而进行的新闻报道,其理念与实践定位于媒体在公共传播时代对自身社会角色的重塑[1]。建设性新闻是以积极的、具有建设性的方式来建构的新闻,倡导通过报道促进对问题的解决和对冲突的化解。建设性新闻倡导积极,即在新闻生产中以正面报道为主,给人向上向善的信念和力量;强调媒体的主体性,倡导参与,即媒体作为平等的社会一员与其他社会成员一起共筑美好生活,共同解决问题[2]。

建设性新闻作为一个新闻术语最早于2008年由丹麦国家广播公司的海格拉普提出。荷兰记者凯瑟琳·吉登斯特德将积极心理学引入新闻报道中,认为新闻工作者可以通过在报道中加入积极心理学等知识的形式能帮助人们在意见平衡、决策方面起到积极的促进作用,并提出新闻工作者不仅需对新闻报道的流程和报道质量负责,还需要对个人和社会产生的影响负责[3]。而作为一个学术概念,建设性新闻由凯伦·麦金泰尔于2015年首次提出。

建设性新闻的理论来源于两个方面:一是西方新闻理论的"社会责任论",二是积极心理学的相关理论。相关学者将积极心理学领域的技术应用到新闻工作中,努力创造出更有生产力、更具吸引力的新闻,同时又关注"新闻的核心功能"[4]。建设性新闻概念的形成是在不同历史阶段、不同新闻实践和理论探讨中完成的,麦金泰尔将其描述为一个"伞形术语"(umbrella term),因为它包含主干和各个分支,囊括各种要素或因素,辐射多个领域或方向。其源头还可追溯到"公民新闻"这一旧有的新闻形式。

虽然建设性新闻的概念和运动起源于西方,但中国主流媒体始终倡导"建设性"的新闻理念,有学者认为建设性是党媒必须遵循的新闻理念[5]。提倡建设性新闻的

---

[1] 唐绪军.建设性新闻与新闻的建设性[J].新闻与传播研究,2019,26(1):9-14.
[2] 唐绪军.建设性新闻与新闻的建设性[J].新闻与传播研究,2019,26(1):9-14.
[3] MEIJER I C. Valuable journalism: The search for quality from the vantage point of the user[J]. Journalism,2013,14(6):754-770.
[4] 吴湘韩.建设性是党媒必须遵循的新闻理念:中国青年报的探索实践[J].新闻与传播研究,2019,26(1):81-86.
[5] MCLNTYRE K, GYLDENSTED C. Constructive journalism: An introduction and practical guide for applying positive psychology techniques to news production[J]. The Journal of Media Innovations,2017,4(2):20-34.

相关学者提出的应引入积极的情感,加强正面报道,在向受众告知信息的基础上提供解决问题的方案等理念与我国在马克思主义新闻观指导下开展新闻舆论工作中"坚持正面宣传为主"的报道方针有一定相似性。这对于广泛凝聚共识、增进发展合力,力求最大限度地促进各种公共资源的优化配置,以有效保持政治稳定与社会和谐具有积极意义①。

2. 建设性新闻的基本特征

第一,问题解决导向:要求新闻媒体不仅能够揭示问题,还需要提供问题解决导向的报道框架。

第二,面向未来视野:在报道新闻事件的过程中,需要在传统新闻报道的"5W1H"的基础上加入"现在怎样"这一元素。不同于调查性报道追溯"过去发生了什么",建设性新闻立足于当下的情势,着重预测未来的发展趋势。

第三,包容与多元:要力求在报道中涵盖多元的声音,跳脱传统报道中秉持的"官-民""富人-穷人""施害者-受害者"这类极化的二元对立框架,调和新闻事件利益攸关方之间的冲突。

第四,赋权:需要通过报道为公众赋权,通过广泛采访充分了解民意,并通过他们与官方及专家的对话和互动,寻求共识和解决方案,避免既有冲突被进一步放大。

第五,提供语境:要求新闻工作者在报道争议和冲突时充分挖掘事件背后的深层次原因,提供充足的背景和语境,引导公众全面理解新闻事件背后的张力,并进行理性讨论。

第六,协同创新:要吸纳公民新闻的理念,避免主流媒体与商业利益捆绑,要促进公众广泛参与,以实现对公共领域和社会共识的维护。

(二)要点分析

乡村振兴作为一项重要工作始终出现在主流媒体的报道议程中,但千篇一律的报道模式很难吸引受众尤其是年轻人关注,很难借助媒体力量将社会资源调配到乡村振兴的一线。因此,要抓住优秀报道的"点睛之笔",了解乡村振兴中面临的各种困难,不仅要反映问题,还要提供解决的方法,给人以积极的正面引导。

---

① 徐敬宏,郭婧玉,游鑫洋,等.建设性新闻:概念界定、主要特征与价值启示[J].国际新闻界,2019(8):135-153.

参考文献

著作

[1]中共中央马克思恩格斯列宁斯大林著作编译局.马克思恩格斯全集(第六卷)[M].北京:人民出版社,1956.

[2]中共中央马克思恩格斯列宁斯大林著作编译局.马克思恩格斯全集(第一卷)[M].北京:人民出版社,1995.

[3]邹振东.弱传播[M].北京:国家行政学院出版社,2018.

[4]赵曜.马克思列宁主义基本问题(简读本)[M].北京:中共中央党校出版社,2002.

[5]孙维本.中国共产党党务工作大辞典[M].北京:中国展望出版社,1989.

[6]陈力丹.舆论学:舆论导向研究[M].北京:中国广播电视出版社,2005.

[7]勒庞.乌合之众[M].冯克利,译.北京:中央编译出版社,2014.

[8]莱文森.思想无羁:技术时代的认知论[M].何道宽,译.南京:南京大学出版社,2003.

学术期刊

[1]孙思秋."乡村振兴"主题报道中对时代性的思考与实践[J].视听,2022(2):161-163.

[2]朱兴建,刘安戈,毛勇,等.精心选题央地合作有效运营:大型融媒体系列报道《从脱贫攻坚到乡村振兴》创作谈[J].中国视听,2024(1):32-38.

[3]董天策,高婧璇.选取独特角度精准设置议题:融媒体环境下重大主题报道策划的创新[J].新闻战线,2020(19):25-28.

[4]胡武龙.地方媒体如何在重大主题报道中"出圈":以"情牵红土地"建党百年全媒体策划报道为例[J].传媒论坛,2022,5(17):16-18.

[5]杨保军.再论"新闻规律"[J].新闻大学,2015(6):1-10.

[6]任海,罗湘林.论2008年奥运会对中国政治的影响[J].体育与科学,2005(2):10.

[7]路平.记者在突发事件中如何做好现场报道[J].新闻传播,2016(18):116-117.

[8]丁柏铨.论"有思想、有温度、有品质"的新闻作品[J].新闻爱好者,2020(9):4-10.

[9]郑文淇.移动互联网时代豆瓣小组的发展分析[J].新闻文化建设,2021(6):162-163.

[10]丁柏铨.网络舆论舆情引导刍议:关于引导策略的研究[J].西北师大学报(社会科学版),2023,60(3):86-95.

[11]喻国明,杨雅,滕文强,等.智媒时代生态环境舆论特征与建设性叙事策略[J].新闻爱好者,2024(3):4-8.

[12]王永贵,程权杰.新时代社会思潮批判的现实偏向与引领探析[J].思想理论教育,2022(10):33-40.

[13]蒋俏蕾,陈宗海,张雅迪.当我们谈论媒介共情时,我们在谈论什么:基于可供性视角的探索与思考[J].新闻与写作,2022(6):71-85.

[14]李青青.新媒体时代媒介议程设置理论嬗变与发展[J].中国出版,2021(16):28-31.

[15]赵前卫.智能时代移动舆论场的传播特点与舆论引导[J].青年记者,2022(3):77-78.

[16]卢智增,高翔.社交媒体平台群体极化的形成机理与引导策略研究[J].情报理论与实践,2021,44(8):51-58.

[17]马海娇,邓又溪.社交媒体平台网络群体极化生成机制探究[J].青年记者,2022(17):38-40.

[18]冷琳.以马克思主义新闻观引导网络舆论[J].人民论坛,2019(10):120-121.

[19]高贵武,卜晨光.新媒体环境下国家主流媒体的功能与责任:评中央广播电视总台在疫情防控中的快速反应与舆论引导[J].中国广播,2020(4):13-18.

[20]彭化义,吴超.准确把握"正面报道"内涵 切实体现"舆论引导"要求[J].军事记者,2002(5):52-53.

[21]沈正赋.新型主流媒体舆论引导的策略传承、手段创新及其效度量化:基于新媒体内容治理为中心的考察[J].江淮论坛,2022(1):149-156.

[22]黄敏.短视频传播热点事件的舆论激发及引导策略[J].传媒,2020(22):72-74.

[23]班凡.习近平英雄情怀的丰富内涵和时代价值[J].黑龙江工程学院学报,2021,35(4):63-68.

[24]王伞伞.推进习近平新时代中国特色社会主义思想的国际传播[J].学习月刊,2022(8):21-24.

[25]江大伟.完善坚持正确导向的舆论引导工作机制[J].思想教育研究,2020(1):25-29.

[26]习近平论融合发展"金句":建成新型主流媒体 扩大主流价值影响力版图[J].中国报业,2019(3):12-14.

[27]童兵.试论习近平新时代新闻舆论工作论述对马克思主义新闻观的发展[J].山东社会科学,2020(10):5-14.

[28]罗一菡.豆瓣小组的互动仪式研究[J].视听,2021(10):124-125.

后 记

新闻实务课程作为高校新闻传播学专业的基础课程,在新闻传播学人才培养中扮演着至关重要的角色。新闻传播学的人才培养目标是让学生正确理解新闻传播学的社会功能和意识形态属性,使他们成为具备高度社会责任感、坚守新闻职业伦理规范、德才兼备的合格新闻工作者。在进行本科与研究生的教学活动中,我们发现单纯的理论教育难以达到预期的效果。尽管理论是重要的基础,但要让学生真正深入理解和灵活运用新闻传播学理论,还需要结合真实的案例。通过分析真实的新闻案例,学生们可以深入了解马克思主义新闻观在不同情境下的应用,从中总结经验,进一步提高自己的理论水平和实践能力。通过与案例教学相结合,学生们能够更加直观地感受到马克思主义新闻观指导下的新闻理论的价值和实践意义,增强自身对新闻报道工作的认同感和责任感。

于是,一批对新闻实务感兴趣的师生,在经历了长时间的反复沟通、汇总、校对、重排后,这本教学案例评析教材在各方的共同努力下终于完成了。在编写这本教材的过程中,我们着力探索了马克思主义新闻观对新闻报道和媒体实践的深远影响,以及如何运用马克思主义原理指导新闻实践工作,旨在为广大新闻从业者和学习者提供一份实践参考。

本教材的出版得到了宁夏大学新闻学国家级一流本科专业建设点,以及国家级一流本科课程"新闻采访与写作"、宁夏大学卓越新闻人才培养教学团队的支持,本教材亦是宁夏回族自治区教育工作委员会2023年全区大中小学校思想政治工作质量提升工程"立德铸魂,培养卓越:西部民族地区高校马克思主义新闻观教育与实践创新研究"项目的成果。感谢本教材编写组成员付嘉禾、冯棋、李宏飞、徐玮、刘元嵩、卢柯含、苏思怡、赵清欣、张红娟、林伟健、康丹盈、丁婉玉、韩易兵、孙晓辉的辛勤付出。希望读者能够在阅读本教材的过程中收获满满,不断提升自己的理论素养和新闻实践能力,为推动我国社会主义事业的发展贡献自己的力量,为我国新闻事业的蓬勃发展注入源源不断的动力和活力!